Hessen

Natur und Technik

Physik 8

Neue Ausgabe

Cornelsen

**Natur und Technik
Physik Klasse 8
Hessen**

Erarbeitet von
Bernd Heepmann,
Dr. Heinz Muckenfuß,
Wilhelm Schröder

unter Mitarbeit von
Siegfried Bresler,
Gabriele Hirdes,
Dr. Matthias Pollmann,
Hanns-Peter Schier.

Redaktion:
Thomas Gattermann,
Christa Greger, Simone Lambert,
Stephan Möhrle, Christian Wudel

Grafik:
Gabriele Heinisch (Cornelsen),
Yvonne Koglin,
Marie-Annick Le Vaillant

Fotos:
Budde und Fotostudio Mahler
(Auftragsfotos Cornelsen)
Sonstige Fotos siehe Verzeichnis
der Bild- und Textquellen.

Cornelsen online http://www.cornelsen.de

1. Auflage   Druck 4 3 2 1   Jahr 06 05 04 03
Alle Drucke dieser Auflage sind inhaltlich unverändert und können im Unterricht nebeneinander verwendet werden.

© 2003 Cornelsen Verlag, Berlin
Das Werk und seine Teile sind urheberrechtlich geschützt. Jede Verwertung in anderen als den gesetzlich zugelassenen Fällen bedarf deshalb der vorherigen schriftlichen Einwilligung des Verlages.

Druck: CS-Druck CornelsenStürtz, Berlin
ISBN 3-464-85138-9
Bestellnummer 851389

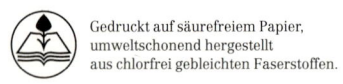

Gedruckt auf säurefreiem Papier,
umweltschonend hergestellt
aus chlorfrei gebleichten Faserstoffen.

Inhaltsverzeichnis

Mechanik

Kraft und Masse S. 4
Was Kräfte bewirken …
Wir vergleichen Kräfte und messen sie
Das Kräftegleichgewicht
Masse und Gewichtskraft
Das Wechselwirkungsprinzip
Zusammenfassung

Das Kräfteparallelogramm S. 16
Kräfteaddition
Zerlegung von Kräften

Die Dichte S. 20
Was ist „leicht", was ist „schwer"?

Hebel und Flaschenzüge S. 22
Hebel machen's möglich
Das Hebelgesetz
Rollen und Seile
Zusammenfassung

Die Arbeit S. 34
Wer arbeitet hier?
Kann man Arbeit einsparen?
Zusammenfassung

Energieumwandlung und Energieentwertung S. 44
Arbeiten heißt Energie umwandeln
Energieentwertung
Zusammenfassung

Die Leistung S. 50
Was bedeutet Leistung?
Zusammenfassung

Körper in Bewegung S. 56
Die Geschwindigkeit
Ungleichförmige und gleichförmige Bewegungen
Zusammenfassung

Elektrizitätslehre

Magnetismus S. 62
Magnetische Erscheinungen
Modellvorstellungen zum Magnetismus
Das Magnetfeld
Zusammenfassung

Elektrische Stromkreise S. 70
Der elektrische Stromkreis
Leiter und Nichtleiter

Elektrostatik S. 74
Elektrische Erscheinungen
Wie kommt es zur Auf- und Entladung?
Ladungsausgleich und Leitungsvorgänge
Geladene Körper wirken von ferne …
Anwendungen: Gewitter und Fotokopierer
Zusammenfassung

Elektrische Geräte benötigen Energie S. 84
Energie und Energieformen
Elektrische Energie
Energietransport durch Kreisläufe
Elektrische Energieübertragung – Kreislauf von Ladung
Wie man Elektronen antreiben kann
Zusammenfassung

Ströme – ihre Wirkung und ihre Messung S. 94
Verschiedene Ströme
Messbare Wirkungen
Wir messen elektrische Ströme
Zusammenfassung

Energiestrom – Ladungsstrom S. 102
Was strömt hier eigentlich?
Energieversorgung im Haushalt – die Parallelschaltung
Zusammenfassung

Die Spannung S. 108
Energiequellen treiben Elektronen an
Spannungen im Stromkreis
Spannungen bei Reihenschaltung
Zusammenfassung

Elektrische Energieübertragung im Überblick S. 118
Energieübertragung – Stromstärke und Spannung

Nutzung elektrischer Wirkungen in der Technik S. 120
Wie funktioniert ein Elektromagnet?

Der Elektromotor S. 124
Magnete in Motoren
Zusammenfassung

Der elektrische Widerstand S. 128
Energieumwandlung in Heiz- und Glühdrähten
Wir berechnen den elektrischen Widerstand
Zusammenfassung

Schutzmaßnahmen im Stromnetz S. 134
Die Erdung und ihre Gefahren
Der „Trick" mit dem dreiadrigen Kabel
Gefährliche Ströme und was man dagegen tut
Zusammenfassung

Berufsinformation Mechatroniker/in S. 140

Lernen an Stationen S. 142
Selbständig experimentieren – ohne Zeitdruck
Beispiel: Lernstationen zur Geschwindigkeit
Beispiel: Lernstationen zur Leistung

Anhang S. 148

Kraft und Masse

Was Kräfte bewirken …

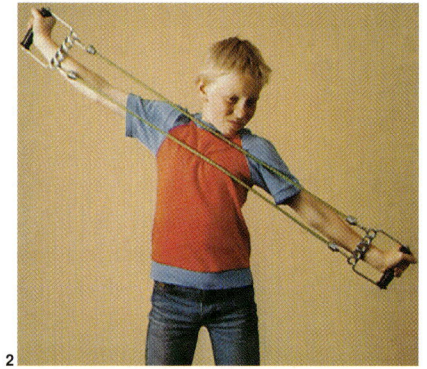

Vorbereitende Aufträge

1. Die Bilder 1–6 zeigen Situationen, in denen Kräfte wirken. Notiere in einer Tabelle in deinem Heft, auf welche Körper jeweils eine Kraft ausgeübt wird und welche Wirkung sie hat.

Bild	Körper, auf den die Kraft wirkt	Wirkung der Kraft
1	Volleyball	Der Ball wird in eine andere Richtung gelenkt.
2	?	?

2. In welchen der Bilder 1–6 beeinflussen Kräfte die Bewegung der Körper?
Auch auf den übrigen Bildern bewirken Kräfte Änderungen an Körpern. Was ändert sich?
Wie könnte man die Kraft von Bild 5 nennen? Was bewirkt sie?

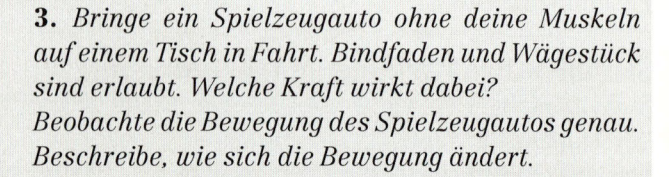

3. Bringe ein Spielzeugauto ohne deine Muskeln auf einem Tisch in Fahrt. Bindfaden und Wägestück sind erlaubt. Welche Kraft wirkt dabei?
Beobachte die Bewegung des Spielzeugautos genau. Beschreibe, wie sich die Bewegung ändert.

4. Bringe zwei Spielzeugautos so wie in Bild 7 auf gleiche Geschwindigkeit.
a) Beschreibe ihre Bewegung bis zum Stillstand.
b) Durch welche Kraft werden die Spielzeugautos in Bewegung gesetzt?
c) Durch welche Kraft werden die Autos schließlich gebremst?

5. Plane Versuche, die zeigen, dass auch der Wind und ein Magnet Kräfte ausüben.
Tipp: Wind mit Föhn erzeugen.

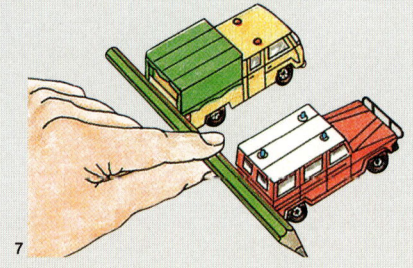

Kraft und Masse

Grundlagen: Was Physiker unter Kraft verstehen

Der Begriff *Kraft* wird in der Umgangssprache anders als in der Physik gebraucht.

In der Umgangssprache spricht man z. B. von einer „Urteilskraft" oder einer „Waschkraft".

Was man in der Physik unter „Kraft" versteht, ist in den Bildern 8–13 dargestellt.

Auf einen Körper wirkt eine Kraft, wenn sich seine Geschwindigkeit oder seine Bewegungsrichtung ändert. Auch wenn sich die Form eines Körpers verändert, wirken auf ihn Kräfte.

Für Kräfte benutzt man das Formelzeichen F.

In den Bildern 9–11 wird die Bewegung durch die Reibung geändert. Hier wirken *Reibungskräfte*.

In Bild 13 wird ein Körper durch die *Gewichtskraft* verformt. Ursache für Gewichtskräfte ist die Anziehung durch die Erde.

8 *Wirkung der Kraft:* Motorrad fährt an; d.h., seine Geschwindigkeit ändert sich (**Beschleunigung**).

9 *Wirkung der Kraft:* Lastwagen bremst; d.h., seine Geschwindigkeit ändert sich (**Verzögerung**).

10 Oje, mein Tank ist leer! *Wirkung der Kraft* (Luftwiderstand und Reibung zwischen Reifen und Straße): Das Auto wird langsamer (**Verzögerung**).

11 *Wirkung der Kraft:* Skifahrer fährt in eine Kurve; d.h., seine Bewegungsrichtung ändert sich (**Richtungsänderung**).

12 *Wirkung der Kraft:* Die Bäume werden verbogen und geknickt (**Verformung**).

13 *Wirkung der Gewichtskraft:* Grashalm wird gebogen (**Verformung**).

A1 In welcher der folgenden Situationen spielen „physikalische Kräfte" eine Rolle? Begründe.
a) Im Laufe der Jahre lässt die Sehkraft nach.
b) Ein Autofahrer gibt Gas und überholt einen Lastwagen.
c) Ein Schlitten fährt abwärts und kommt dann zum Stehen.
d) Lanin hat starke Waschkraft.
e) Ein Apfel fällt vom Baum.
f) Ein Mann versucht einen Nagel aus der Wand zu ziehen.
g) Max bläst einen Luftballon auf.

A2 Beim Curling (Bild 14) wird ein blanker „Stein" über eine Eisbahn geschleudert. Er soll nahe an ein Ziel herankommen.
a) Wozu verwenden die beiden Spieler die Besen? (Tipp: Was geschieht, wenn man eine Eisfläche kräftig reibt?)
b) Schließlich kommt der Stein zur Ruhe. Hier müssen also Kräfte wirken. Welche sind es?

A3 Bild 15 zeigt die Anordnung für einen **Versuch**. Es soll gemessen werden, wie weit das Auto auf verschiedenen Unterlagen rollt.
a) Überlege zuerst: Welche Versuchsbedingungen müssen gleich bleiben?
b) Miss, wie weit das Auto auf verschiedenen Unterlagen rollt.
c) Versuche zu erklären, weshalb die Autos nicht gleich weit rollen.
d) Stell dir einmal vor, nach dem Verlassen der Rampe würden keine Kräfte mehr auf die Autos einwirken. Was würde passieren?

15 schräg gestelltes Brett
1. Holztisch
2. Teppich
3. Steinboden
Maßstab

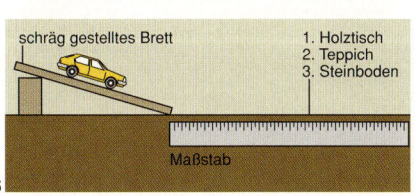

Aus der Raumfahrt: Einmal in Bewegung – immer in Bewegung

Im Juli 1969 ging ein Traum der Menschheit in Erfüllung – die Landung auf dem Mond (Bild 1).

Durch eine riesige Rakete wurde die Raumkapsel *Apollo* zunächst in eine Erdumlaufbahn befördert. Um sie dann auf Kurs zum Mond zu bringen, wurde die letzte Raketenstufe noch einmal kurz gezündet und schließlich abgestoßen.

Den Weg von der Erdumlaufbahn zum Mond legte das Raumschiff *ohne Antrieb* zurück. Es kam also ohne Treibstoff aus – und das bei einer Geschwindigkeit von etwa 40 000 km/h!

In der Nähe des Monds zündeten die Astronauten wieder für kurze Zeit eine Rakete – diesmal zum *Abbremsen*. Sonst wäre es am Mond vorbeigeflogen.

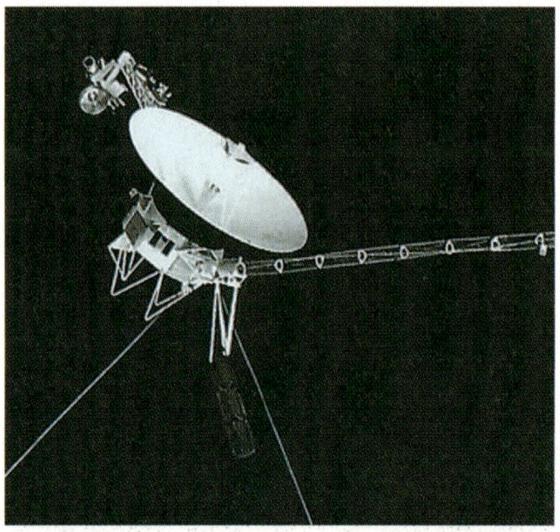

Während die Raumkapsel den Mond umkreiste, landeten zwei Astronauten mit der Mondlandefähre.

Seit der ersten Mondlandung sind viele andere Himmelskörper mit unbemannten Raumfahrzeugen erforscht worden. So wurde z. B. *Voyager 2* (Bild 2) 1977 gestartet. Nach vier Jahren erreichte die Raumsonde den Planeten *Saturn*. Nach acht Jahren flog sie an *Uranus* vorbei, nach 12 Jahren an *Neptun*. Damit hatte die Sonde das Sonnensystem verlassen. Seit dieser Zeit bewegt sich *Voyager* in die Weiten des Weltalls.

Auch *Voyager* wurde mit einer Rakete gestartet und auf hohe Geschwindigkeit gebracht. Für den Rest der unvorstellbar langen Reise brauchte *Voyager* keinen Antrieb mehr!

Bei Flügen im Weltall werden große Strecken ohne Antrieb zurückgelegt. Treibstoff braucht man nur zum Starten, Beschleunigen oder Abbremsen sowie zum Ändern der Flugrichtung – also nur dann, wenn eine Geschwindigkeits- oder Richtungsänderung stattfinden soll.

Auf der Erde ist das anders: Ein Auto benötigt dauernd Benzin zum Vorwärtsfahren; sein Motor muss laufen, sonst bleibt das Auto nach kurzer Zeit stehen. Der Grund dafür sind **Reibungskräfte**.

Bei Bewegungen auf der Erde sind stets Reibungskräfte im Spiel – im luftleeren Weltraum dagegen spielen Reibungskräfte praktisch keine Rolle.

Solange keine Kraft auf einen Körper wirkt, gilt das Trägheitsgesetz: *Einmal in Bewegung – immer in Bewegung.*

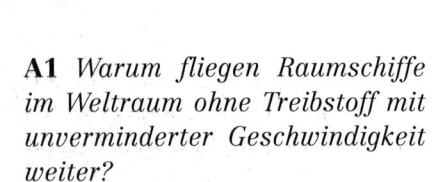

A1 *Warum fliegen Raumschiffe im Weltraum ohne Treibstoff mit unverminderter Geschwindigkeit weiter?*

A2 *In welchen Situationen wird Treibstoff verbraucht?*

A3 *Der Satz „einmal in Bewegung – immer in Bewegung" gilt nicht für Bewegungen auf der Erde. Warum nicht?*

A4 *Mit diesem Fahrrad (Bild 3) kann ein trainierter Fahrer durchschnittlich 65 km/h schnell fahren. Mit einem ganz normalen Rennrad könnte der Fahrer aber höchstens 40 km/h schaffen. Weshalb?*

Wir vergleichen Kräfte und messen sie

V1 So könnt ihr die Kräfte miteinander vergleichen, die eure Muskeln ausüben (Bild 4). Statt des Expanders könnt ihr auch – wie hier abgebildet – einen Fahrradschlauch nehmen. Achtung, die im Bild gezeigten Sicherheitsmaßnahmen beachten!

a) Überlege: Wann sind zwei Kräfte, die man so miteinander vergleicht, gleich groß?

b) In welcher Einheit könnte man in diesem Versuch die Kräfte messen? Überlege, ob diese Einheit zum Messen von Kräften sinnvoll wäre.

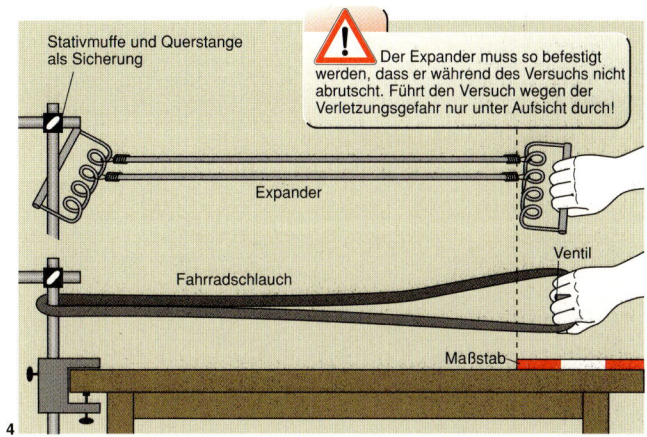

Praktikumsversuch

V2 An eine Stahlfeder oder ein Gummiband werden mehrere gleich schwere Wägestücke gehängt. Überprüft, ob folgender Zusammenhang gilt:
zwei Wägestücke → doppelte Verlängerung;
drei Wägestücke → dreifache Verlängerung; …

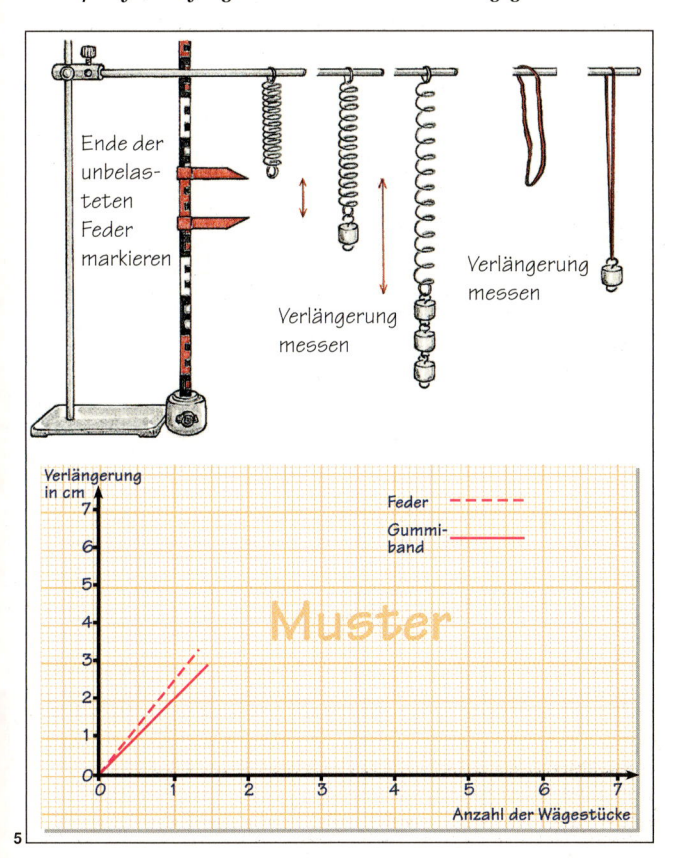

Versuchsmaterialien:
1 Schraubenfeder, 1 Gummiband, mehrere gleich schwere Wägestücke, Meterstab (mit Zeiger)

Versuchsaufbau und -durchführung:
Hängt ein, dann zwei, drei … Wägestücke an die Feder (Bild 5). Messt jedes Mal die Verlängerung und tragt die Messwerte in eine Tabelle ein (→ Muster). Wiederholt die Messungen mit dem Gummiband.

Anzahl der Wägestücke	Verlängerung der Feder	Verlängerung des Gummibands
0	0 cm	0 cm
1	z. B. 2,0 cm	z. B. 2,5 cm
2	?	?

Versuchsauswertung:
1. Überprüft anhand eurer Messergebnisse:
zwei Wägestücke → doppelte Verlängerung; …
2. Zeichnet eure Messwerte von Stahlfeder und Gummiband in ein Diagramm ein.
3. Welche Unterschiede erkennt ihr zwischen den Ergebnissen von Stahlfeder und Gummiband?
4. Überprüft, ob die Dehnung der Feder proportional zur Anzahl der Wägestücke ist.

Grundlagen: So werden Kräfte gemessen und dargestellt

■ Einheit der Kraft
Kräfte misst man in der Einheit 1 Newton (1 N).

1 N ist die Gewichtskraft, mit der die Erde an einer Tafel Schokolade zieht (Bild 1). Die Einheit ist nach dem Physiker *Isaac Newton* (1643–1727) benannt.

■ Messgerät für Kräfte
Kräfte werden mit Kraftmessern gemessen. Ihr Gehäuse enthält eine Schraubenfeder, die durch die Kraft verformt wird (Bild 2).

Die Kräfte, die man messen will, müssen innerhalb des *Messbereichs* des Kraftmessers liegen.

■ Messvorschriften
○ Beachte den Messbereich! Zu große Kräfte beschädigen die Feder.
○ Vor dem Messen musst du manche Kraftmesser „auf null" stellen (*justieren*). Schiebe dazu den Nullpunktschieber auf die Null.

■ Das hookesche Gesetz
Schraubenfedern sind gut zum Messen von Kräften geeignet, weil bei ihnen Kraft und Verformung proportional sind: doppelte Kraft → doppelte Verlängerung, dreifache Kraft → dreifache Verlängerung, … Diesen Zusammenhang bezeichnet man als *hookesches Gesetz*.

■ So werden Kräfte dargestellt
Die Kräfte in Bild 3 sind gleich groß. Man sagt, sie haben den gleichen *Betrag*. Trotzdem sind ihre Wirkungen unterschiedlich. Es reicht also nicht aus, nur den Betrag einer Kraft anzugeben.

Kräfte sind durch Betrag, Richtung und Angriffspunkt festgelegt. Zu ihrer Darstellung verwendet man Pfeile (Bild 4).

Dabei muss vereinbart werden, wie Pfeillänge und Betrag zusammenhängen.

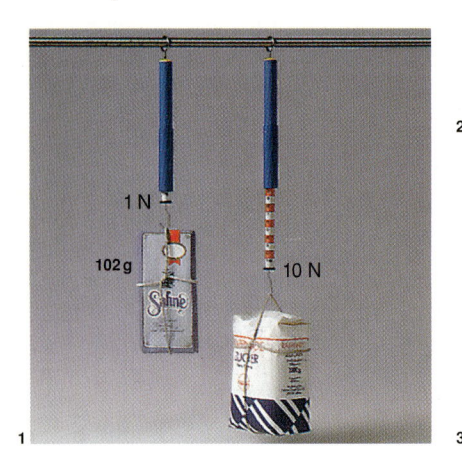

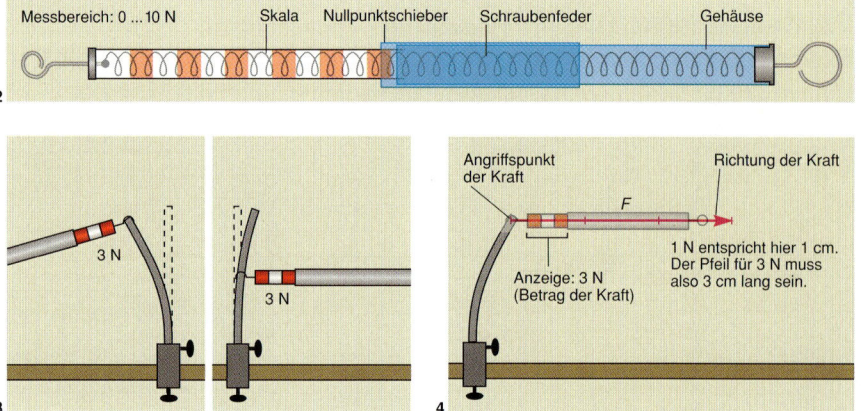

A1 Welche Gewichtskräfte würde man messen?
① 1 Stück Butter (250 g), ② 1 Tüte Salz (500 g), ③ 2 Tüten Zucker (je 1 kg).

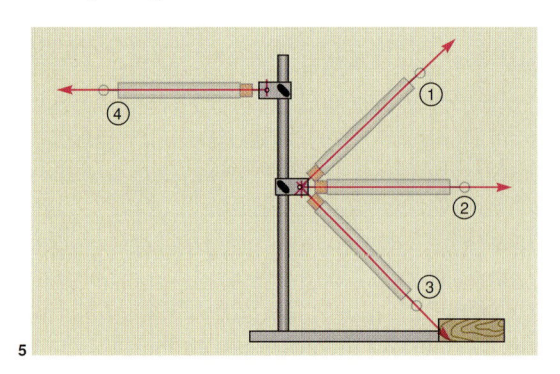

A2 In welcher Stellung muss man die größte Kraft aufbringen um das Stativ zu kippen (Bild 5)?

A3 Im Versuch nach Bild 5 der Vorseite ergaben sich die folgenden Messwerte. Stelle sie grafisch dar. Woran erkennt man im Diagramm, welche Feder stabiler („stärker") ist?

Anzahl der Wägestücke	Verlängerung in cm		
	Feder 1	Feder 2	Gummiband
1	4,2	2,7	2,5
2	8,5	5,6	5,8
3	12,7	8,4	9,8
4	16,8	11,1	13,6

Das Kräftegleichgewicht

Die Gewichtheberin hält die Hantel ruhig. Die Radfahrerin wird weder schneller noch langsamer.

Keine Geschwindigkeitsänderungen, keine Richtungsänderungen, keine Verformungen.

Wirken hier überhaupt Kräfte?

Grundlagen: Das Kräftegleichgewicht

Wenn man einen Holzklotz über den Tisch zieht, muss man dauernd eine Zugkraft ausüben – auch wenn die Geschwindigkeit des Klotzes gleich bleibt. Der Holzklotz wird nämlich durch die Reibungskraft gebremst (Bild 8). Reibungskraft und Zugkraft sind gleich groß und entgegengesetzt gerichtet. Sie heben sich in ihrer Wirkung auf. Man sagt, es herrscht *Kräftegleichgewicht*.

Der Radfahrer fährt mit gleich bleibender Geschwindigkeit, obwohl er dauernd in die Pedale tritt. Das Fahrrad wird durch eine Antriebskraft vorwärts getrieben. Auf Fahrer und Fahrrad wirkt außerdem eine Reibungskraft, die der Bewegung entgegengerichtet ist (vor allem aufgrund der Luftreibung). Es besteht Kräftgleichgewicht.

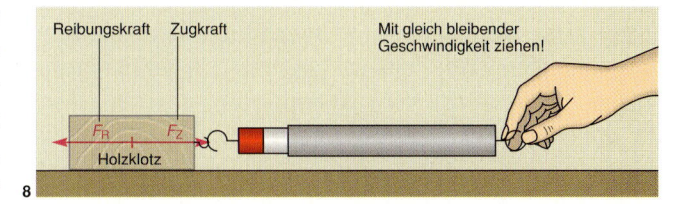

Auch die Hantel des Gewichthebers ist im Kräftegleichgewicht. Auf die Hantel wirkt senkrecht nach unten die Gewichtskraft und senkrecht nach oben eine gleich große Kraft, die der Gewichtsheber ausübt.

Ein Körper ist im Kräftegleichgewicht, wenn auf ihn zwei gleich große Kräfte mit entgegengesetzten Richtungen wirken. Die Kräfte heben sich in ihren Wirkungen auf.

A1 *Auf ein am Kraftmesser hängendes Wägestück wirken zwei Kräfte: die Gewichtskraft und die von der Feder ausgeübte Rückstellkraft.*
a) *Auf welchen Fotos in diesem Kapitel entdeckst du ebenfalls „Kräftepaare", die auf ein und denselben Körper wirken? Fertige in deinem Heft einfache Skizzen an und zeichne jeweils die beiden Kraftpfeile mit ihren Angriffspunkten ein.*
b) *In welchen Beispielen herrscht Kräftegleichgewicht? Bei welchen überwiegt eine Kraft?*

Masse und Gewichtskraft

Auf der Erde: Der Astronaut kann seine Ausrüstung kaum tragen.

Auf dem Mond: Die gleiche Ausrüstung trägt er jetzt mühelos …

Grundlagen: Gewichtskraft und Masse auf Erde und Mond

■ Unterschiedliche Gewichtskräfte

Wenn man einen Körper an verschiedene Orte oder gar auf andere Himmelskörper bringt und die Gewichtskraft misst, erhält man unterschiedliche Ergebnisse: *Auf dem Mond* würde der Kraftmesser z. B. bei einer Tüte Zucker (1 kg) nur 1,6 N anzeigen. *Auf der Erde* würde man 10 N ablesen.

Die Gewichtskraft ist vom Ort abhängig.

Die Gewichtskräfte auf der Erde sind etwa 6-mal so groß wie die auf dem Mond (Bilder 3 u. 4). Die Erde zieht die Gegenstände viel stärker an als der Mond.

■ Gleiche Masse

Bei den verschiedenen Messungen ist der Körper selbst (die 1-kg-Tüte Zucker) immer gleich geblieben. Er wiegt sowohl auf der Erde als auch auf dem Mond 1 kg: Bei der Balkenwaage muss in beiden Fällen auf der anderen Waagschale ein 1-kg-Wägestück liegen (Bilder 5 u. 6). Die Größe, die unverändert bleibt, heißt *Masse*. Ihr Formelzeichen ist m.

Die Masse m eines Körpers ist unabhängig vom Ort. Sie ist überall gleich groß.

Die Masse wird durch den Vergleich mit genormten Wägestücken bestimmt (z. B. mit Hilfe der Balkenwaage). Ihre Einheit ist 1 Kilogramm (1 kg).

Die Einheit ist festgelegt durch einen Vergleichskörper, das *Urkilogramm*. Das Urkilogramm wird bei Paris aufbewahrt; die einzelnen Länder haben Nachbildungen davon. Die Masse „1 kg" entspricht der Masse von einem Liter Wasser bei +4 °C.

Man gibt größere Massen in Tonnen (t), kleinere in Gramm (g) oder in Milligramm (mg) an:

1 t = 1000 kg; 1 kg = 1000 g; 1 g = 1000 mg.

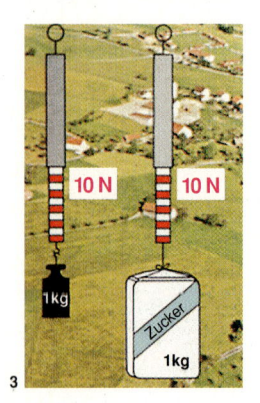

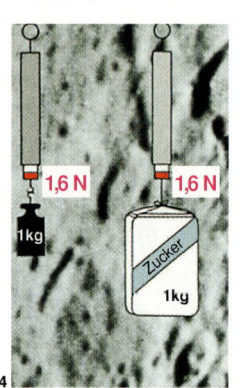

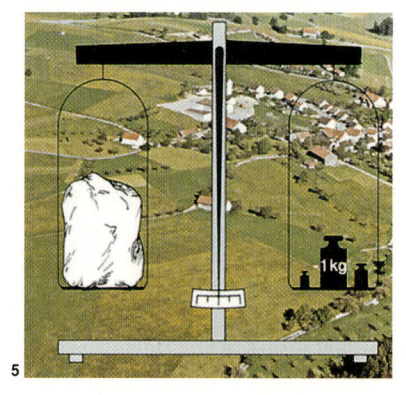

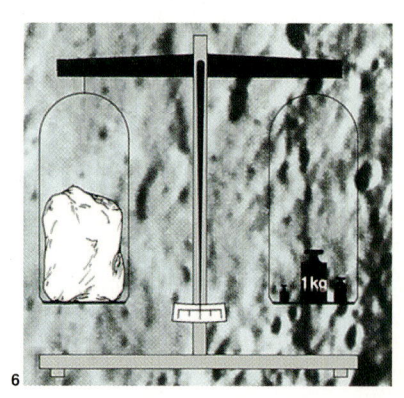

10

A1 Die Ausrüstung eines Astronauten hat eine Masse von 84 kg.
a) Welche Gewichtskraft zeigt ein Kraftmesser auf der Erde für die Ausrüstung an? Wie viel würde der Kraftmesser auf dem Mond anzeigen?
b) Welche Kraft muss ein Astronaut auf der Erde ausüben, um seine Ausrüstung zu tragen? Welche Kraft braucht er dafür auf dem Mond?

A2 Stell dir einmal vor, es gäbe keine Anziehungskräfte mehr. Was würde geschehen, wenn du …
… einen Ball wirfst?
… hochspringst?
… ein Tablett mit Geschirr trägst und dann loslässt?

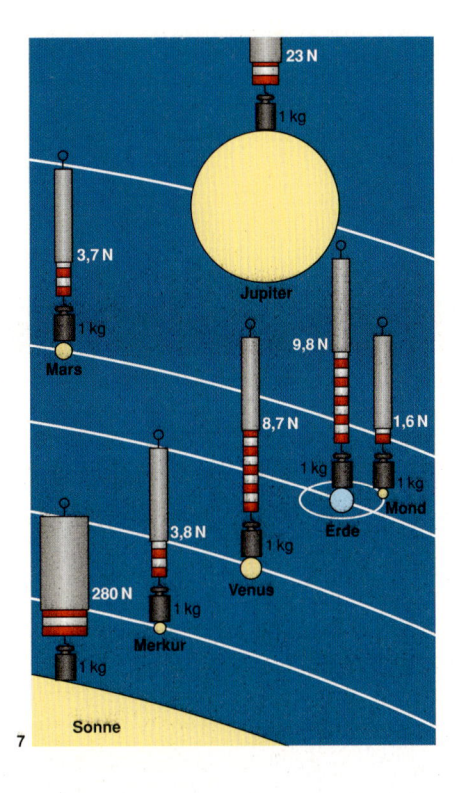

A3 Bild 7 zeigt die Anziehungskräfte auf ein 1-kg-Wägestück an der Oberfläche verschiedener Himmelskörper.
a) Ordne die Himmelskörper nach der Größe der Anziehungskräfte.
b) Wo ist die Anziehungskraft etwa so groß wie auf der Erde?
c) Woran könnte es liegen, dass Himmelskörper einen Gegenstand verschieden stark anziehen?

A4 Ein Gewichtheber stemmt eine Hantel von 180 kg.
a) Wie groß ist die Gewichtskraft auf die Hantel? Wie groß ist die Kraft, die der Sportler ausübt?
b) Welche Gewichtskraft würde auf die Hantel wirken, wenn der Sportler auf dem Mond wäre?

Aus der Geschichte: Warum fällt ein Apfel zur Erde?

Vor ca. 300 Jahren lebte der englische Naturforscher *Isaac Newton* (1642–1727). Von ihm wird die folgende Geschichte erzählt:

An einem Herbstabend sitzt Newton in seinem Garten. Der Mond leuchtet durch die Äste eines Apfelbaums. Da löst sich ein reifer Apfel vom Baum und fällt genau neben Newton ins Gras.

„Warum fällt eigentlich der Apfel zur Erde?", fragt sich Newton. „Der Mond dagegen steht doch scheinbar regungslos am Himmel. Warum fällt *der* nicht auch zur Erde? …"

Der Apfel fällt zur Erde, weil auf ihn die *Anziehungskraft der Erde* wirkt.

Auch auf den Mond wirkt diese Anziehungskraft – trotz der riesigen Entfernung zwischen Erde und Mond. Der Mond stürzt aber nicht zur Erde, weil er diese ständig *umkreist* (mit einer Geschwindigkeit von 3600 km/h). Die Anziehungskraft, die die Erde ausübt, „zwingt" ihn auf seine Bahn (Bild 8).

Newton erkannte: Die gleichen Kräfte, die einen Apfel zur Erde fallen lassen, verhindern, dass sich der Mond von der Erde entfernt – die *Anziehungskräfte* zwischen den Körpern. Die Anziehung zwischen Körpern heißt **Gravitation**.

Newton kam zu folgenden weiteren Ergebnissen:
1. Alle Körper ziehen einander an.
2. Wie stark die Anziehungskraft ist, hängt von der *Masse* der Körper ab. Die Erde z. B. hat eine größere Masse als der Mond; deshalb übt sie auch eine größere Anziehungskraft aus.
3. Je weiter Körper voneinander entfernt sind, desto kleiner sind die Anziehungskräfte.

A5 Für den Start einer Rakete ist auf dem Mond eine geringere Schubkraft nötig als auf der Erde. Warum?

A6 Warum fallen Satelliten nicht zur Erde?

Das Wechselwirkungsprinzip

Erreicht die als Erste die Stativstange, die am fleißigsten zieht?

V1 In Bild 1 ziehen Ulrike und Stefanie möglichst gleichmäßig am Seil.
a) Probiert es ebenfalls aus. Markiert die Stelle, wo ihr euch trefft.
b) Jetzt zieht nur Ulrike. Stefanie hält das Seil nur fest. Wo werden sie sich treffen? Überlegt, bevor ihr den Versuch durchführt.
c) Beide stoßen sich jeweils am Brett der anderen ab. Messt, wie weit sie vom Start aus rollen.
d) Nur eine stößt das Brett der anderen weg. Wer wird wegrollen?
e) Wiederholt die Versuchsteile a und b mit zwei Kraftmessern. Während gleichmäßig gezogen wird, werden die Kräfte abgelesen.

V2 Zwischen zwei Klötzen ist ein Federblech gespannt (Bild 2).
a) Was geschieht, wenn der Faden durchbrennt?
b) Wiederhole den Versuch. Lege aber runde Stifte unter Klotz 2. Versuche das Versuchsergebnis vorherzusagen. Erkläre nach der Versuchsdurchführung, was geschehen ist.
c) Lege jetzt Stifte unter Klotz 1. Was wird passieren? Erkläre.

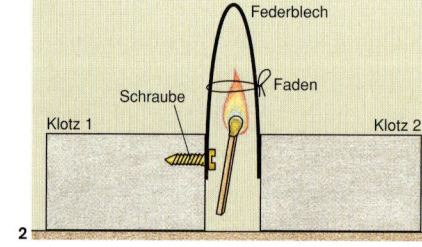

Grundlagen: Körper wirken wechselseitig aufeinander

Ein Magnet zieht einen Eisennagel an – aber auch der Nagel zieht den Magneten an! Wenn man den Nagel festhält und dafür sorgt, dass sich der Magnet bewegen kann, lässt sich die Anziehung auf den Magneten beobachten. Magnet und Eisennagel ziehen sich also gegenseitig an.

Ein Wägestück an einer Schraubenfeder zieht die Feder nach unten, die Feder zieht das Wägestück nach oben.

Magnet und Nagel, Wägestück und Feder üben also *gegenseitig* Kräfte aufeinander aus.

Nie kann ein Körper auf einen anderen eine Kraft ausüben, ohne dass auf ihn eine Gegenkraft wirkt.

Körper können nur wechselseitig Kräfte aufeinander ausüben (Wechselwirkungsprinzip). Kraft und Gegenkraft greifen an verschiedenen Körpern an, sind gleich groß und entgegengesetzt gerichtet.

Beispiel: Beim Anschieben eines Autos übst du eine Kraft auf das Auto aus. Das Auto übt dann auch eine Kraft auf dich aus (Bild 3).

Du schiebst das Auto nach vorne und das Auto schiebt dich mit gleich großer Kraft nach hinten. Wenn du auf Rollschuhen stehen würdest, hätte diese Kraft eine sichtbare Wirkung. Du würdest beim Anschieben rückwärts wegrollen.

A1 Erkläre mit Hilfe des Wechselwirkungsprinzips die Beobachtungen, die man in den Versuchen 1 b, 1 d und 2 machen kann.

A2 Zeichne die Situation von Versuch 1 e in dein Heft. Trage die gemessenen Kräfte ein.
Was kannst du über ihre Größe und Richtung sagen?

A3 Sven kommt mit dem Ruderboot ans Ufer zurück. Kurz vor dem Anlegen springt er ans Ufer. „Pass auf, das Boot!", ruft ihm Michael noch zu. Doch es ist schon zu spät … Was ist wohl passiert? Gib eine Erklärung. Was hätte Sven besser machen sollen?

A4 Vielleicht hast du einmal auf dem Jahrmarkt mit einem Luftgewehr geschossen. Beim Schießen spürt man an der Schulter einen leichten „Rückstoß" des Gewehrs. Erkläre, wie der Rückstoß zustande kommt.

Aus dem Alltag: Ohne Wechselwirkung keine Fortbewegung

Die Startblöcke beim 100-m-Lauf müssen fest in der Bahn verankert sein (Bild 4). Beim Start stoßen sich die Läufer nämlich mit großer Kraft nach hinten ab. Die Startblöcke üben dann eine ebenso große Kraft nach vorne aus, die die Sprinter beschleunigt.

Auch beim *Gehen* brauchst du einen zweiten Körper um dich abzustoßen. Bei jedem Schritt übst du eine nach hinten gerichtete Kraft auf die Erde aus. Nach dem Wechselwirkungsprinzip wirkt dann auf dich eine nach vorne gerichtete Kraft.

Diese von der Erde ausgeübte Gegenkraft bringt dich voran.

Ähnliches gilt für das *Fahrradfahren* (Bild 5). Über Pedale, Kette und Zahnkränze wird das Hinterrad gedreht. Dadurch übt man eine nach hinten gerichtete Kraft auf die Fahrbahn aus. Die Gegenkraft von der Fahrbahn auf das Fahrrad bewirkt, dass das Fahrrad nach vorne fährt.

„Volle Kraft zurück – es geht vorwärts!" So könnte man das *Rudern* beschreiben. Mit Hilfe der Ruder übt man eine nach hinten gerichtete Kraft auf das Wasser aus (Bild 6). Die Gegenkraft vom Wasser auf die Ruder bewirkt, dass sich das Boot nach vorne in Bewegung setzt.

Bei Flugzeugen spricht man vom „Schub" der Triebwerke. Was wird beim *Fliegen* eigentlich geschoben? Triebwerke oder Propeller schieben Luft nach hinten (Bild 7). Die Luft übt auf das Flugzeug eine Gegenkraft nach vorne aus.

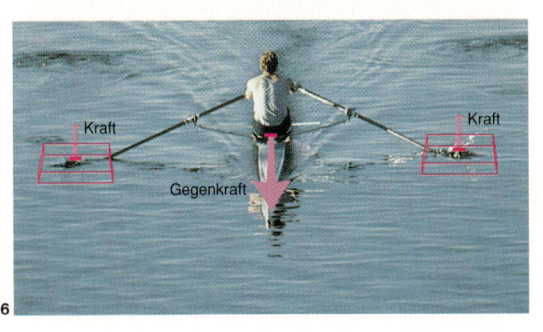

Zusammenfassung

Woran man Kräfte erkennt

Das Wirken von Kräften erkennt man daran, dass …

… sich die Geschwindigkeit oder die Bewegungsrichtung eines Körpers ändert …

… oder ein Körper verformt wird.

1 Der Junge übt eine Kraft auf den Schlitten aus. Sie ändert die Geschwindigkeit des Schlittens.

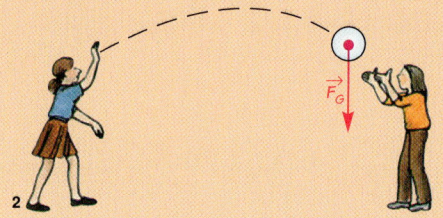

2 Auf den Ball wirkt die Anziehungskraft der Erde. Sie ändert die Bewegungsrichtung des Balls.

3 Der Junge übt auf beide Griffe des Expanders Kräfte aus. Der Expander wird verformt.

Für Kräfte benutzt man das Formelzeichen F (von engl. *force*).

Auf alle Körper wirkt eine **Gewichtskraft** F_G, weil sie von der Erde angezogen werden.

Auf jeden Körper, der sich auf der Erde bewegt, wirken **Reibungskräfte**. Sie bremsen die Bewegung, die sonst unaufhörlich andauern würde.

Messung und Darstellung von Kräften

Der Kraftmesser ist das Messgerät zur Kraftmessung. Sein wichtigster Bestandteil ist eine *Schraubenfeder*. Sie wird durch Kräfte verformt.

Die Einheit der Kraft ist 1 Newton (1 N). Ein Newton ist etwa die Kraft, die nötig ist um eine Tafel Schokolade (100 g) zu heben.

Bei der Schraubenfeder sind Kraft und Verlängerung proportional *(hookesches Gesetz)*:
Einfache Kraft → einfache Verlängerung der Feder;
doppelte Kraft → doppelte Verlängerung der Feder usw.

Eine Kraft ist durch Betrag, Richtung und Angriffspunkt festlegt. Kräfte werden durch Pfeile dargestellt.

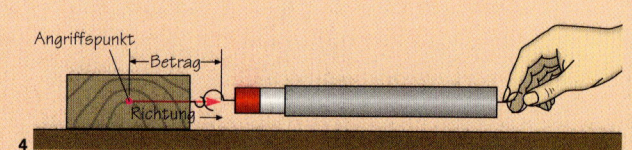

Das Kräftegleichgewicht

Wenn auf *einen* Körper zwei gleich große Kräfte in entgegengesetzter Richtung wirken, herrscht *Kräftegleichgewicht*. Dann ändert sich die Bewegung dieses Körpers nicht.

Beim Kräftegleichgewicht wirken die beiden Kräfte auf ein und denselben Körper.

Masse und Gewichtskraft

Die Masse m eines Körpers wird mit der Balkenwaage gemessen. Einheit der Masse ist 1 Kilogramm (1 kg).

Die Masse eines Körpers ist überall gleich groß.

Die Gewichtskraft F_G, die auf einen Körper wirkt, ist abhängig vom Ort.
Auf der Erde ist sie etwa 6-mal so groß wie auf dem Mond.

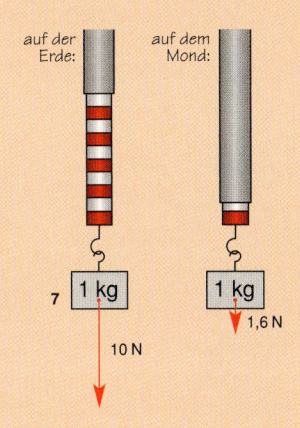

Wechselwirkungsprinzip

Wenn von einem Körper eine Kraft auf einen anderen Körper ausgeübt wird, wirkt von diesem eine genauso große Kraft auf den ersten Körper zurück.

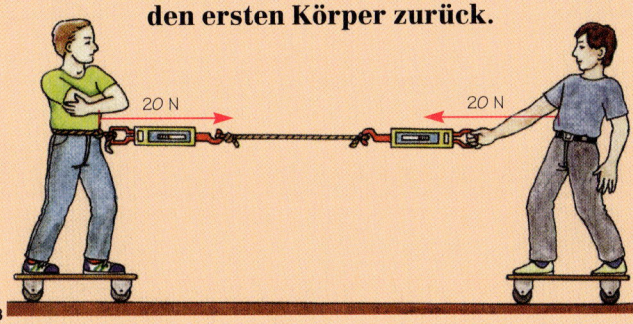

Die Kräfte wirken auf zwei verschiedene Körper. Sie haben entgegengesetzte Richtungen und sind gleich groß.

Alles klar?

Lösungen → Anhang

1. Woran erkennt man Kräfte? Nenne Beispiele.

2. Ein Auto fährt auf gerader und ebener Strecke. Es ist windstill. Plötzlich setzt der Motor aus. Durch welche Kraft kommt das Auto zum Stehen, obwohl der Fahrer nicht bremst?

3. Skizziere einen Kraftmesser mit einer 300 g schweren Kugel. Zeichne die Kraftpfeile für die Gewichtskraft und die Rückstellkraft ein (1 N entspricht 2 cm). Trage die Begriffe Betrag, Richtung und Angriffspunkt in die Skizze ein.

4. Am Kraftmesser hängt ein Gegenstand ($F_G = 2$ N). Die Feder wurde um 3 cm länger. Um wie viel wird sie bei 1 N (4 N, 5 N) länger?

5. Erkläre am Beispiel von Bild 9, was man unter einem Kräftegleichgewicht versteht.

6. In den folgenden Beispielen befindet sich ein Körper *im Kräftegleichgewicht*. Welche Kräfte wirken jeweils auf den Körper und wer übt sie aus?
a) Eine Kiste steht auf dem Tisch.
b) Ein Hund zerrt an der Leine.
c) Ein Auto fährt mit konstanter Geschwindigkeit.

7. Ein Raumschiff bewegt sich im Weltraum, ohne dass es noch angetrieben wird.
a) Wie ist die Bewegung ohne jeden Antrieb möglich?
b) Warum muss dagegen ein Flugzeug dauernd angetrieben werden?

Das Kräfteparallelogramm

Kräfteaddition

Zwei gegen eine –
 ein ungleicher Wettkampf?!

Vorbereitender Auftrag

1. *Ein Modellauto soll ein leicht geneigtes Brett hinabrollen. Wähle die Neigung so, dass seine Geschwindigkeit nach dem Anstoßen konstant ist.*
a) *Welche Kräfte wirken auf das rollende Auto?*
b) *Warum ändert sich die Geschwindigkeit nicht?*
c) *Wiederhole den Versuch mit anderen Autos und mit einer Stahl- oder Glaskugel. Wovon hängt es ab, wie stark die Ebene geneigt werden muss?*

Praktikumsversuch

V1 *Mit Kraftmessern kann man die Situation von Bild 1 nachstellen und genauer untersuchen.*
Versuchsmaterial: 3 Kraftmesser
Versuchsdurchführung:
a) *Drei Schüler oder Schülerinnen koppeln die Kraftmesser an einen Ring (oder aneinander). Nun zieht gleichzeitig an den Kraftmessern auf den vorgegebenen Wirkungslinien (Bild 2). Lest die Beträge der Kräfte ab. Zeichnet die Kräfte als Kraftpfeile auf.*
b) *Zieht in die Richtungen aus den Beispielen 2 u. 3. Der Zusammenhang zwischen den drei Kräften besteht in einer geometrischen Figur. Findet ihr sie?*

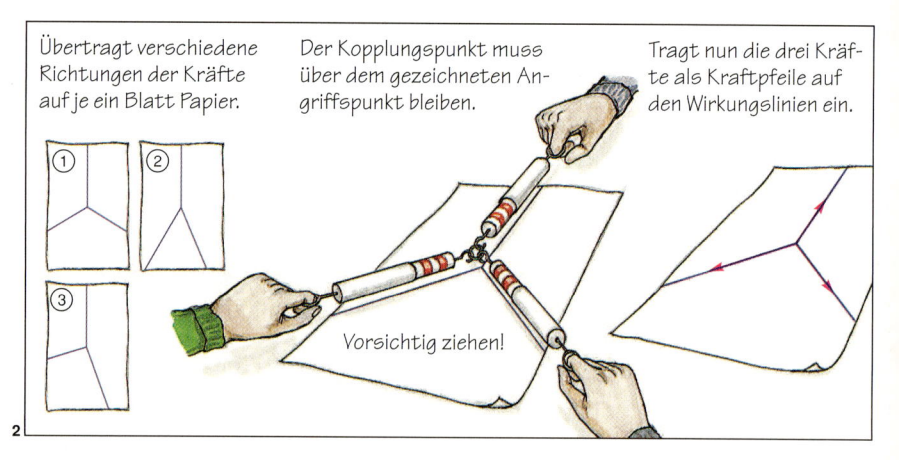

Übertragt verschiedene Richtungen der Kräfte auf je ein Blatt Papier.

Der Kopplungspunkt muss über dem gezeichneten Angriffspunkt bleiben.

Tragt nun die drei Kräfte als Kraftpfeile auf den Wirkungslinien ein.

Vorsichtig ziehen!

Tipp: Zeichnet zu einer Kraft die Gegenkraft.
c) *Untersucht auch den Sonderfall, dass zwei Kräfte parallel sind.*

Grundlagen: Das Kräfteparallelogramm

In Bild 3 sind die drei Kräfte im Gleichgewicht. Den Zusammenhang zwischen ihnen erkennt man leichter, wenn man z. B. statt F_3 die Gegenkraft F_R betrachtet.

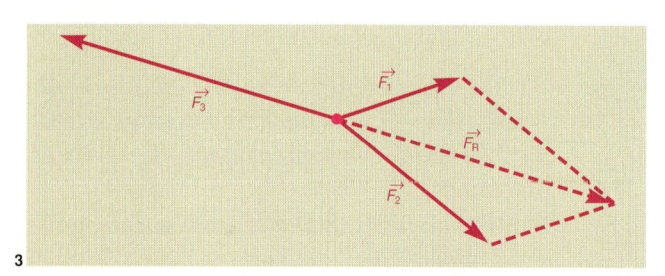

Diese Gegenkraft F_R könnte den Körper gegen die Kraft F_3 alleine in Ruhe halten, also die zwei übrigen Kräfte F_1 und F_2 ersetzen. Sie heißt Ersatzkraft oder **Resultierende** der Kräfte F_1 und F_2.

Verbindet man die Spitzen der Kraftpfeile von F_1 und F_2 mit der Spitze von F_R, so erhält man bei allen Versuchen ein Parallelogramm, in dem F_R die Diagonale ist – vorausgesetzt, man hat genau gemessen.

Die Resultierende zu zwei Kräften hat auf den Körper die gleiche Wirkung wie die Einzelkräfte. Sie ist die Diagonale im Kräfteparallelogramm.

Grundlagen: Kräfteparallelogramm und Kräfteaddition

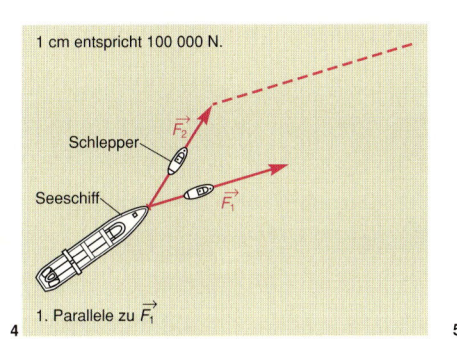

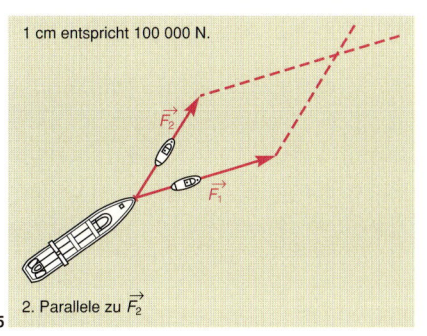

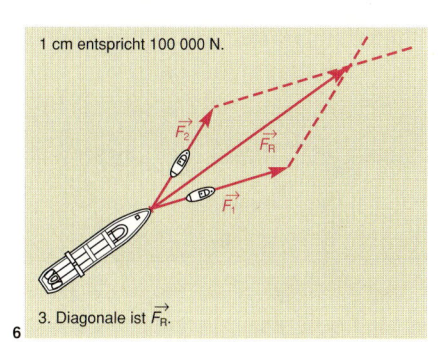

4 1 cm entspricht 100 000 N. — Schlepper, Seeschiff, 1. Parallele zu $\vec{F_1}$

5 1 cm entspricht 100 000 N. — 2. Parallele zu $\vec{F_2}$

6 1 cm entspricht 100 000 N. — 3. Diagonale ist $\vec{F_R}$.

Ersetzt man zwei (oder mehr) Kräfte, die denselben Angriffspunkt haben, durch ihre Resultierende, so spricht man von einer **Kräfteaddition**.

Beispiel: In Bild 4 ziehen zwei Schlepper ein Schiff. Es gilt: $F_1 = 200\,000$ N und $F_2 = 160\,000$ N. Die Bilder 4–6 zeigen, wie man das Kräfteparallelogramm zeichnet und so den Kraftpfeil von F_R konstruiert.

Aus der Zeichnung liest man ab: $F_R = 340\,000$ N.

Mit Hilfe des Kräfteparallelogramms kann man zu zwei gegebenen Kräften die resultierende Kraft zeichnerisch ermitteln. Die Resultierende erhält man als Diagonale im Kräfteparallelogramm.

In dem Fall, dass zwei Kräfte *auf derselben Wirkungslinie* am Körper angreifen, ist eine Konstruktion mit dem Kräfteparallelogramm unnötig (Bild 7): Wirken die Kräfte in *gleicher Richtung*, addieren sich die Beträge der Kräfte. Wirken zwei Kräfte auf derselben Wirkungslinie in *entgegengesetzte Richtungen*, ist die Resultierende die *Differenz* der beiden Kräfte.

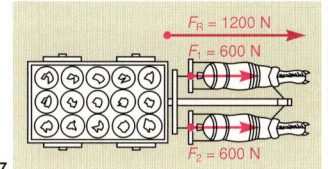

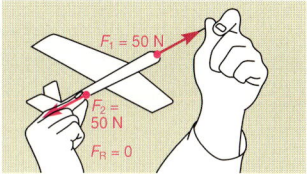

7 $F_R = 1200$ N, $F_1 = 600$ N, $F_2 = 600$ N | $F_1 = 50$ N, $F_2 = 50$ N, $F_R = 0$

A1 Die Kräfte F_1 und F_2 haben denselben Angriffspunkt. $F_1 = 24$ N, $F_2 = 18$ N. Die Wirkungslinien bilden einen Winkel von 60°. Konstruiere die Resultierende. Wie verändert sie sich, wenn der Winkel größer wird?

A2 In Bild 8 wirken drei Kräfte auf denselben Körper. Konstruiere die Resultierende, die alle drei Kräfte ersetzt. Tipp: Ersetze zuerst zwei Kräfte.

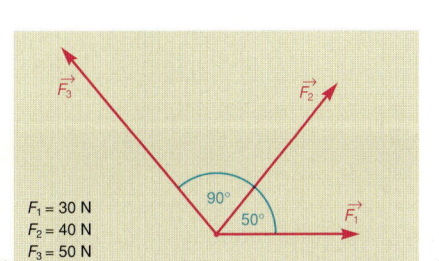

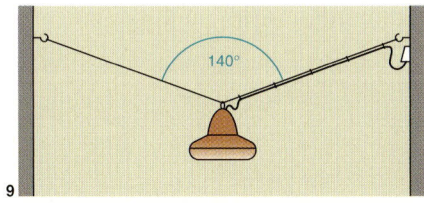

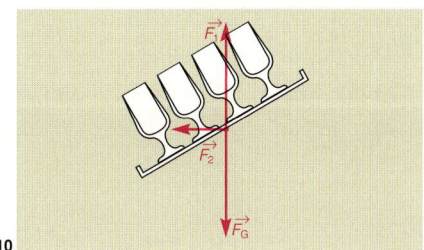

A3 Die Zugkräfte in den Seilen, an denen die Lampe in Bild 9 hängt, haben jeweils einen Betrag von 30 N. Wie groß ist die Gewichtskraft auf die Lampe?

A4 Ein Kellner, der mit einem Tablett losläuft, muss das Tablett schräg halten.
Eigentlich müsste er zwei Kräfte ausüben (Bild 10): Er muss der Gewichtskraft F_G durch die Kraft F_1 das Gleichgewicht halten. Das Tablett muss durch F_2 in Bewegung gesetzt werden.
Er übt aber nur eine Kraft F_R aus, die die beiden anderen ersetzt. Konstruiere die Resultierende für $F_G = 80$ N und $F_2 = 15$ N.

8 $F_1 = 30$ N, $F_2 = 40$ N, $F_3 = 50$ N; 90°, 50°

9 140°

10 $\vec{F_1}$, $\vec{F_2}$, $\vec{F_G}$

Das Kräfteparallelogramm

Zerlegung von Kräften

Welcher Teil des Auslegers könnte auch ein Seil sein, welcher muss starr sein?

Vorbereitende Aufträge

1. *Ziehe einen Klotz mehrmals an einem Gummiband über den Tisch. Verändere dabei den Winkel zwischen Tisch und Gummiband. Was beobachtest du? Findest du eine Erklärung?*

2. *Die Gewichtskraft auf eine Schultasche wird ermittelt. Eine gleich große, entgegengesetzt gerichtete Kraft muss man ausüben, wenn man die Tasche trägt. Die Tasche wird von zwei Schülern mit verschiedenen Winkeln gehalten (Bild 2). Die Kräfte werden gemessen. „Geteilte Last ist halbe Last." Unter welchen Umständen gilt dieser Satz?*

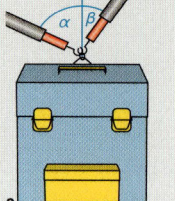

Grundlagen: Zerlegung von Kräften

In Bild 3 hängt eine Last an einer Stützvorrichtung. Die Last zieht an dem horizontal verlaufenden Seil und drückt die schräg stehende Stange gegen die Wand. Wir können daher die Kraft F durch eine Kraft F_1 in Richtung des Seils und eine Kraft F_2 in Richtung der Stange ersetzen.

In diesem Beispiel stellt sich das umgekehrte Problem wie bei der Zusammensetzung von Kräften: Eine Kraft F ist vorgegeben. Es sollen zwei Kräfte F_1 und F_2 gefunden werden, die zusammen dieselbe Wirkung wie F haben. Diese beiden Kräfte heißen Komponenten von F.

Um Komponenten einer Kraft F zu bestimmen, geht man in zwei Schritten vor:

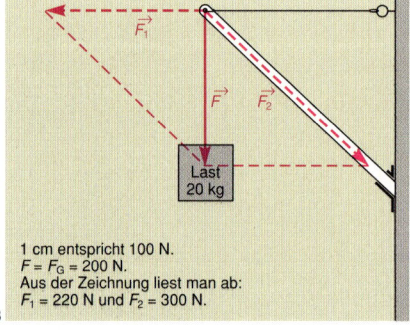

1 cm entspricht 100 N.
$F = F_G = 200$ N.
Aus der Zeichnung liest man ab:
$F_1 = 220$ N und $F_2 = 300$ N.

1. Überlege dir zunächst die Richtungen der Komponenten. In dem Beispiel geben die Richtungen von Seil und Stange die Richtungen von F_1 und F_2 an.

2. Bestimme die Beträge der Komponenten. Zeichne dazu das Parallelogramm, in dem F die Diagonale ist.

Man sagt, die Kraft F ist in die Komponenten F_1 und F_2 zerlegt worden.

Beispiel: Die Bilder 4–6 zeigen, wie man die Kraft bestimmt, die einen Schlitten beschleunigt. (Bei kleinen Geschwindigkeiten kann man Reibungskräfte vernachlässigen.)

Auch bei der Kräftezerlegung benutzt man das Kräfteparallelogramm.

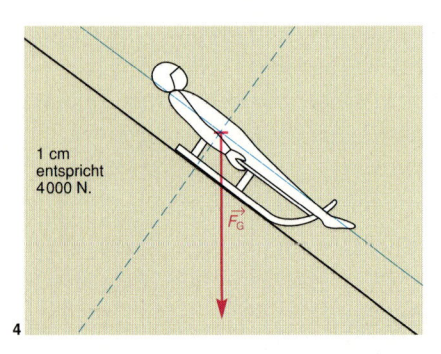

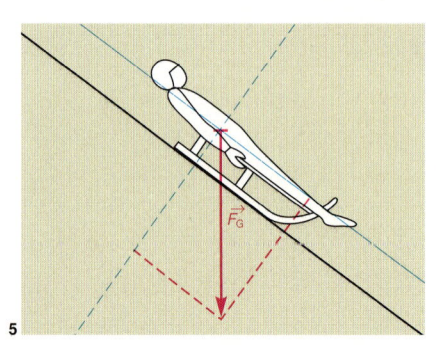

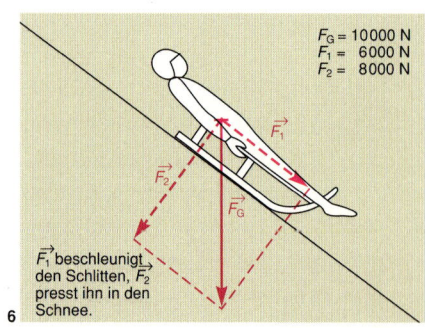

1 cm entspricht 4000 N.

$F_G = 10000$ N
$F_1 = 6000$ N
$F_2 = 8000$ N

$\vec{F_1}$ beschleunigt den Schlitten, $\vec{F_2}$ presst ihn in den Schnee.

Das Kräfteparallelogramm

A1 Susanne (45 kg) möchte eine Hängematte zwischen die Wände ihres Zimmers spannen. Welche Kräfte wirken auf die Aufhängung, wenn Susanne auf der Matte sitzt (Bild 7)?

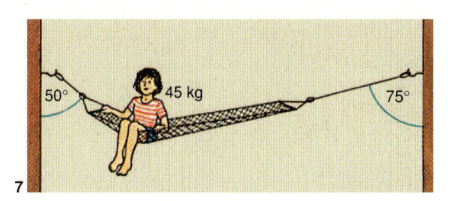

A2 Zwischen zwei Häusern ist ein Seil gespannt, an dem eine Lampe (m = 17 kg) hängt.
Der Winkel zwischen den beiden Seilenden (am Aufhängepunkt der Lampe) beträgt 130°.
Ermittle zeichnerisch die Zugkräfte in den Seilen.

A3 Ein Auto (F_G = 10 000 N) steht auf einer stark abschüssigen Straße. Der Winkel zwischen der Straße und der Waagerechten beträgt 20°.

a) Zerlege die Gewichtskraft in zwei Komponenten. Eine der Komponenten soll parallel, die andere senkrecht zur Straße sein.
b) Bestimme die Beträge der beiden Komponenten.
c) Wieso ist es sinnvoll, die Gewichtskraft in dieser Weise zu zerlegen?

A4 Die Kräfte, die eine Wäscheleine aushalten muss, sind größer als die Summe der Gewichtskräfte, die auf die aufgehängten Wäschestücke wirken. Begründe.

A5 Zwei Buben tragen einen Eimer. Der Winkel zwischen ihren Armen beträgt 30°. Jeder übt eine Kraft von 80 N aus. Wie groß ist die Gewichtskraft auf den Eimer?

Aus Umwelt und Technik: Von Brücken und Fachwerkbauten

Zusatzangebot

Die Eisenbahnbrücke in Bild 8 ist keine einfache Platte, die über den Fluss gelegt wurde, sondern eine komplizierte Stahlkonstruktion. Die Gewichtskräfte, die auf die Brücke selbst und auf einen durchfahrenden Zug wirken, werden auf die gesamte Konstruktion verteilt (Bild 9). Dadurch kann die Brücke Material sparend gebaut werden. Letztlich müssen die auftretenden Kräfte von den Lagern der Brücke aufgenommen werden.

Das Konstruktionsprinzip von Eisenbahnbrücken und auch von Fachwerkbauten (Bild 10) ist stets das gleiche: Durch diagonale Verbindungen in den Konstruktionen wird das Bauwerk stabilisiert (Bild 11).

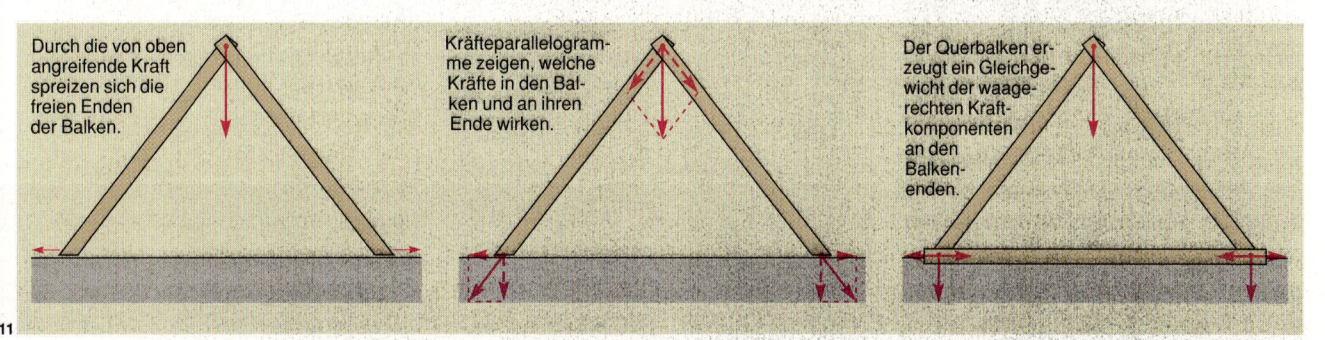

Durch die von oben angreifende Kraft spreizen sich die freien Enden der Balken.

Kräfteparallelogramme zeigen, welche Kräfte in den Balken und an ihren Ende wirken.

Der Querbalken erzeugt ein Gleichgewicht der waagerechten Kraftkomponenten an den Balkenenden.

Die Dichte

Was ist „leicht", was ist „schwer"?

Kleine Gegenstände sind leicht – und große schwer?

Vorbereitender Auftrag

1. Mehl, Zucker, Kaffee, Salz, Milch – was ist „leichter", was ist „schwerer"? Durch Messungen kannst du eine Antwort finden.

a) Lebensmittel werden oft in Form von Quadern verpackt. Miss ihre Kantenlängen und berechne das Volumen. Die Masse ist auf der Verpackung angegeben, du kannst sie auch mit einer Küchenwaage messen. Trage die Werte in eine Tabelle ein (Muster unten).

b) Ergänze in einer vierten Zeile der Tabelle eine Rechnung, die eine Antwort auf die Frage „Was ist schwerer?" gestattet.

c) Begründe deine Rechnungen.

	Mehl	Zucker	Kaffee	…
Masse m in g	?	?	?	?
Volumen V in cm³	?	?	?	?

V1 Wir messen Volumen und Masse verschiedener Mengen des gleichen Stoffs.

a) Stelle einen Messzylinder auf eine elektronische Waage und stelle die Waage auf „0 g" ein.
Schütte kleine Portionen Sand in den Zylinder und bestimme jeweils Volumen und Masse. Halte deine Ergebnisse in einer Tabelle fest.

Sand

Masse m in g	?	?	?	?
Volumen V in cm³	?	?	?	?

b) Wiederhole den Versuch mit Wasser und Spiritus.

V2 Feste Körper können unregelmäßig geformt sein. Um ihr Volumen zu messen, gibt es zwei Möglichkeiten: ein großer Messzylinder mit Wasser (Bild 3) oder ein Überlaufgefäß und ein Messzylinder (Bild 4).

a) Bestimme Masse und Volumen verschiedener Gegenstände.

b) Wie lässt sich die Genauigkeit der Volumenmessung mit dem Überlaufverfahren verbessern.

V3 Wir bestimmen Masse und Volumen von Luft. Wir messen die Masse m_1 einer luftgefüllten Glaskugel ($V = 1 l$). Dann wird die Luft abgepumpt und wieder die Masse m_2 bestimmt. Die Differenz $m_1 - m_2$ ergibt die Masse der herausgepumpten Luft.

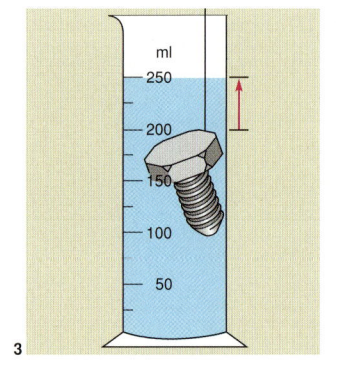

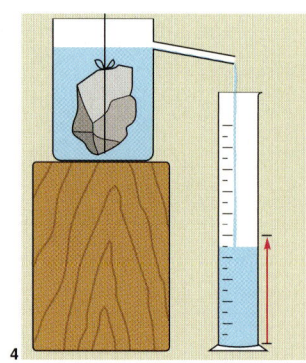

Die Dichte

Grundlagen: Die Dichte – eine Eigenschaft von Stoffen

Flaschen, Trinkgläser, Fensterscheiben – sie alle bestehen aus Glas. Wenn man Körper aus ein und demselben Stoff vergleicht, stellt man fest: Hat ein Körper das doppelte (dreifache) Volumen wie ein anderer, dann hat er auch die doppelte (dreifache) Masse. **Für jede Stoffart sind Masse und Volumen direkt proportional.**

In Bild 5 sind die Ergebnisse von Messreihen dargestellt. Die direkte Proportionalität kann man auf zweierlei Weise nachweisen:
○ Die Wertepaare haben den gleichen Quotienten.
○ Die Messpunkte liegen auf einer Geraden durch den Ursprung.

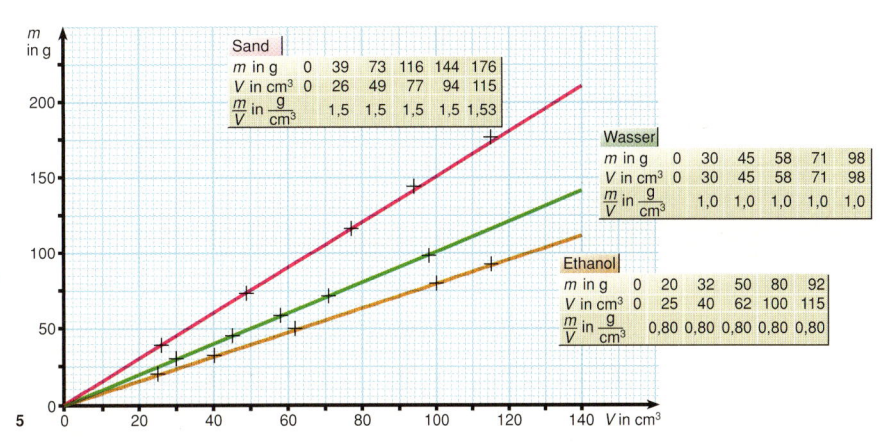

Sand						
m in g	0	39	73	116	144	176
V in cm³	0	26	49	77	94	115
$\frac{m}{V}$ in $\frac{g}{cm^3}$		1,5	1,5	1,5	1,5	1,53

Wasser						
m in g	0	30	45	58	71	98
V in cm³	0	30	45	58	71	98
$\frac{m}{V}$ in $\frac{g}{cm^3}$		1,0	1,0	1,0	1,0	1,0

Ethanol						
m in g	0	20	32	50	80	92
V in cm³	0	25	40	62	100	115
$\frac{m}{V}$ in $\frac{g}{cm^3}$		0,80	0,80	0,80	0,80	0,80

5 Masse in Abhängigkeit vom Volumen von unterschiedlichen Mengen verschiedener Körper

Der Quotient aus Masse und Volumen ist für jede Stoffart konstant. Er ist ein Kennzeichen des Stoffs und heißt Dichte. Die Dichte hat das Formelzeichen ϱ (Rho).

$$\text{Dichte} = \frac{\text{Masse}}{\text{Volumen}}, \quad \varrho = \frac{m}{V}.$$

Daraus ergibt sich die Einheit der Dichte als $1\frac{kg}{m^3}$.

Wenn man diese Einheit verwendet, erhält man in vielen Fällen recht große Zahlenwerte. Daher gibt man die Dichte meistens in $\frac{g}{cm^3}$ an:

$$1\frac{g}{cm^3} = 1000\frac{kg}{m^3}.$$

Die Dichte ist mit Hilfe anderer Größen, nämlich der Masse und des Volumens, definiert. Man bezeichnet die Dichte daher als abgeleitete Größe – im Gegensatz zu den Grundgrößen wie Masse, Kraft und Länge.

Da Masse und Volumen ortsunabhängige Größen sind, ist auch die Dichte ortsunabhängig.

A1 *Ordne nach der Dichte (→ Anhang): Goldmünze, Glasmurmel, Holzlöffel, Rohrzange, Messingschild, Korkuntersetzer.*

A2 *Granit hat eine Dichte von* $2{,}7\frac{g}{cm^3}$. *Was bedeutet die Angabe?*

A3 *Ist Sand schwerer als Wasser? Beschreibe, wie du die Frage in einem Versuch klären kannst.*

A4 *Berechne die Volumina von 1 kg Blei, Gold, Silber, Eisen, Kupfer, Aluminium und Styropor®.*

A5 *Wie kannst du bei einer Kette prüfen, ob sie aus Gold ist, ohne sie zu beschädigen?*

Musteraufgaben
Ein Stück Plastilin ($m = 30$ g) verdrängt in einem Gefäß 15 ml Wasser. Berechne die *Dichte*.
Lösung: $\varrho = \frac{m}{V} = \frac{30\,g}{15\,cm^3} = 2{,}0\frac{g}{cm^3}$

Wie groß ist die *Masse* von 40 cm³ Plastilin?
Lösung: $\varrho = \frac{m}{V}$, also $m = \varrho \cdot V$
$m = 2{,}0\frac{g}{cm^3} \cdot 40\,cm^3 = 80\,g$

100 g Plastilin werden verpackt. Berechne das *Volumen*.
Lösung: $\varrho = \frac{m}{V}$, also $V = \frac{m}{\varrho}$
$V = \frac{100\,g\,cm^3}{2{,}0\,g} = 50\,cm^3$

A6 *In Bild 6 geht es um Messing. Wie groß ist das Volumen des 50-g-Wägestücks aus Messing? Welche Masse hat ein 1-cm³-Würfel aus Messing?*

A7 *Eine Glasscheibe ist* 4,0 mm *dick,* 60 cm *breit und* 1,20 m *hoch. Welche Masse hat die Scheibe?*

A8 *Warum ist bei einer Dichteangabe die Temperatur wichtig?*

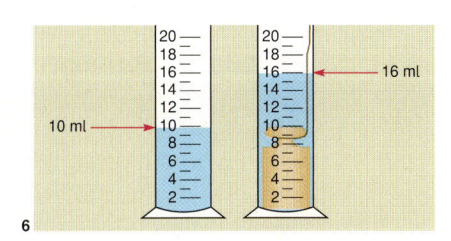

6

Hebel und Flaschenzüge

Hebel machen's möglich

Diese Werkzeuge erleichtern uns das Leben. Physikalisch gesehen handelt es sich um *Hebel*.

Welche Werkzeuge von Bild 2 eignen sich zum Radwechsel?

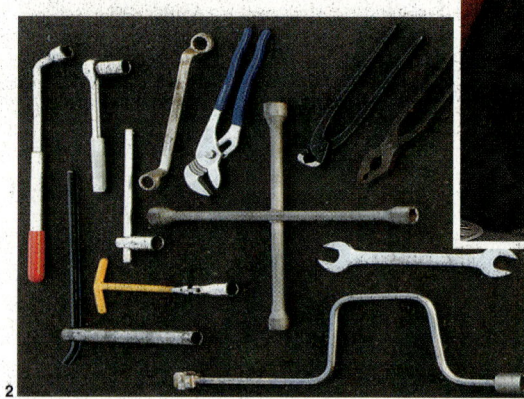

Vorbereitende Aufträge

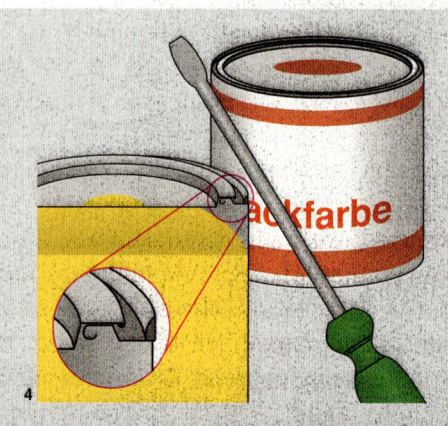

1. *Farbdosen kann man z. B. mit einem Schraubendreher öffnen (Bild 4).*
a) *Übertrage den Schnitt durch den Dosenrand vergrößert in dein Heft. Zeichne den richtig angesetzten Schraubendreher ein.*
b) *Zeichne den Angriffspunkt der Kraft ein, die die Hand auf den Schraubendreher ausübt. Zeichne auch ein, wo die Kraft auf den Deckel angreift.*
c) *In welche Richtung bewegt sich die Hand, in welche der Deckel?*
d) *Kennzeichne die Stelle an der Dose, über die der Schraubendreher gekippt wird, mit einem Punkt.*

2. *In Bild 5 siehst du die Handbremse eines Fahrrads. Auch mit ihr kannst du einfache „Hebelversuche" durchführen: Wie wirkt die Bremse, wenn du zuerst innen (1), dann weiter außen (2) an dem Bremshebel ziehst?*

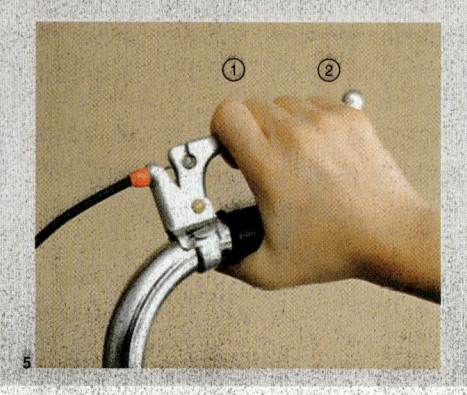

Grundlagen: Hebel und Hebelarme

Bei vielen einfachen Geräten nutzt man die Hebelwirkung. Bild 5 zeigt ein Beispiel für einen Hebel. Der Name Hebel ist vom Wort *heben* abgeleitet.

Die beiden „Arme" a_1 und a_2 bezeichnet man als *Hebelarme*. Sie liegen in Bild 6 vom Drehpunkt aus gesehen auf *zwei* verschiedenen *Seiten* des Hebels. Man spricht von einem *zweiseitigen Hebel*.

Auch in Bild 7 wird ein Balken als Hebel benutzt. Die beiden Hebelarme befinden sich vom Drehpunkt aus auf *einer Seite*: *einseitiger Hebel*.

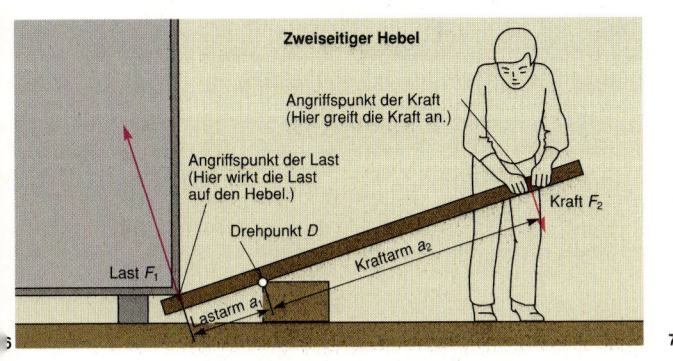

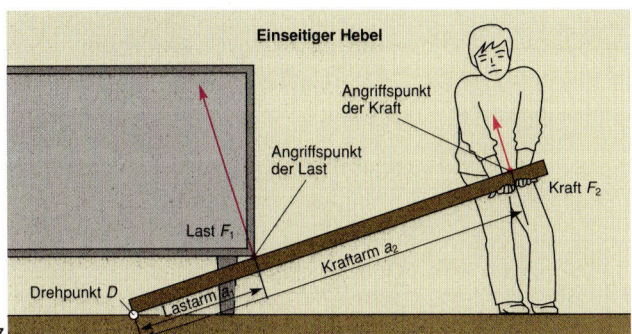

Ein Hebel ist im einfachsten Fall ein Balken, der um einen Punkt D gedreht werden kann. Die Abschnitte des Balkens zwischen dem Drehpunkt und den Angriffspunkten der beiden Kräfte F_1 und F_2 heißen Hebelarme (Lastarm a_1 und Kraftarm a_2).

A1 Bild 8 zeigt, wie man einen Nagel mit einer Zange durchkneifen kann. Dabei kann man messen, wie groß die Kraft ist, die zum Durchkneifen des Nagels benötigt wird.
a) *Überlege: Wo wird die größte und wo die kleinste Kraft benötigt – bei A, B oder C?*
b) *Ergänze: „Je länger die Griffe einer Zange (einer Schere) sind, desto …"*
c) *Führt den **Versuch** durch und messt die Kräfte zum Durchkneifen des Nagels.*

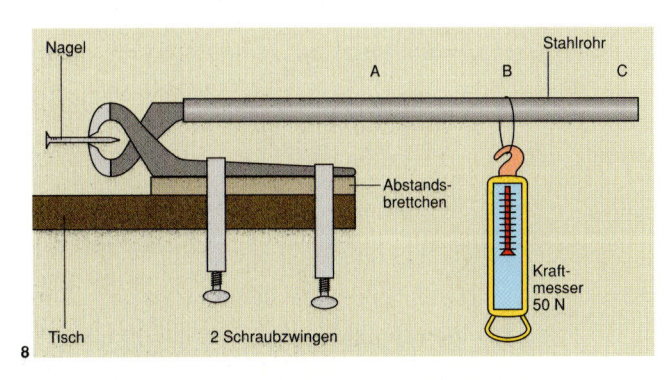

A2 *In den Bildern 9–11 sind Hebel zu erkennen.*
a) *Gib an, ob es ein- oder zweiseitige Hebel sind.*
b) *Erkläre, warum man damit Kräfte sparen kann.*
c) *Suche in deiner Umgebung nach Hebeln.*

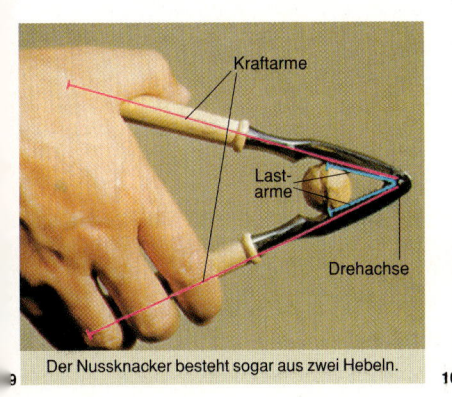

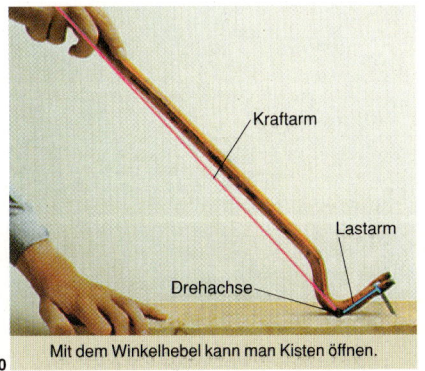

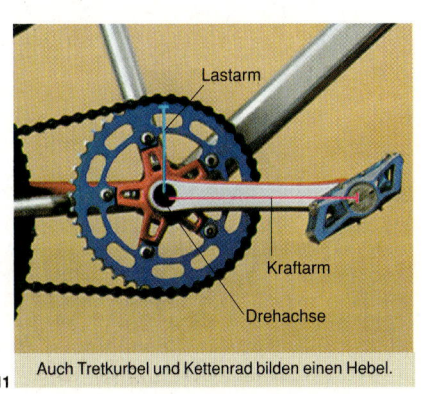

Das Hebelgesetz

Wie kann das kleine Mädchen seine Mutter noch höher heben? Wann ist die Wippe im Gleichgewicht?

Praktikumsversuche

V1 *Zweiseitiger Hebel:* Wir untersuchen, wie die Wippe ins Gleichgewicht kommt.
Versuchsmaterialien: *Hebel, Wägestücke*
Versuchsaufbau: *Siehe Bild 2.*
Versuchsdurchführung: *Hängt links ein Wägestück ein und überlegt: Wo müsst ihr rechts ein zweites Wägestück einhängen um Gleichgewicht zu erhalten? Probiert es aus. Tragt die Werte in eine Tabelle ein. Wer schafft es, spätestens nach dem dritten Probieren richtig vorherzusagen, wohin die Wägestücke jeweils gehängt werden müssen?*

Hebelarm festhalten.

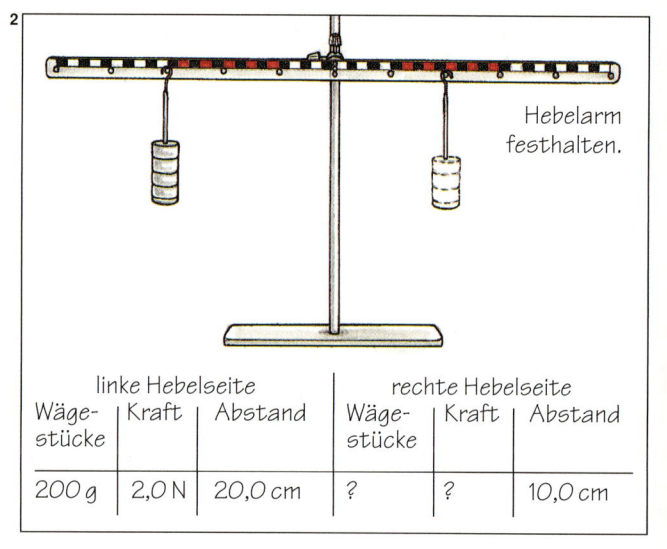

linke Hebelseite			rechte Hebelseite		
Wägestücke	Kraft	Abstand	Wägestücke	Kraft	Abstand
200 g	2,0 N	20,0 cm	?	?	10,0 cm

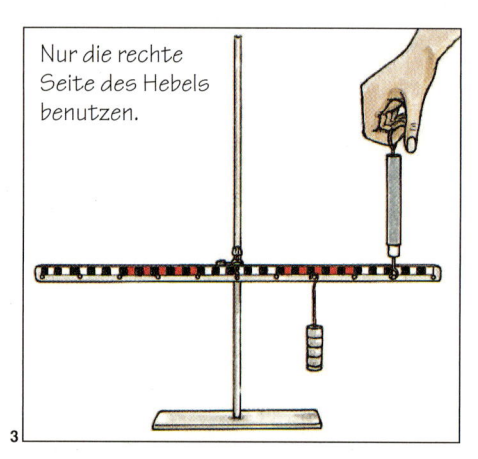

V2 *Wann ist ein einseitiger Hebel im Gleichgewicht?*
Versuchsmaterialien: *zusätzlich Kraftmesser*
Versuchsaufbau: *Siehe Bild 3.*
Versuchsdurchführung: *Hängt Wägestücke ein und messt die Kraft, die nötig ist, um den Hebel im Gleichgewicht zu halten. Notiert die Ergebnisse (Tabelle anlegen). Hängt den Kraftmesser in verschiedene Löcher und versucht die Ergebnisse vorherzusagen.*

Nur die rechte Seite des Hebels benutzen.

A1 Was fällt euch bei den Tabellenwerten aus V1 auf? Versucht eine Gesetzmäßigkeit zu finden.

A2 Welche der Kräfte und Kraftarme gehören jeweils zur gleichen Seite eines zweiseitigen Hebels? Tragt sie in eine Tabelle ein.

a) 3 N, 2 N; 6 cm; 4 cm.
b) 5 N, 3 N; 3 cm; 5 cm.
c) 10 N, 6 N; 5 cm; 3 cm.

A3 Die Frau in Bild 1 wiegt 50 kg und ist 1,2 m vom Drehpunkt entfernt. Welchen Abstand muss das Kind (30 kg) bei Gleichgewicht haben?

Grundlagen: Das Hebelgesetz

Die Wippe von Bild 1 ist im Gleichgewicht, wenn das Kind am längeren Hebel sitzt – also weiter außen als der Erwachsene.

Im Gleichgewicht sind die Produkte aus Kraft und Hebelarm gleich groß (Hebelgesetz, Bild 4):
$F_1 \cdot a_1 = F_2 \cdot a_2$.
Dabei müssen die Kräfte senkrecht zum Hebel sein.

Mit Hebeln kann man Kräfte verstärken: Je länger der Kraftarm, desto größer ist die Kraft, die man mit dem Hebel ausübt (bei gleichem Lastarm).

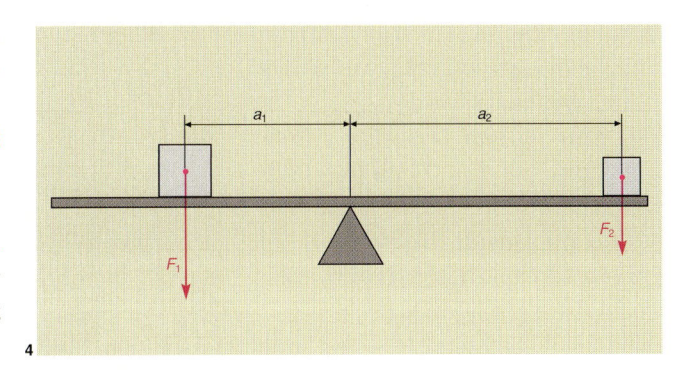

4

Aus der Technik: Der Drehmomentschlüssel

Frau Merk will die Räder an ihrem Auto wechseln – der Wetterbericht hat glatte Straßen vorhergesagt. Doch die Radmuttern sitzen fest. Ihre Nachbarin bringt ihr ein Rohr, das auf den Radmutternschlüssel gesteckt werden kann. „Das habe ich für alle Fälle im Kofferraum", sagt sie. Frau Merk probiert ihn sofort aus. Und tatsächlich – die Muttern lassen sich lösen!

„Sie dürfen die Muttern aber auf keinen Fall mit dem verlängerten Schlüssel *fest* drehen!", sagt sie, bevor sie geht. „Am besten fahren Sie in eine Werkstatt; dort kann man prüfen, ob die Muttern richtig sitzen."

Frau Merk beherzigt ihren Rat. Die Mechanikerin in der Werkstatt setzt bei ihrer Arbeit einen **Drehmomentschlüssel** ein (Bild 5). An ihm kann sie für jeden Kraftfahrzeugtyp vorher einstellen, wie stark sie die Muttern anziehen muss, damit sie nicht überdreht werden. Wenn beim Anziehen der Muttern das richtige „Drehmoment" erreicht ist, dreht der Schlüssel durch. Die Radmutter kann dann nicht noch fester gedreht werden.

Das Drehmoment beschreibt die Drehwirkung einer Kraft. Beim Hebel ist die Drehwirkung umso größer, je größer der Hebelarm und je größer die Kraft ist. Deshalb gilt für das Drehmoment: $M = F \cdot a$.

Radmuttern werden z. B. mit einem Drehmoment von 120 Nm angezogen. Bei einem 50 cm langen Drehmomentschlüssel ist eine Kraft von 240 N nötig: $M = 240\,\text{N} \cdot 0{,}5\,\text{m} = 120\,\text{Nm}$.

A4 *Frage an einer Tankstelle oder in einer Werkstatt nach, ob du einen Drehmomentschlüssel ausprobieren kannst. Berichte.*

A5 *Wenn man Radmuttern mit einem Kreuzschlüssel nicht lösen kann, hilft ein Metallrohr. Wie geht man vor? Begründe.*
Warum darf man Schrauben so nicht festziehen?

A6 *Radmuttern sollen mit einem Drehmoment von 140 Nm angezogen werden. Welche Kraft muss am Griff des 60 cm langen Schlüssels ausgeübt werden?*

5

Aus der Umwelt: Hebel in der Pflanzenwelt

Zusatzangebot

Eine Pflanze kann nur Früchte und Samen entwickeln, wenn ihre Blüten *bestäubt* werden.

Dafür sorgen in vielen Fällen Insekten, die von Blüte zu Blüte fliegen – auf der Suche nach dem süßen Blütensaft (Nektar). Dabei tragen sie den Blütenstaub von einer Blüte zur anderen.

Der **Salbei** (Bild 1) ist eine Heilpflanze, die man auf Wiesen findet. Bei ihr spielt ein *Hebel* eine wichtige Rolle. Ihr Staubfaden, der den Staubbeutel mit dem Blütenstaub trägt, liegt meist dicht am Blütenblatt an (Bilder 2 u. 3). Eine Platte am Ansatz des Staubfadens versperrt dem Insekt den Weg in die Blüte.

Wenn nun z. B. eine Hummel an den Nektar heranwill, drückt sie mit ihrem Kopf die Platte nach hinten. Dadurch klappt der Staubfaden in der Blüte nach unten (Bilder 4 u. 5). Jetzt berührt der Staubbeutel den haarigen Rücken der Hummel und Blütenstaub bleibt „kleben".

Wenn die Hummel wieder zurückkriecht, nimmt auch der Staubfaden der Blüte seine ursprüngliche Lage ein. Die Hummel fliegt bald zur nächsten Blüte und der Blütenstaub bleibt dort zurück.

A1 *Beschreibe, wie der Hebel bei der Salbeiblüte funktioniert.*
a) *Handelt es sich beim Salbei um einen einseitigen oder einen zweiseitigen Hebel?*
b) *Ob der Zweck dieses Hebels darin besteht, Kraft zu sparen?*
Was wird mit diesem Hebel bewirkt?

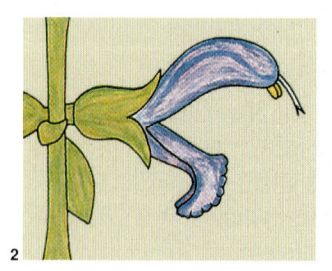

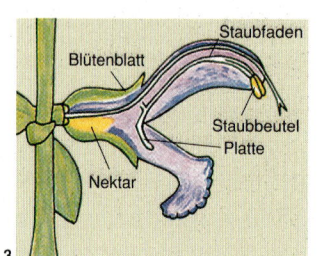

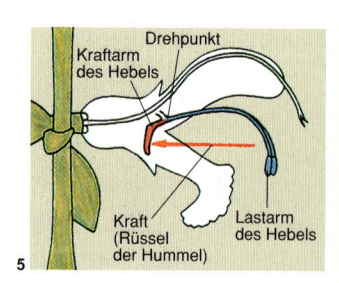

Aus der Umwelt: Wie die Kreuzotter den Giftzahn aufrichtet

Zusatzangebot

Auch bei Tieren findet man *Hebel* in vielerlei Formen, z. B. bei der **Kreuzotter**.

Diese Schlange hat mächtige Giftzähne. Sie richten sich erst dann drohend auf, wenn das Maul geöffnet wird (Bild 6). Bei geschlossenem Maul sind die Giftzähne nach innen gegen den Oberkiefer geklappt (Bild 7). Sonst würden sie das Tier verletzen.

Und so funktioniert die „automatische" Giftzahnaufrichtung (Bild 8):

Der Giftzahn steckt bei B drehbar im Oberkiefer. Wenn die Kreuzotter ihr Maul öffnet, hebt sich der Schädelknochen. Die Folge ist, dass der Giftzahn nach vorn kippt. Schließt die Schlange ihr Maul wieder, so senkt sich der Schädelknochen, und der Zahn kippt nach innen.

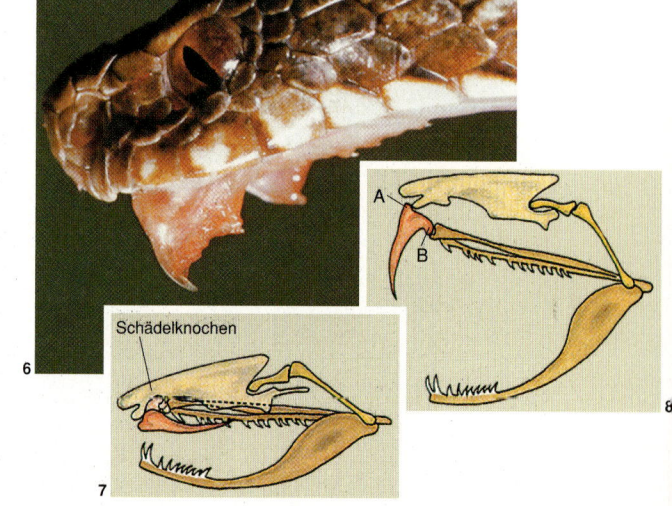

Aus der Umwelt: Hebel am menschlichen Körper

Wenn du etwas anhebst oder einen Ball wirfst, ist ein *Hebel* im Spiel. Auch im menschlichen Körper werden Hebelwirkungen genutzt.

Beim Heben von Lasten wirkt dein Unterarm wie ein einseitiger Hebel. Die Kraft, die der Beuger (Bizeps) ausübt, und die Last greifen auf derselben Seite vom Drehpunkt (Ellenbogengelenk) an.

Der Lastarm ist etwa fünfmal so lang wie der Kraftarm (Bild 9). Deshalb muss dein Beuger z. B. zum Heben einer 10-kg-Last (100 N Gewichtskraft) die fünffache Kraft aufbringen, nämlich 500 N.

Der Hebel *Unterarm* ist also kein „Kraftverstärker". Dafür bringt er aber einen anderen Vorteil mit sich: Während sich der Beuger nur ein ganz kurzes Stück bewegt, wird die Last über eine viel größere Strecke gehoben. Deshalb gilt für diesen Hebel: *Mit dem Hebel Unterarm kann man keine Kraft sparen, man kann aber Weg gewinnen.*

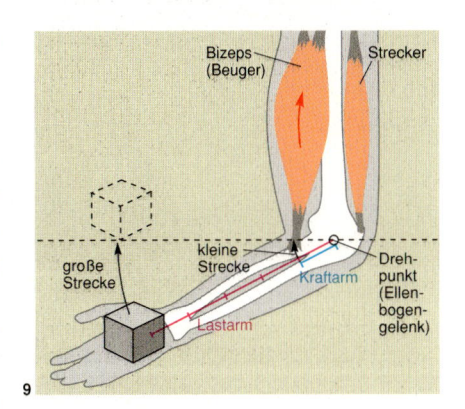

Beim Werfen wirkt der Strecker des Arms. Der Unterarm ist nun ein zweiseitiger Hebel.

In diesem Fall ist der Lastarm sogar zehnmal so lang wie der Kraftarm (Bild 10).

Beim Ballwerfen streckt der Strecker den Unterarm blitzschnell. So legt der Unterarm mit dem Ball einen langen Weg in ganz kurzer Zeit zurück. Der Ball wird dadurch sehr schnell. Er kann z. B. bei einem 80-m-Wurf eine Geschwindigkeit von $100 \frac{km}{h}$ erreichen. Kraft wird auch hier nicht gespart. Man erzielt aber durch die Verlängerung des Wegs eine hohe Geschwindigkeit (und damit eine große Weite).

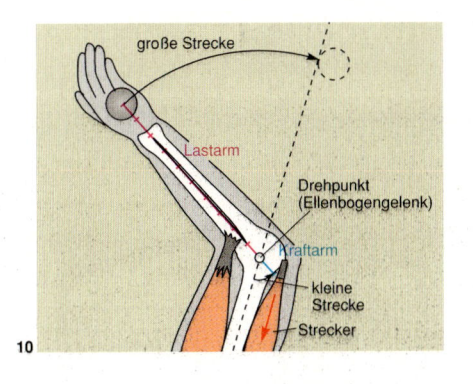

A2 Ein **Modell** des Hebels „Arm" kannst du dir aus fester Pappe oder dünnem Sperrholz bauen (Bild 11). So funktioniert das Modell: Das Ziehen am „Beuger"-Faden entspricht dem Zusammenziehen des Beugermuskels.

a) Hänge in das Loch der „Hand" ein 500-g-Wägestück ein. Miss am Beugerfaden, wie groß die Kraft zum Heben des Wägestücks ist. Kannst du das Ergebnis erklären?
b) Miss auch die zurückgelegten Wege: Um wie viel Zentimeter wurde das Wägestück gehoben? Wie weit hast du den Beugerfaden gezogen? Erkläre.

A3 Auch von der Salbeiblüte (→ linke Seite) kannst du ein **Modell** herstellen. Zeichne die Blüte vergrößert auf festes Papier (Bild 12). Schneide den Hebel „Staubfaden" aus fester Pappe oder Sperrholz aus und befestige ihn drehbar auf der Blüte.

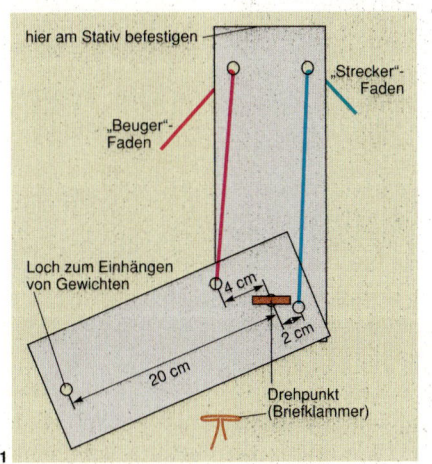

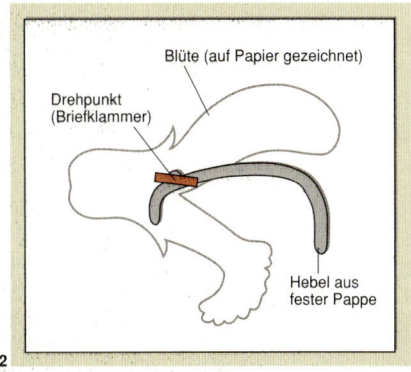

Rollen und Seile

Das Mädchen wiegt nur 29 kg und die Sportlehrerin 62 kg …

V1 Hier siehst du vier Möglichkeiten, eine Last nach oben zu ziehen (Bilder 2–5).

a) Welchen Einfluss haben die Vorrichtungen jeweils auf den Betrag, die Richtung und den Angriffspunkt der Zugkraft?

b) Plane zu jedem der vier Bilder einen Versuch (Skizze!). Nimm als Last z. B. ein 500-g-Wägestück. Lege eine Tabelle nach dem unten stehenden Muster an. Fülle zunächst die Spalten 2 und 3 aus. Überprüfe dann deine Vermutungen durch Messungen. Trage beides in die Tabelle ein.

c) Versuche die unterschiedlichen Ergebnisse zu erklären.

d) Welchen Vorteil hat das Verfahren von Bild 4 und welchen hat das von Bild 5?
Erfinde eine Vorrichtung, die beide Vorteile vereint (Skizze!).

Versuchsaufbau nach …	Last Gewichtskraft in N	Vermutete Zugkraft in N	Gemessene Kraft in N
Bild 2	?	?	?

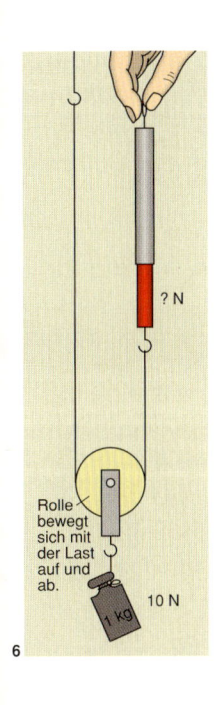

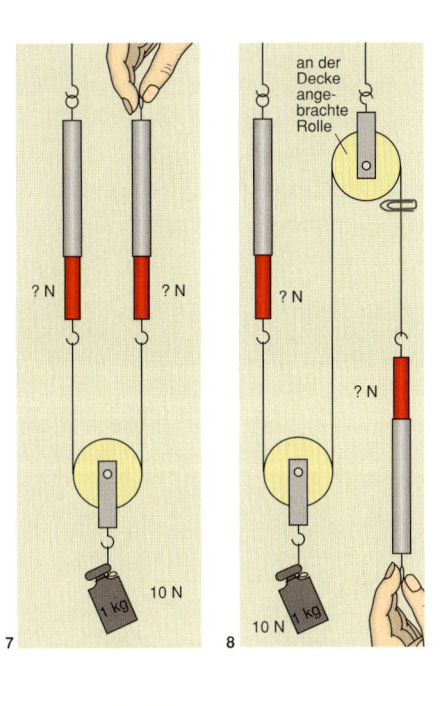

V2 Die Bilder 6–8 zeigen die Versuchsaufbauten.

a) Wie groß sind die Kräfte, die die Kraftmesser bei Gleichgewicht anzeigen? Schätze zunächst.

b) Welchen Zweck hat die zusätzliche Rolle in Bild 8?

c) Wenn man Kraft spart, muss man einen Nachteil in Kauf nehmen …
Zieh die Last um 10 cm (20 cm) hoch. Wie viel Seil musst du ziehen? Markiere dazu das Zugseil mit einer Büroklammer.

d) Wie groß sind die Kräfte an den Haken?

e) Nimm an, eine Rolle hätte eine Masse von 200 g. Wie würde sich die Anzeige der Kraftmesser ändern?

Grundlagen: Der Flaschenzug – Rollen und Seile

Mit Hilfe eines Seils und einer Rolle kann man Kraft sparen. So hängt in den Bildern 6 u. 7 die Rolle und damit die Last an *zwei* Seilstücken. Die Gewichtskraft verteilt sich auf die beiden Seilstücke. Die andere Hälfte der Last wird von der Aufhängung an der Decke getragen.

Man spart sogar noch mehr Kraft, wenn man die Last auf noch mehr Seilstücke verteilt. Dazu befestigt man an der Last und an der Decke mehrere Rollen. Eine solche Vorrichtung heißt *Flaschenzug*. Der Name kommt von der äußeren Form (in Bild 9 rot gezeichnet).

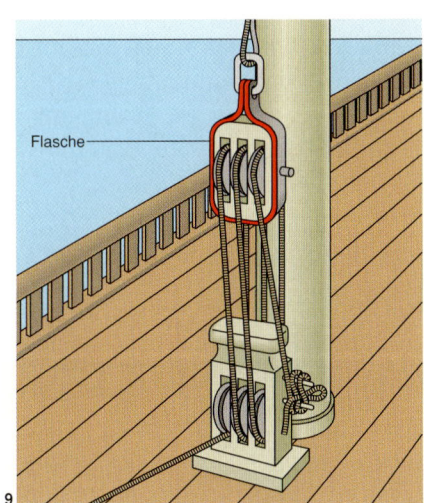

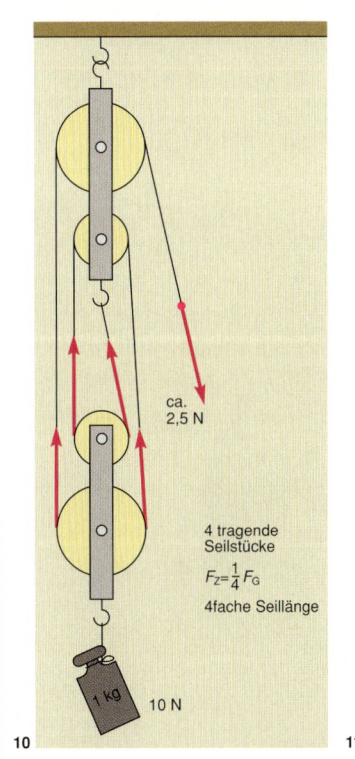

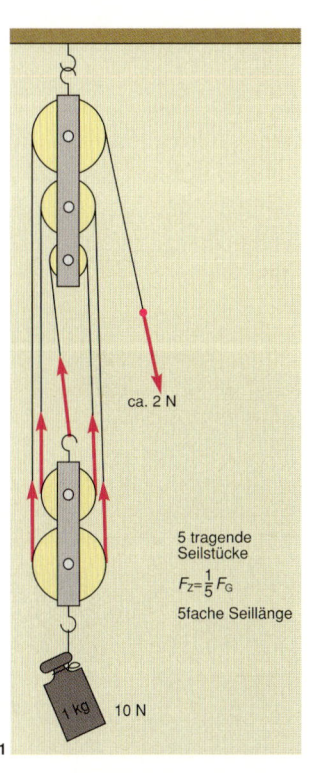

ca. 2,5 N

4 tragende Seilstücke

$F_Z = \frac{1}{4} F_G$

4fache Seillänge

ca. 2 N

5 tragende Seilstücke

$F_Z = \frac{1}{5} F_G$

5fache Seillänge

Beim Flaschenzug gilt: Je mehr Seilstücke die Last tragen, desto geringer ist die nötige Zugkraft, desto mehr Seil muss man ziehen (Bilder 10 u. 11).

Beispiel: 5 tragende Seilstücke
→ Zugkraft $F_Z = \frac{1}{5} F_G$ und 5fache Seillänge.

A1 In den Bildern 1–3 werden Seile und Rollen benutzt.
a) In welchen Fällen wird Kraft gespart? Begründe.
b) Welche Aufgabe hat das Seil von Bild 1?
c) Welchen Zweck erfüllen die Rollen (Bilder 2 u. 3)?

A2 Mit einer Anordnung wie in Bild 4 kannst du beim Tauziehen jeden schlagen – aber nur wenn du am richtigen Seil ziehst ...
Welches Seil ist gemeint und warum gerade dieses?

A3 Das Mädchen von Bild 1 der vorherigen Doppelseite schaffte ihren „Kraftakt" natürlich nur mit einem Flaschenzug. Die Lehrerin wurde von fünf tragenden Seilen gehalten. Das Seil mit der Lehrerin hing an der untersten Rolle.
a) Zeichne den Flaschenzug auf.
b) Wie groß ist die Kraft, die das Mädchen ausübt?

A4 Wie groß ist die Kraft, die erforderlich ist, um bei den Bildern 5 u. 6 Gleichgewicht herzustellen?

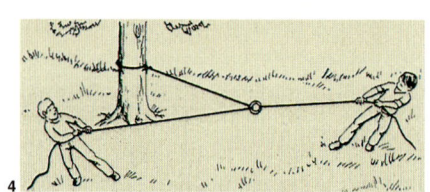

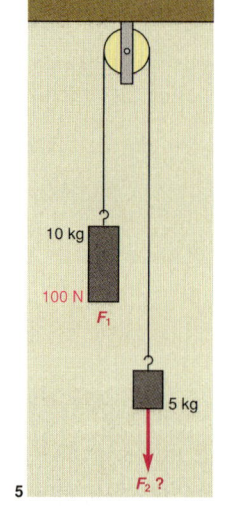

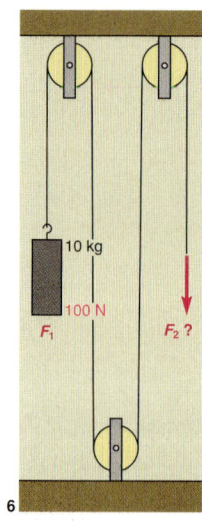

Aus der Umwelt: Flaschenzüge – „stark" und millimetergenau

Zusatzangebot

Klaus ist Automechaniker. Er repariert in der Garage gerade sein Auto und muss den ganzen Motor herausnehmen. Da ist guter Rat teuer, denn der Motor wiegt 120 kg. Im Baumarkt kauft er sich einen Flaschenzug und einen kräftigen Haken, den er in einem dicken Balken unter dem Garagendach befestigt. Nachdem er alle Schrauben und Verbindungen des Motors gelöst hat, kann es losgehen. Vorsichtig zieht er am Zugseil. Obwohl er dazu nur eine Hand benutzt, schafft er es. Millimeterweise hebt sich der schwere Motor.

A5 Der Flaschenzug hat zweimal sechs Rollen, die jeweils nebeneinander auf einer Achse sitzen.
a) Zeichne den Flaschenzug vereinfacht mit der Seilführung. Wie viele Seilstücke tragen die Last?
b) Wie viel Kraft ist zum Hochziehen mindestens erforderlich? Warum muss man in Wirklichkeit eine etwas größere Kraft ausüben?

A6 Der Flaschenzug hat auch den Vorteil, dass man den Motor millimetergenau herunterlassen kann. Erkläre. Tipp: Um wie viel senkt sich der Motor, wenn man das Zugseil um 10 cm nachlässt?

Aus der Technik: Flaschenzüge im Gießkran

Der riesige *Gießkran* von Bild 8 steht in einem Stahlwerk im Ruhrgebiet. Der unten hängende große „Eimer" wird als *Pfanne* bezeichnet. Diese Pfanne ist 4,60 m hoch und hat einen Durchmesser von 4,30 m. Aus ihr wird flüssiges Eisen in Gießformen gefüllt.

Vorher muss die Schlacke, die oben auf dem Eisen schwimmt, abgegossen werden. Zu diesem Zweck ist der Kran mit einem *Hilfshub* ausgestattet: Dieser kippt die Pfanne, sodass die Schlacke abfließen kann.

Es ist schon eindrucksvoll, was ein solcher Kran zu heben vermag: Der Hilfshub alleine kann schon 115 t tragen; das entspricht einer Last von etwa 115 Pkws. In die Pfanne passen 270 t flüssiges Eisen hinein.

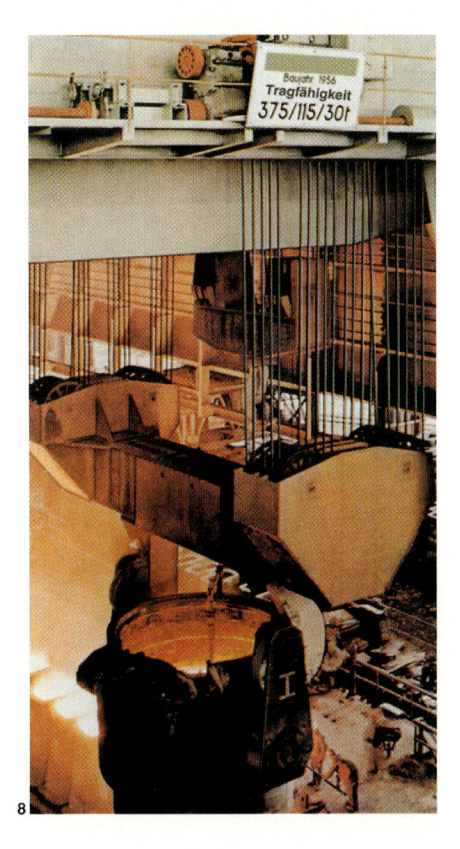

Zum Transportieren solch gewaltiger Lasten wurden vier Flaschenzüge in den Kran eingebaut. Bei jedem verteilt sich die Last auf 10 Seilstücke.

A7 *Den Kran von Bild 8 bezeichnet man als „Gießkran". Erkläre den Namen und beschreibe seine Aufgabe.*

A8 *Das 4 cm dicke Seil des Hauptkrans hat eine Tragfähigkeit von 11,5 t. Die Tragfähigkeit des Krans beträgt 375 t. Warum reißt das Seil nicht?*

Aus der Umwelt: „Rettung aus dem Eis"

Zusatzangebot

Gletschertouren sind gefährlich, da unter dem Schnee oft Spalten im Eis verborgen sind. Daher gehen Bergsteiger auf Gletschern am Seil und halten einen Abstand von über 10 m voneinander ein. So ist die Chance größer, einen Abstürzenden noch zu halten, ohne mitgerissen zu werden.

Für einen Menschen allein ist es unmöglich, einen Verunglückten am Seil hochzuziehen. Dazu sind vier Helfer nötig, denn zum Körpergewicht kommt noch die Reibung des Seils am Gletscherrand hinzu, sodass große Kräfte zur Rettung erforderlich sind.

Wesentlich leichter wird die Rettung mit einer Rolle oder einem Karabinerhaken (Bild 9).

A9 *Beschreibe in einzelnen Schritten, was bei der Rettung mit Rolle und Seil zu tun ist. Begründe, warum die Zugkraft kleiner ist. Welche Kraft ist mindestens nötig, wenn der Verunglückte mit Ausrüstung 100 kg wiegt?*

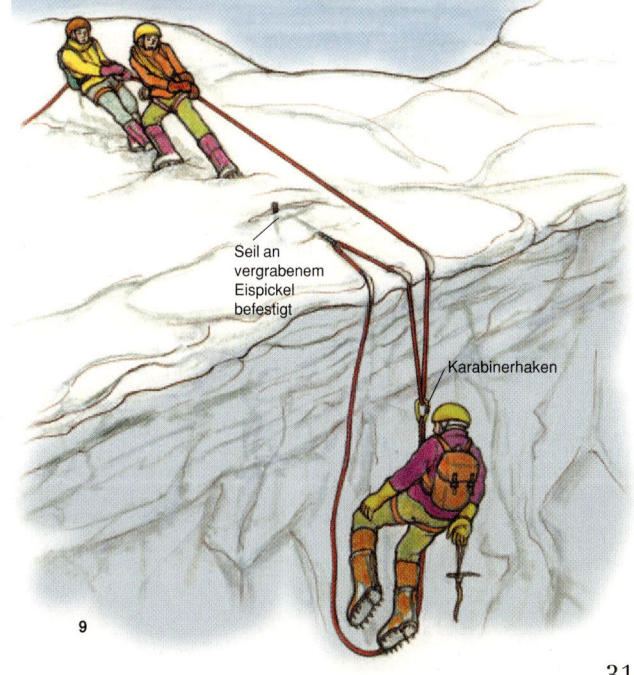

Zusammenfassung

Hebel und ihre Wirkung

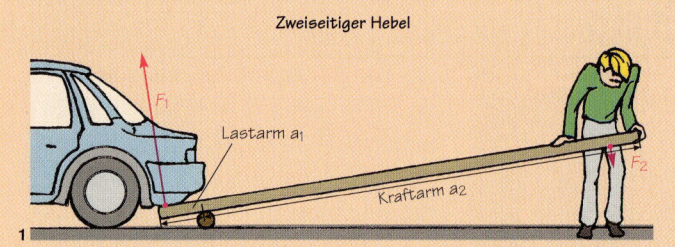

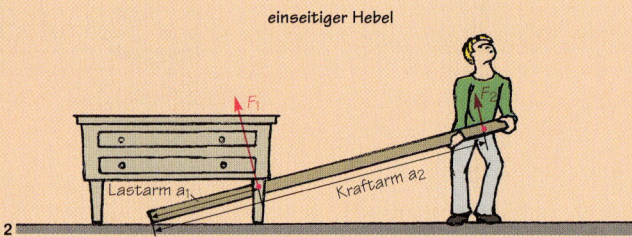

Zweiseitiger Hebel — Bild 1

einseitiger Hebel — Bild 2

Man unterscheidet zweiseitige Hebel (Bild 1) und einseitige Hebel (Bild 2). Jeder Hebel besitzt einen *Drehpunkt* und zwei *Hebelarme* (Kraftarm und Lastarm).

Je länger der Kraftarm des Hebels ist, desto weniger Kraft ist nötig, um die gleiche Last zu heben (bei gleichem Lastarm).

Kraftarm doppelt so lang wie der Lastarm → doppelte Kraftwirkung.
Kraftarm zehnmal so lang wie der Lastarm → zehnfache Kraftwirkung.

Bei einem Hebel im Gleichgewicht ist das Produkt aus Kraft und Länge für beide Hebelarme gleich groß:

$$F_1 \cdot a_1 = F_2 \cdot a_2.$$

Dabei müssen beide Kräfte senkrecht zum Hebel sein.

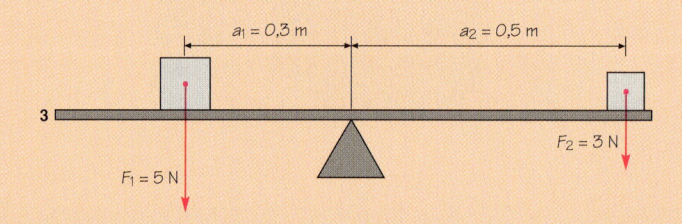

Bild 3: $a_1 = 0{,}3$ m, $a_2 = 0{,}5$ m, $F_1 = 5$ N, $F_2 = 3$ N

Seile – Rollen

Rollen sorgen dafür, dass die Kräfte in den Seilstücken gleich groß sind. Mit der Rolle von Bild 4 wird nur die Zugkraft umgelenkt. Mit der Rolle von Bild 5 wird die Kraft auf zwei tragende Seilstücke verteilt.

Die Last hängt an *einem* Seilstück. Die Zugkraft muss genauso groß sein wie die Last, damit Gleichgewicht herrscht.

Kraft = Last.

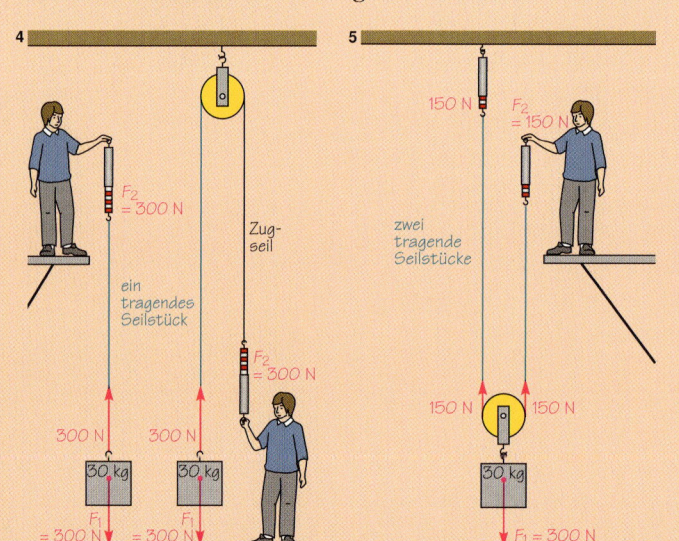

Die Last verteilt sich auf *zwei* tragende Seilstücke. Die eine Hälfte der Last wird von der Decke getragen, die andere trägt die Person.

Kraft = $\frac{1}{2}$ Last.

Hebel und Flaschenzüge

Flaschenzüge

Die Last verteilt sich auch hier auf *zwei* Seilstücke. Die zusätzliche Rolle lenkt die Kraft nur um.

Kraft = $\frac{1}{2}$ Last.

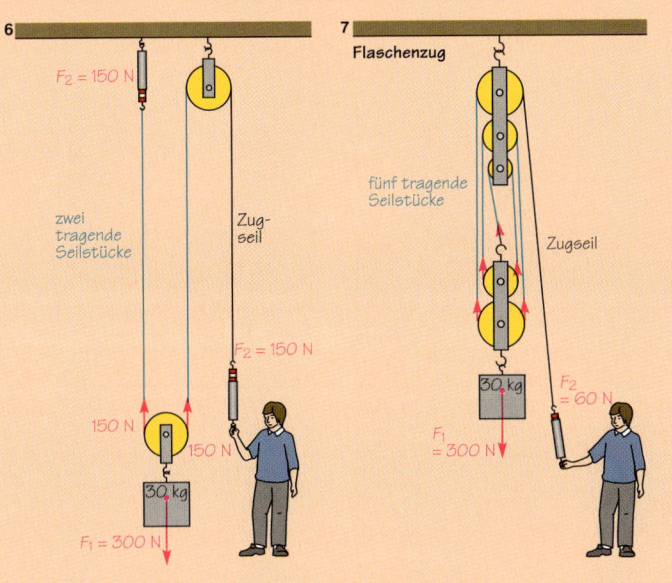

Die Last verteilt sich auf *fünf* Seilstücke. Jedes trägt nur ein Fünftel der Last. Als Zugkraft ist ein Fünftel der Last nötig.

Kraft = $\frac{1}{5}$ Last.

Die Gewichtskraft F_G, die auf die Last wirkt, wird gleichmäßig auf die tragenden Seilstücke verteilt.
Bei n tragenden Seilstücken gilt für die Zugkraft: $F_Z = \frac{F_G}{n}$.

Alles klar?

Lösungen → Anhang

1. Wie musst du eine Schubkarre (Bild 8) beladen, damit du es beim Schieben leicht hast? Zeichne die Karre ab und trage Drehpunkt, Hebelarme und Kräfte ein.

2. Wie kann man mit der römischen Schnellwaage (Bild 9) verschiedene Gegenstände abwiegen? Wie schwer ist der Sack Kartoffeln, der hier gewogen wird?

3. Ein zweiseitiger Hebel soll im Gleichgewicht sein. Ergänze in der Tabelle die fehlenden Größen.

F_1	a_1	F_2	a_2
2,0 N	6,0 cm	?	3,0 cm
2,0 N	5,0 cm	?	2,0 cm
7,5 N	6,0 cm	?	5,0 cm
3,0 N	3,0 cm	1,5 N	?
0,6 N	4,0 cm	0,8 N	?

4. Der Anhänger ist stecken geblieben. Der Bauer holt ein Seil und eine Rolle mit Haken. Am Straßenrand steht ein Baum. Zeichne auf, wie sich der Bauer helfen will (Bild 10). Begründe.

5. Wie groß ist in den Bildern 11–14 jeweils die Kraft, die erforderlich ist, um die Last zu halten?
Es bleibt unberücksichtigt, dass auf die Rollen zusätzlich Gewichtskräfte wirken. Vernachlässigt wird ebenfalls die Reibung an den Rollen.

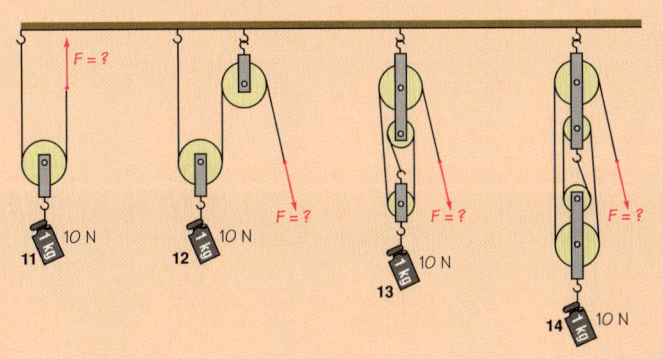

Die Arbeit

Wer arbeitet hier?

Herr Marten ist Lehrer. Er korrigiert gerade Hefte. Im physikalischen Sinn verrichtet er *keine* Arbeit.

Hier geht Herr Marten seinem Hobby nach: Bergsteigen. Im physikalischen Sinn verrichtet er dabei Arbeit.

Vorbereitende Aufträge

1. Beschreibe, was man in der Umgangssprache unter „Arbeit" versteht.
Dagegen gehören im physikalischen Sinn immer **zwei Merkmale** zur Arbeit. Welche beiden könnten es sein? (In Bild 2 sind sie zu erkennen.)

2. Nicht in jeder der in den Bildern 3–6 dargestellten Situationen wird im physikalischen Sinn gearbeitet. Suche die richtigen Beispiele heraus.
(Wenn du Hilfe brauchst, lies im Text „Grundlagen" auf der rechten Seite nach.)

3. Steine nach oben zu schaffen ist physikalische Arbeit.
In den Bildern 7–9 wird sie vom Motor eines Lastenaufzugs verrichtet.
Wann verrichtet der Motor besonders viel Arbeit?
Tipp: Der Motor hebt die Steine mit der nötigen Kraft (Bild 10). Er setzt sie mal auf einem kürzeren, mal auf einem längeren Weg ein – je nachdem, in welches Stockwerk er fährt.

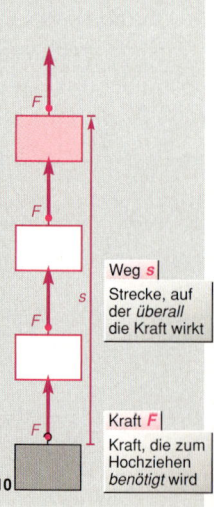

Weg *s*
Strecke, auf der *überall* die Kraft wirkt

Kraft *F*
Kraft, die zum Hochziehen *benötigt* wird

Die Arbeit

Grundlagen: Wenn man die Arbeit berechnen will …

Wenn der Physiker von *Arbeit* spricht, spielen die Größen *Kraft* und *Weg* eine Rolle. Physikalisch wird nur dann eine Arbeit verrichtet, wenn ein Körper *auf einem Weg befördert* wird und dabei ständig *eine Kraft in Richtung dieses Wegs* wirkt.

Eine Arbeit ist umso größer, je größer die Kraft ist oder je länger der Weg ist, den der Körper dabei zurücklegt.

Für konstante Kräfte in Wegrichtung definieren wir:
Arbeit = Kraft · Weg,
$W = F \cdot s.$

Die Arbeit wird mit dem Formelzeichen W abgekürzt (von engl. *work*).

Aus der Gleichung $W = F \cdot s$ ergibt sich als Einheit der Arbeit: $1\,N \cdot 1\,m = 1\,Nm$ (Newtonmeter).

Die Einheit der Arbeit hat einen besonderen Namen, sie heißt 1 Joule (1 J). 1 J = 1 Nm.

Die Einheit Joule (sprich: dschūl) ist nach dem Physiker *James Prescott Joule* (1818–1899) benannt. Eine Arbeit von 1 J wird verrichtet, wenn *ein Gegenstand auf einem 1 m langen Weg befördert wird* und wenn *dabei ständig eine Kraft von 1 N in Wegrichtung wirkt.*

Du verrichtest eine Arbeit von 1 Nm, wenn du eine 100-g-Tafel Schokolade um 1 m hebst (Bild 11).

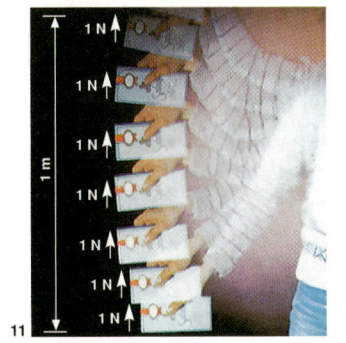

A1 Ein Eimer (5 kg) wird um 1 m gehoben. Wie groß ist die erforderliche Kraft? Ändert sich die Kraft, wenn der Weg 2 m beträgt? Plane dazu einen Versuch.

A2 In Bild 12 zieht ein Kran Steine nach oben.
a) Bei B und D wird doppelt so viel Arbeit verrichtet wie bei A. Begründe!
b) Vergleiche die Arbeit bei C mit der bei A.
c) Wo ist die Arbeit größer: bei C oder bei D?
d) Vergleiche die Arbeiten bei E und F mit der bei A.
e) Der Kran soll 6-mal so viel Arbeit verrichten wie bei A. Das ist der Fall, wenn …

A3 „Die Arbeit ist proportional zum Weg und zur Kraft." Was bedeutet diese mathematische Aussage?

A4 Eine Last wird gehoben. Berechne die Arbeit!

Last	Kraft zum Heben F	Weg s	Arbeit $W = F \cdot s$
100 g	1 N	1 m	1 J
500 g	5 N	1 m	5 J
500 g	?	2 m	?
1 kg	?	2 m	?
3 kg	?	6 m	?

A5 Berechne die Arbeit des Krans von Bild 12 bei A–F. Trage deine Ergebnisse in eine Tabelle ein. Folgende Angaben brauchst du:
Last einer einfachen Palette mit Steinen: 600 kg;
Weg von einem Stockwerk zum nächsten: 3 m.

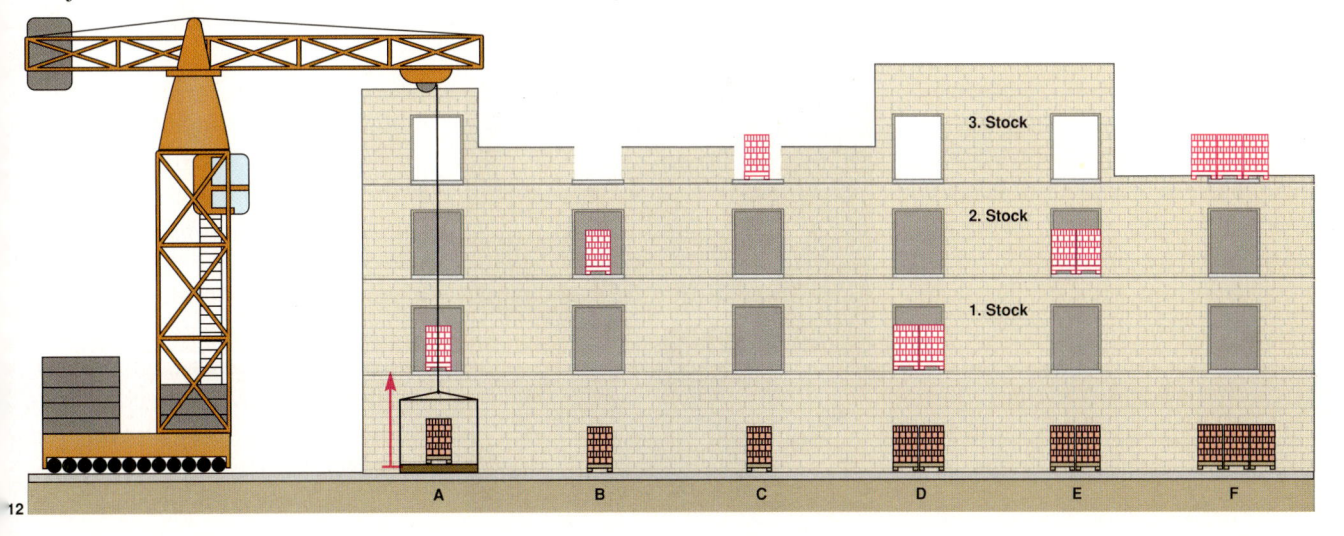

Grundlagen: Verschiedene Formen mechanischer Arbeit

Beim Lastenaufzug, beim Kran und beim Treppensteigen wird **Hubarbeit** verrichtet. Man berechnet sie aus der zum Heben nötigen Kraft und der Hubhöhe:

$W = F \cdot s$.

Es gibt noch andere Formen von Arbeit. Dabei wirken jeweils Kräfte entlang von Wegen.

Verformungsarbeit tritt beim Verformen eines Körpers auf (Ton kneten, Papier zerreißen).

Durch **Spannarbeit** werden elastische Körper verformt und gespannt (Gummi, Stahlfeder).

Wenn man die Geschwindigkeit eines Körpers erhöht, verrichtet man **Beschleunigungsarbeit**.

Zur Überwindung der Reibung ist **Reibungsarbeit** nötig.

A1 Die Bilder 1–6 zeigen Formen von Arbeit.
a) Ordne die Begriffe Hubarbeit, Verformungsarbeit, Reibungsarbeit, Spannarbeit und Beschleunigungsarbeit den Bildern zu.
b) Wo greift jeweils die Kraft an? Wo ist der Weg?
c) Bei welchen Vorgängen haben die Kräfte nicht ständig den gleichen Betrag?

A2 Von welchen Bedingungen wird es abhängen, ob die Reibungsarbeit auf Bild 4 groß oder klein ist?

A3 Arbeit können nicht nur Menschen, sondern auch Tiere oder Maschinen verrichten. Beispiel: Die Scheibenbremse verrichtet Reibungsarbeit. Schreibe zu jeder Arbeitsform zwei Beispielsätze auf.

Aus der Umwelt: Reibungsarbeit beim Radfahren

Beim Bahnfahren in Hallen legen Radrennfahrer in einer Stunde über 55 km zurück. Ihre Räder sind extrem leicht und besitzen keine Bremsen (Bild 7). Mit deinem Fahrrad musst du aber oft stark bremsen – mit der Kraft der Hände, indem du die Bremshebel über einen kleinen Weg ziehst.

Reibungskräfte wirken dann zwischen Bremsbelägen und Felgen sowie zwischen Reifen und Straße. Es wird dabei *Reibungsarbeit* verrichtet, denn *Kräfte* wirken entlang von *Wegen*.

Bei allen Bewegungen auf der Erde spielen Reibungskräfte eine große Rolle. Manchmal sind sie erwünscht, wie z. B. beim Bremsen, oftmals sind sie störend.

Wenn der Fahrer von Bild 7 nach dem Beschleunigen mit konstanter Geschwindigkeit seine Runden fährt, verrichtet er nur noch Reibungsarbeit – hauptsächlich gegen den Luftwiderstand.

Kann man Arbeit einsparen?

Der Rollstuhlfahrer benutzt hier eine Rampe. Sie ist viel länger als die Treppe ...

Praktikumsversuch

V1 Wir prüfen, ob man durch eine Rampe (schiefe Ebene) Arbeit sparen kann.

Versuchsmaterialien: *Experimentierwagen, Kraftmesser, Holzklotz oder Bücherstapel von 10 cm Höhe, glattes Brett (etwa 50 cm lang), Maßstab*

Versuchsaufbau und -durchführung: *Der Experimentierwagen wird auf verschiedene Weise um 10 cm angehoben, und zwar*

○ direkt senkrecht nach oben (Bild 9),
○ mit einer 20 cm langen schiefen Ebene (Bild 10),
○ mit einer 40 cm langen schiefen Ebene (Bild 11).
Der Kraftmesser muss immer in Richtung des Wegs gehalten werden!
Messt jeweils die Kraft und tragt die Ergebnisse in eine Tabelle ein (s. Muster).
Berechnet für alle drei Fälle die Arbeit.

Hebt den Wagen wie in einem Aufzug senkrecht hoch. Lest die Kraft ab.

Zieht den Wagen auf einer 20 cm langen schiefen Ebene mit konstanter Geschwindigkeit hoch. Lest die Kraft ab.

Zieht den Wagen wieder hoch und messt dabei die Kraft.

Mustertabelle

	Weg s in m	Kraft F in N	Arbeit $W = F \cdot s$ in J
senkrechtes Hochheben	0,10	?	?
kurze schiefe Ebene	?	?	?
lange schiefe Ebene	?	?	?

Hau ruck!

So nicht!

Neben der Rampe gehören auch Hebel, Zahnradgetriebe, Rollen und Flaschenzüge zu den Geräten, mit denen man *Kraft* einsparen kann. Man nennt diese Geräte auch *einfache Maschinen*.

Ob man mit den Rollen oder Getrieben *Arbeit* einsparen kann?

V2 *Überprüfe deine Vermutung mit Hilfe der Versuchsaufbauten nach den Bildern 1 u. 2.
Berechne wieder die jeweilige Arbeit.
Lege eine Tabelle an und werte sie aus.*

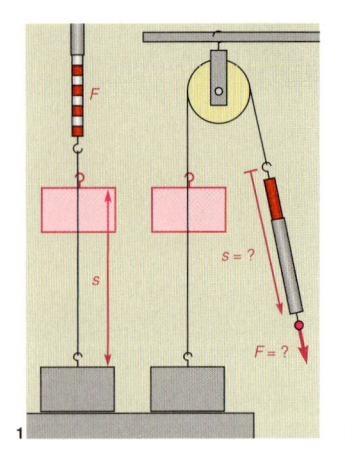

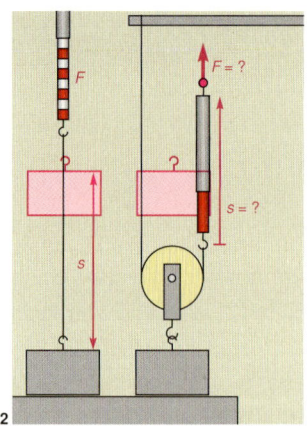

V3 *Getriebe verbinden z.B. den Motor eines Autos mit den Rädern oder den eines Mixers mit den Quirlen.*
a) *Baue das Getriebe von Bild 3 auf. Das Zahnrad auf Welle A hat doppelt so viele Zähne wie das auf Welle B.*
b) *Vergleiche die Drehzahlen der Wellen.*
c) *An den beiden Seiltrommeln (C und D) sind Schnüre befestigt. An welcher Schnur würdest du die Last aufhängen, an welcher würdest du den Kraftmesser befestigen und ziehen? Begründ.*
d) *Hebe eine Last an. Vergleiche die Arbeit zum Heben der Last mit der Arbeit zum Ziehen der Schnur.*

Grundlagen: Die „goldene Regel" der Mechanik

Versuche mit schiefer Ebene und Flaschenzug zeigen:

Mit Hilfe von schiefen Ebenen, Flaschenzügen, Hebeln und Getrieben kann man zwar Kraft sparen, die Wege werden aber größer (Bild 4).

Man „erkauft" sich also eine Krafteinsparung mit der Verlängerung des Wegs, über den die Kraft wirkt. So muss man bei dem Flaschenzug rechts in Bild 4 viermal so viel Seil aufwickeln wie bei der Rolle links. Dafür ist die beim Flaschenzug benötigte Kraft auch viermal kleiner. Die verrichtete Arbeit (das *Produkt aus Kraft und Weg*) ist in beiden Fällen gleich.

Arbeit kann man nicht einsparen.

Diese Erfahrung kannst du auch beim Radfahren mit einer Gangschaltung machen. Du musst zwischen einem Berggang und einem Schnellgang wählen.

Wenn du beim Berggang *Kraft einsparst*, musst du viel häufiger treten; deine Beine auf den Tretkurbeln legen dann einen *großen Weg* zurück.

Wenn du beim Schnellgang weniger trittst (wenn du also etwas von diesem *Weg einsparst*), ist die *Kraft größer*, die du zum Treten der Tretkurbeln benötigst.

Diesen Zusammenhang nennt man „goldene Regel" der Mechanik:

Wenn man bei der Kraft spart, muss man beim Weg zulegen. Wenn man beim Weg spart, muss man bei der Kraft zulegen.

Die Arbeit

Aus Alltag und Technik: Viel Kraft oder viel Weg – der Fahrradantrieb

Zusatzangebot

24 Gänge – bei Sporträdern gar keine Seltenheit! Und Mountainbikes haben sowieso drei Kettenräder vorn und sechs bis neun Zahnräder hinten. *Welchen Sinn haben diese vielen Zahnräder?*

Tretkurbeln und Kettenrad haben eine feste Verbindung. Die Kette überträgt den Antrieb auf die Zahnräder an der Hinterachse.

Sieh dir die Bilder 6 u. 7 an: Das Tretrad hat einen viel größeren Radius als das Zahnrad an der Hinterachse; es hat 52 Zähne, das kleine Zahnrad dagegen nur 13.

Da sie durch die Kette miteinander verbunden sind, dreht sich das Zahnrad *viermal*, während sich das Tretrad nur *einmal* dreht. Man sagt dazu: „Die Übersetzung beträgt 1 : 4." (Damit dreht sich auch das Hinterrad *viermal* bei nur *einer* Drehung des Tretrads.)

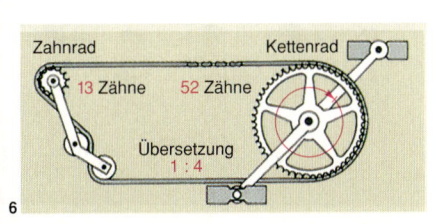

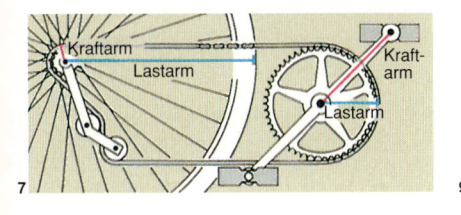

Du hast den falschen Gang drin …

Was bedeutet das für ein Fahrrad, das „27er-Räder" mit einem Umfang von 215 cm hat? Du siehst es an Bild 8: Bei einer einzigen Kurbeldrehung („Tretrunde" von 1,07 m) legt es einen Weg von 4 · 2,15 m = 8,60 m zurück. Für schnelles Fahren auf ebener Strecke oder bergab ist dieser „Schnellgang" mit der 1 : 4-Übersetzung gerade richtig.

Wenn du aber mit diesem Gang einen Berg hinauffahren willst, wird das Treten zur Qual. Du musst die Gangschaltung betätigen um überhaupt noch vorwärts zu kommen. Das heißt: Du musst ein anderes Zahnrad mit dem Kettenrad verbinden, also den „Berggang" mit der Übersetzung 1 : 2 einlegen (Bilder 9 u. 10). Der Vergleich auf ebener Straße zeigt: **Im „Schnellgang" reicht ein kürzerer Weg der Tretkurbeln aus (weniger treten); aber es ist mehr Kraft zum Treten nötig. Mit dem „Berggang" kann man zwar Kraft einsparen, dafür wird aber der Weg länger (häufiger treten).**

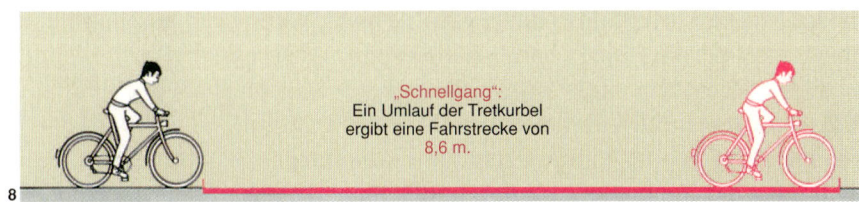

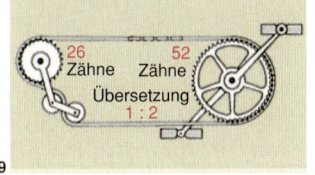

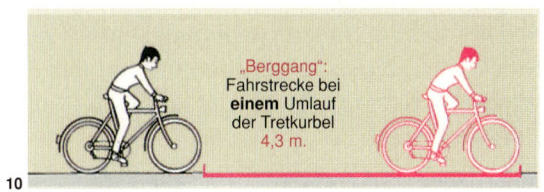

A1 Prüfe die Wirkung von Fahrradgängen nach:
a) Wie viele „Tretrunden" (Kurbelumdrehungen) brauchst du bei deinen verschiedenen Gängen für 50 m? (Nicht den Freilauf benutzen!) Wann musst du jeweils eine große und wann eine geringe Kraft einsetzen?
b) Schiebe das Fahrrad und drehe dabei die Tretkurbel einmal herum. Wie viel Meter schaffst du?
c) Stelle das Fahrrad auf Sattel und Lenkstange. Drehe das Kettenrad einmal herum. Zähle, wie oft sich dabei das Hinterrad dreht (ohne Freilauf). Wiederhole das mit anderen Gängen.

A2 Welche Vorteile und welche Nachteile haben Berggang und Schnellgang?

A3 Auch alle Autos haben im Getriebe Zahnradübersetzungen. Wozu benötigen Autos ein Getriebe?

V4 *Die Gangschaltung eines Fahrrads ermöglicht es, bei gleicher Tretkraft unterschiedlich große Antriebskräfte am Reifen auf der Straße hervorzurufen.*

In der Anordnung von Bild 1 wird die Tretkraft durch einen Eimer mit 5 l Wasser (oder durch ein 5-kg-Wägestück) ersetzt. Auf das Pedal wirkt so eine Kraft von 50 N.

Wie groß die Kraft ist, die auf den Reifen wirkt, hängt vom eingelegten Gang ab. Bestimmt die Kräfte mit einem Kraftmesser. Notiert sie in einer Tabelle.

Gang	Kraft am Reifen F	Am Reifen gemessener Weg s	Arbeit W
?	?	?	?

V5 *Wenn in Bild 1 die Pedalkurbel 17,5 cm lang ist, legt das Pedal bei jedem Umlauf einen 1,1 m langen Weg zurück. Tritt man mit einer Kraft von 50 N, so beträgt die Arbeit während eines Umlaufs 55 Nm.*
Bestimmt, um welchen Weg s sich bei einem Pedalumlauf der Reifen weiterbewegt.
Berechnet aus s und der in V4 gemessenen Kraft F die Arbeit. Vergleicht.

Aus der Geschichte: Der Vorläufer des Fahrrads

In der Physik spricht man dann von „Arbeit", wenn eine Last befördert wird. Sicher haben schon unsere Vorfahren gemerkt, dass sogar der eigene Körper diese Last sein kann – etwa dann, wenn man ihn beim Treppensteigen oder Klettern hochbewegen muss.

Doch auch beim Gehen oder Laufen auf ebener Strecke verrichtet ein Mensch Arbeit: Bei jedem Schritt hebt man den eigenen Körper ein kleines Stück weit an (Bild 2). Die Beine ermüden zusätzlich durch das Tragen des Körpergewichts – selbst wenn man still steht.

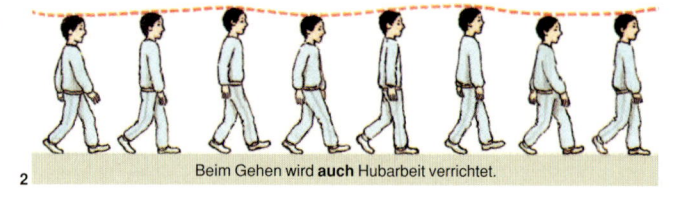

Beim Gehen wird **auch** Hubarbeit verrichtet.

Da ist es keineswegs erstaunlich, dass sich zu Beginn des 19. Jahrhunderts der *Freiherr Karl von Drais* folgende Fragen stellte: „Gibt es irgendeine Möglichkeit, die Beine vom Körpergewicht zu entlasten? Ließe sich damit Kraft einsparen? Und könnte man die eingesparte Kraft vielleicht dafür nutzen, längere Wege zurückzulegen?"

Drais fand darauf tatsächlich eine Antwort. Und er setzte die gefundene Lösung gleich in die Tat um: Der Vorläufer unseres Fahrrads wurde geboren.

In Mannheim führte Drais dann im Jahr 1817 sein erstes **Laufrad** vor (Bild 3).

So wie ein Reiter sein Pferd besteigt, schwang sich Drais auf sein Laufrad. Dann stieß er sich mit beiden Füßen vorwärts. Dabei zeigte sich, dass sein Laufrad auf ebenen Strecken (und erst recht bergab) sogar schneller war als Ross und Reiter.

Aus der Geschichte: Vom Hochrad zum Liegefahrrad

Bald gab es weitere Erfindungen: Etwa 1850 kamen Tretkurbeln und Pedale an die Achsen der Vorderräder. Nun brauchte sich der Fahrer nicht mehr von den oft verschmutzten Wegen abzustoßen.

Zur Fortbewegung war nur noch eine geringe Kraft nötig, wenn das Fahrzeug erst einmal rollte. Die Räder liefen oftmals sogar viel zu schnell: Der Fahrer war dann nicht mehr in der Lage, so schnell zu treten, wie die Tretkurbeln sich drehten.

Das änderte sich, als man die Vorderräder vergrößerte. Bald wurden sie mit Durchmessern bis zu 2,50 m gebaut. Solche **Hochräder** (Bild 4) legten mit einer einzigen Raddrehung 5 bis 8 m zurück. Nun konnte der Fahrer wieder kräftig in die Pedale treten. Aber er musste lange üben, bis er auf dem Hochrad das Gleichgewicht halten und es lenken konnte.

Zu einem weniger gefährlichen Verkehrsmittel wurde das Fahrrad erst, als die Räder gleich groß und vor allem kleiner als zuvor gebaut wurden. Die Tretkurbel lag nun zwischen den Rädern. Seit 1888 gibt es solche **Niederräder** (Bild 5). Sie wurden in der Werbung als „Sicherheitsräder" angepriesen.

Seither hat sich die Grundform des Fahrrads kaum verändert. Der Komfort wurde aber immer weiter erhöht. Luftgefüllte Gummireifen, Freilauf für die Fahrt bergab und Rücktrittbremse kamen hinzu. Die Gangschaltung ermöglicht ein fast perfektes Zusammenspiel von Mensch und Technik.

Eines aber ist gleich geblieben: Je schneller das Fahrrad wird, umso stärker bremst es die Luft ab. Nur wer ein voll verkleidetes **Liegefahrrad** benutzt, ist hier besser dran (Bild 6).

A1 Karl von Drais nannte seine Erfindung eine „Laufmaschine". Erkläre, wieso es eine „Kraft sparende Maschine" war.

A2 Stürze vom Hochrad führten zu schweren Verletzungen und verliefen oft tödlich. Warum war das Fahren mit diesen Rädern so gefährlich?

A3 Die ersten Räder hatten keinen „Freilauf". Was ist damit gemeint? Beschreibe die Folgen für die Fahrt bergab.

A4 Wie erreichte das Niederrad trotz der kleineren Räder die gleiche Fahrgeschwindigkeit wie ein Hochrad?

A5 Mit Liegefahrrädern wurden schon Geschwindigkeiten von mehr als 100 km/h erreicht.
Gib dafür eine Begründung.

A6 Beschreibe, welche Teile heute zu einem verkehrssicheren und gleichzeitig komfortablen Fahrrad gehören.

Zusammenfassung

Die Arbeit und ihre Einheit

Arbeit wird verrichtet, wenn ein Körper einen Weg zurücklegt und wenn dabei eine Kraft in Richtung des Wegs wirkt.

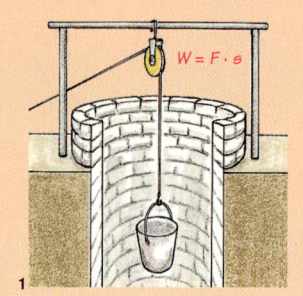

Um die Arbeit zu bestimmen, misst man die Kraft F in Wegrichtung und den zurückgelegten Weg s. Für konstante Kräfte in Wegrichtung gilt:

Die Arbeit ist gleich dem Produkt aus Kraft und Weg.
$$W = F \cdot s.$$

Die Einheit der Arbeit ist 1 Joule (1 J).
$$1\,\text{J} = 1\,\text{N} \cdot 1\,\text{m} = 1\,\text{Nm}.$$

Welche Formen der Arbeit gibt es?

Hubarbeit wird beim Heben einer Last verrichtet (Bild 3).

Verformungsarbeit tritt beim Verformen oder Zerbrechen eines Körpers auf (Bild 4).

Durch **Spannarbeit** werden elastische Körper verformt und gespannt (Bild 5).

Die Geschwindigkeit eines Körpers wächst, wenn **Beschleunigungsarbeit** verrichtet wird (Bild 6).

Zur Überwindung der Reibung ist **Reibungsarbeit** nötig (Bild 7).

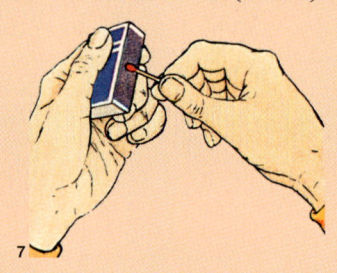

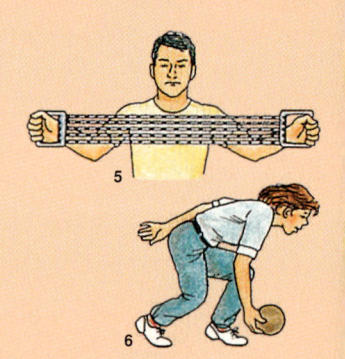

Die goldene Regel der Mechanik

Hebel, Rollen, Flaschenzüge, Getriebe, Fahrräder, schiefe Ebenen … nennt man *einfache Maschinen*. Meist setzt man sie ein um Kraft zu sparen.

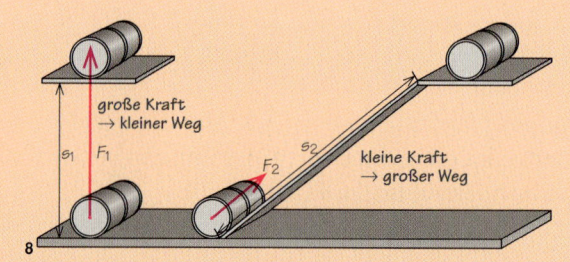

Wenn man bei der Kraft spart, muss man beim Weg zulegen.
Wenn man beim Weg spart, muss man bei der Kraft zulegen.

Das Produkt aus Kraft und Weg – die Arbeit – bleibt jeweils gleich groß.

Alles klar?

Lösungen → Anhang

1. Wann spricht man in der Physik von Arbeit?

2. Die Beispiele der Bilder 9 bis 11 zeigen verschiedene Formen von Arbeit.
a) Begründe, wieso hier im physikalischen Sinn gearbeitet wird.
b) Welche Formen von Arbeit sind dargestellt?

3. Für die Arbeit gibt es kein Messgerät (wie z. B. für die Temperatur das Thermometer). Wie kann man den Betrag der Arbeit feststellen?

4. Beschreibe, welchen Gegenstand du wie hoch heben musst, damit du gerade 1 J Arbeit verrichtest. (Nenne mehrere Möglichkeiten.)

5. Wer verrichtet in Bild 12 wohl die größere Arbeit? Begründe deine Antwort.

6. Stelle fest, welche Gewichtskraft auf deinen Körper wirkt. (1 kg entspricht einer Kraft von 10 N.)
a) Wie viel Arbeit verrichtest du, wenn du vom Keller (ohne etwas zu tragen) in die Wohnung steigst?
b) Welche Rolle spielt dabei die „Steilheit" der Treppe?

c) Wie groß ist die Arbeit, wenn du beim Hochsteigen noch zusätzlich einen 25 kg schweren Koffer trägst?

7. Frank und Michael gelangen auf verschiedenen Wegen nach oben (Bild 13). Kann ihre Arbeit trotzdem gleich sein? Begründe.

8. Die Benutzung einer Kettenschaltung will gelernt sein. Welchen Fehler zeigt Bild 14? Begründe.

9. Bild 15 zeigt eine Straße, wie es sie im Gebirge recht häufig gibt: Sie schlängelt sich in Serpentinen den Berg hinauf.
Welchen Sinn haben die Serpentinen?

10. Ein Fass wird auf einen Lastwagen geladen.
a) Wie groß ist die Kraft und wie groß ist die Arbeit, wenn das Fass senkrecht nach oben auf den Lkw gehoben wird?
b) Das Fass wird auf einer Leiter (einer 4 m langen Rampe) hochgerollt (Bild 16). Welchen Vorteil und welchen Nachteil hat dieses Verfahren?
c) Überlege, wie groß die Kraft mindestens sein muss, die man zum Hochrollen braucht?

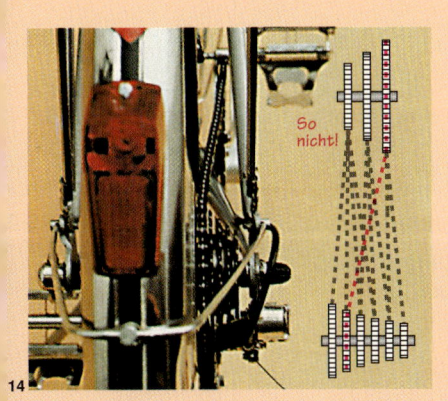

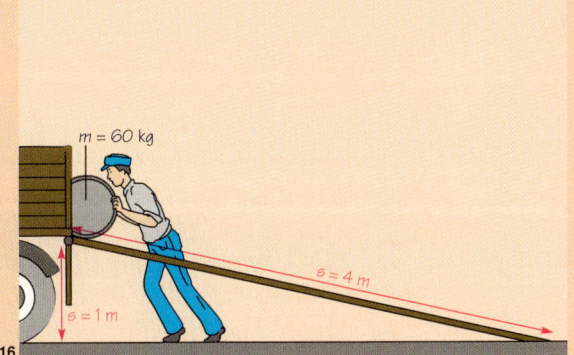

Energieumwandlung und Energieentwertung

Arbeiten heißt Energie umwandeln

Wenn ein Auto bergauf fährt, muss sein Motor schwer arbeiten. Er benötigt mehr Treibstoff als sonst. Auf waagerechter Strecke ist Treibstoff nötig, um Luftwiderstand und Reibung zu überwinden.

Die Bilder 2–4 zeigen weitere Situationen, in denen gearbeitet wird.

Arbeit geschieht nicht von alleine. Damit gearbeitet werden kann, muss Energie zugeführt werden. *Energie ist nötig, um arbeiten zu können.*

Energie kann in verschiedenen Formen auftreten, als *Bewegungsenergie, Höhenenergie* und *Spannenergie* („mechanische" Energieformen), ferner z. B. als *Strahlungsenergie, thermische Energie (Wärme), elektrische Energie* und *chemische Energie*.

Vorbereitende Aufträge

1. Sieh dir die Bilder 1–4 an. In diesen Situationen wird jeweils Arbeit verrichtet.
a) Woher stammt die Energie, die jeweils genutzt wird, um Arbeit zu verrichten?
b) Nenne die Energieformen, die in den einzelnen Beispielen eingesetzt werden?

2. Suche weitere Beispiele für die Nutzung unterschiedlicher Energieformen.

3. Mechanische Spielzeuge können auf ganz unterschiedliche Weise angetrieben werden. Zähle Beispiele auf und benenne die jeweilige Energieformen.

V1 *Ein Körper, den wir angestoßen haben, kommt irgendwann einmal zur Ruhe.*

Was ist dann mit seiner Bewegungsenergie geschehen? Folgende Versuche helfen dir bei der Beantwortung dieser Frage.
Bearbeite einen Nagel kräftig mit Sandpapier, setze also Bewegungsenergie ein.
Befühle anschließend den Nagel. Was hat deine Beobachtung mit unserer Frage zu tun?

V2 *Die Flasche von Bild 5 wird in einen Eimer mit heißem Wasser gestellt. Was geschieht? Welche Energieumwandlung findet statt?*

V3 *Nach dem Herunterrollen besitzt dieser Wagen (Bild 6) Bewegungsenergie. Er verschiebt den Klotz.*
Wie könntest du die Bewegungsenergie vergrößern?

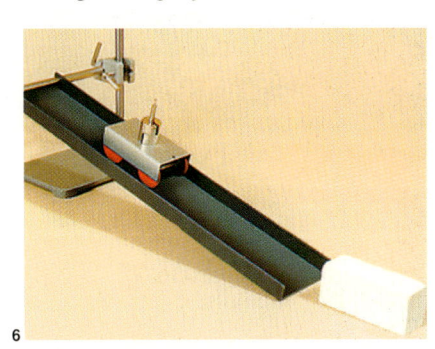

Grundlagen: Arbeit und Energie

Nach dem Sport hast du mehr Hunger als sonst. Dein Körper „verlangt" dann nach der *Energie*, die in Lebensmitteln steckt (chemische Energie). Er hat ja chemische Energie umgewandelt – und muss diese ersetzen. Nicht nur Menschen brauchen Energie, sondern alle Lebewesen und alle Maschinen.
Wer Arbeit verrichtet, gibt Energie ab.

Es gibt verschiedene *Energieformen*. Ein Bogen bekommt *Spannenergie*, wenn er durch den Einsatz von Muskeln verformt und gespannt wird. Wenn man einen Körper anhebt, erhält er *Höhenenergie*.
Bewegungsenergie führt man einem Körper z. B. durch Anschieben zu. Die *thermische Energie* eines Körpers wird z. B. dadurch vermehrt, dass man ihn reibt. Man kann also sagen:
Wenn an einem Körper Arbeit verrichtet wird, führt man ihm Energie zu (Bild 7).

Wenn ein Körper seinerseits Arbeit verrichtet, nimmt seine Energie ab. Energie kann vom Körper gespeichert oder an andere Körper weitergegeben werden.
Beim Arbeiten wird Energie von einer Form in eine andere umgewandelt.

Bei der Energieumwandlung wird oft Energie von einem Körper auf einen anderen *übertragen*.
Um anzugeben, wie viel Energie übertragen wird, legt man fest:
Die umgewandelte Energie E ist genauso groß wie die verrichtete Arbeit W.
Daher haben Arbeit und Energie dieselbe Einheit:
Die Einheit der Energie ist 1 Joule. 1 J = 1 Nm.

Oft gibt man Energien in Vielfachen der Einheit an, nämlich in Kilojoule (kJ) und in Megajoule (MJ):
1 kJ = 1000 J;
1 MJ = 1000 kJ = 1 000 000 J.

Veranschaulichung einiger Energiewerte

Energie	Vorgang, bei dem diese Energie im Spiel ist
1 J	100 g Schokolade um 1 m anheben oder 1 l Wasser um 10 cm anheben
1 kJ	10 l Wasser um 10 m anheben oder 1 l Wasser um etwa 0,2 °C erwärmen
1 MJ	1000 l Wasser um 100 m anheben oder 10 l Wasser um 24 °C erwärmen

Energieentwertung

Nach dem Crashtest ist das Auto nichts mehr wert. Auch die Bewegungsenergie, die es vorher besaß, ist „entwertet" ...

Vorbereitende Aufträge

1. *Lass einen Hartgummiball oder einen „Flummi" aus 1 m Höhe auf verschiedene Böden fallen (Stein, Asphalt, Teppich). Notiere jeweils, bis zu welcher Höhe der Ball nach dem Aufprall zurückspringt. Was stellst du fest? Wo vermutest du den „Rest" der ursprünglichen Höhenenergie?*

2. *Befestige einen Tischtennisball mit ganz wenig Heißkleber auf einem „Flummi" und lass beide gemeinsam aus 50 cm Höhe fallen. Achtung, führe diesen Versuch nicht in der Wohnung durch! Suche eine Erklärung. Woher könnte der Tischtennisball seine große Energie bekommen?*

V1 *Führe auf einer gekrümmten Fahrbahn (Bild 2) Versuche mit unterschiedlicher Höhenenergie durch.*
a) *Bis wohin rollt der Wagen in Bild 2 höchstens? Warum kommt er nach einiger Zeit zur Ruhe?*
b) *Beschreibe die Energieumwandlungen.*
c) *Wie musst du deine Beschreibung ändern, wenn der Auslauf der Fahrbahn waagerecht liegt?*

V2 *Für diesen Versuch (Bild 3) brauchst du einen tragfähigen Haken in der Decke, eine Schnur, ein Wägestück – und einen Partner mit starken Nerven! An seiner Nasenspitze startest du (ohne Anschwung) das Pendel. Was meinst du: Muss dein Partner den Kopf zurückziehen, wenn das Wägestück zurückkommt? Erkläre das Versuchsergebnis.*

V3 *Der Spielzeugmotor in Bild 4 treibt ein schweres Schwungrad an, wenn er mit elektrischer Energie versorgt wird (Schalterstellung 1 in Bild 5).*
a) *Wenn du den Schalter in Stellung 2 oder 3 bringst, läuft der Motor noch eine Zeit lang als Dynamo. Führe die Versuche mehrfach durch, notiere die Nachlaufzeiten.*
b) *Überbrücke die Lampe durch ein Kabel.*
c) *Wie erklärst du die unterschiedlichen „Bremszeiten" des Motors?*

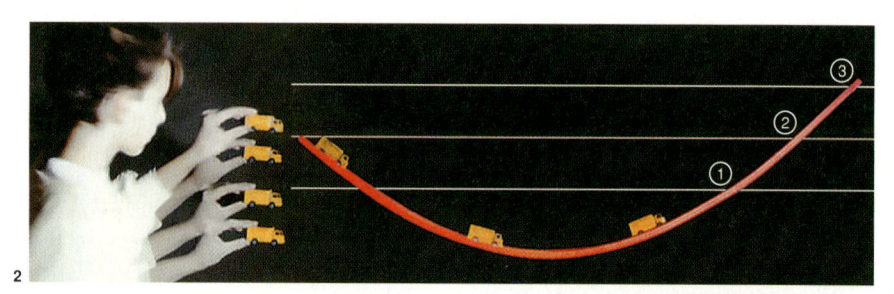

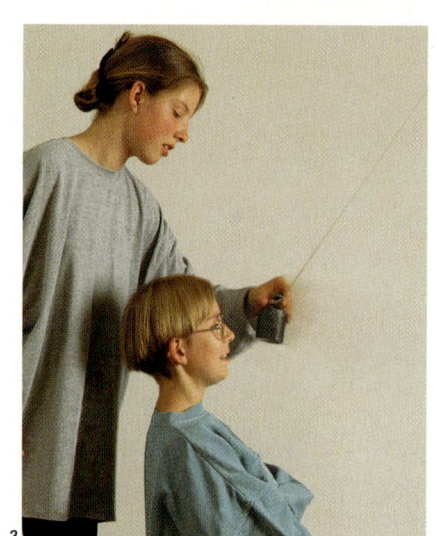

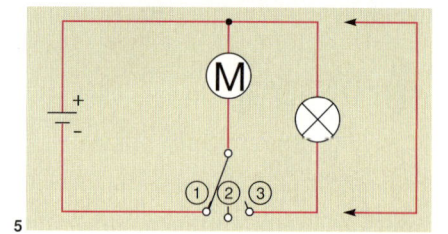

Grundlagen: Energieentwertung

Ein hochgezogener Rammbär besitzt Höhenenergie (Bild 6). Dadurch kann er beim Herabfallen Arbeit verrichten und z. B. Stützpfeiler in den Boden rammen.

Wo aber bleibt die Energie nach dem Herabfallen? Steckt sie etwa in dem Pfeiler?

Tatsächlich haben sich Pfeiler und Erdboden durch Reibung erwärmt. Die Energie, die in den erwärmten Körpern steckt, ist in diesem Beispiel praktisch völlig wertlos.

Oft spricht man in solchen Fällen von *„Energieverlust"*. Damit ist aber nicht gemeint, dass die Energie verloren ist, sondern nur, dass man sie nicht mehr nutzen kann. Die Energie, die in der erwärmten Umgebung steckt, lässt sich nicht zurückgewinnen, um damit erneut Arbeit zu verrichten. Sie ist also ähnlich wertlos wie eine entwertete Busfahrkarte.

Energie wird durch den Gebrauch entwertet. Sie ist nicht noch einmal für denselben Zweck zu gebrauchen.

Auf der Erde, wo es keine Bewegung ohne Reibung gibt, steht diese Form der Entwertung am Ende aller Energieumwandlungen: Nutzlos heizen wir die Welt auf.

6

A1 *Der Rammbär in Bild 6 hat eine Masse von 900 kg und fällt aus 1,5 m Höhe auf den Pfeiler.*
Wie viel Arbeit war zum Anheben erforderlich? Wie viel Energie wird beim Fallen entwertet?

A2 *Ein Auto beschleunigt, fährt und bremst. Beschreibe die Energieumwandlung und -entwertung.*

A3 *Der Begriff „Energieentwertung" ist zutreffender als der Begriff „Energieverlust". Erkläre.*

A4 *Ein Flummi (70 g) fällt aus 2 m Höhe herab. Nach dem Aufprall springt er 1,7 m hoch zurück.*
Wo steckt die „verlorene" Energie? Wie groß ist der entwertete Energieanteil?

Aus der Technik: Energie-Rückgewinnung beim ICE

Der voll besetzte, 850 t schwere ICE besitzt bei $200\,\frac{km}{h}$ eine sehr große Bewegungsenergie (Bild 7).

Beim Bremsen wird diese Energie vollständig entwertet. Schade um die teure Energie, dachten sich die Ingenieure – und überlegten sich, wie sie wenigstens einen Teil der Energie zurückgewinnen können:

Beim Bremsen laufen die Antriebsmotoren als Generatoren (ähnlich wie in Versuch 3) und speisen elektrische Energie zurück in das Versorgungsnetz.

Das Verfahren heißt *Nutzbremsung*. Die Bremskraft beträgt dabei 370 kN und der Bremsweg 4,4 km.

Ist eine *Vollbremsung* erforderlich, dann werden zusätzlich zur Nutzbremsung noch Magnetschienenbremsen und Druckluft-Scheibenbremsen betätigt. Bei solch einer Vollbremsung wird ein Großteil der Bewegungsenergie entwertet. Die Bremskraft des Zugs wird verdreifacht (auf 1100 kN) und der Bremsweg auf 1,2 km verkürzt.

7

Aus der Umwelt: Woher kommt die Energie?

Woher stammt die Energie, die zum Arbeiten nötig ist? Aus anderen Energieformen, wirst du vielleicht sagen. Aber muss es nicht einen Ausgangspunkt für die verschiedenen Energieformen geben?

Die Sonne ist die Grundlage für alles Leben auf der Erde. Denn die Energie, die sie abstrahlt, ist der Ausgangspunkt für fast alle Energieformen.

Denke z. B. daran, welche Rolle die Sonne bei der **Fotosynthese** spielt: Nur mit Hilfe von Energie der Sonne können Pflanzen Traubenzucker aufbauen und Sauerstoff freisetzen (Bild 1). Aus dem Traubenzucker bauen sie dann Stärke und Cellulose auf.

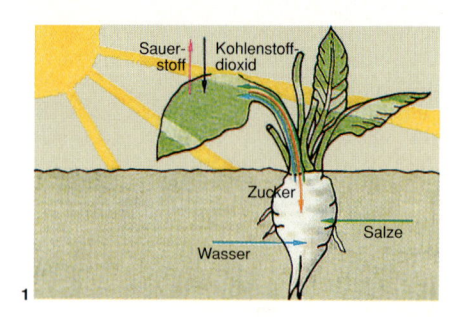

Aus Traubenzucker, Stärke und Cellulose kann chemische Energie gewonnen werden.

Pflanzen wandeln Strahlungsenergie von der Sonne um und speichern sie als chemische Energie. Sie selbst werden so zu Energieträgern.

Weitere Energieträger sind die Kohle, das Erdöl und das Erdgas. Auch sie speichern „Sonnenenergie". Sie sind vor Millionen von Jahren aus Pflanzen entstanden. Wenn man diese Energieträger verbrennt, liefern sie thermische Energie (Wärme), aus der wieder andere Energieformen entstehen können.

Aus der Geschichte: Auf der Suche nach Energiequellen

Maschinen, wie wir sie heute kennen, gab es in der Antike noch nicht. Man war auf Muskelarbeit angewiesen, wenn Getreide gemahlen, Lasten transportiert oder Felder bewässert werden sollten.

„Energiequellen" waren oft *Sklaven*. Oder man spannte *Tiere* ein. In *Göpeln* z. B. gingen Pferde im Kreis herum und drehten hölzerne Zahnräder. In Bild 2 wird mit einem Göpel ein Mühlstein gedreht.

Um 200 v. Chr. entdeckte man das *fließende Wasser* als Energiequelle. Doch Wasserräder wurden erst im Mittelalter häufiger eingesetzt. Sie dienten als Antrieb in Sägewerken und Mühlen.

Fließendes Wasser ist eine „kostenlose Energiequelle". Eigentlich ist aber die wirkliche Energiequelle die *Sonne*, denn sie hält den Wasserkreislauf in Gang.

Immer wieder begaben sich Tüftler auf die Suche nach unerschöpflichen Energiequellen. Sie wollten dem Problem auf ihre Weise zu Leibe rücken:

Es sollte doch möglich sein, überlegten sie, *die von einer Maschine abgegebene Energie erneut zu nutzen um dieselbe Maschine weiter anzutreiben.*

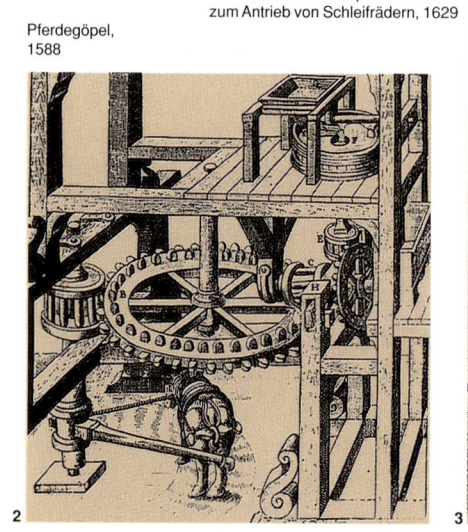

Seit dem 12. Jahrhundert haben Menschen immer wieder versucht solche Maschinen zu bauen. Diese Maschinen sollten von selber weiterlaufen und dabei fortwährend Arbeit verrichten (Bild 3).

Man hätte dann eine unerschöpfliche Quelle für Energie gehabt und neue Energiequellen wären nicht nötig gewesen …

Solch ein **Perpetuum mobile** (lat. *perpetuum:* dauernd; *mobilis:* beweglich) hat aber leider niemals funktioniert.

Zusammenfassung

Energie und Energieformen

Beim Arbeiten wird Energie von einer Form in eine andere umgewandelt.

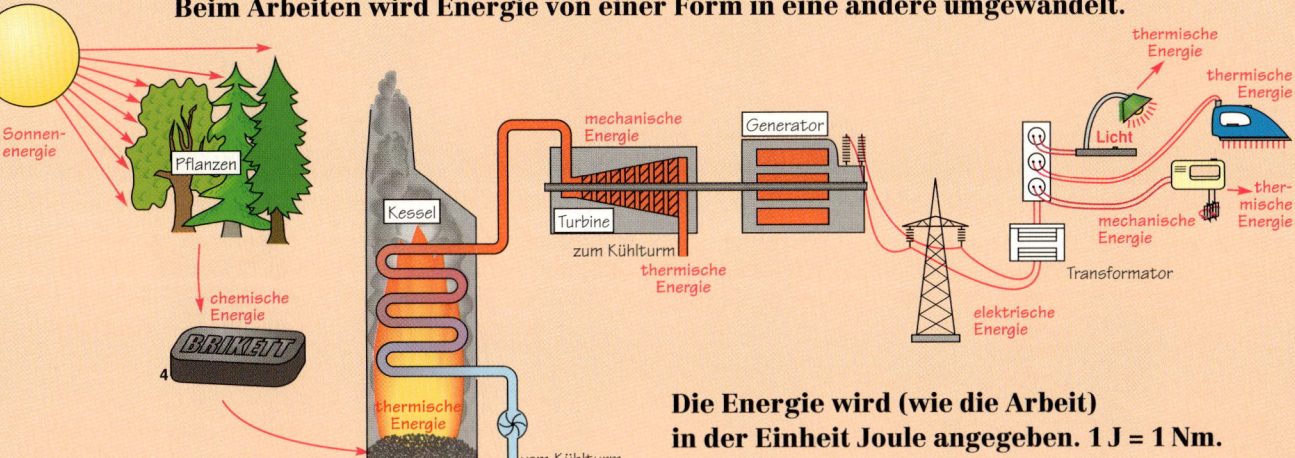

Die Energie wird (wie die Arbeit) in der Einheit Joule angegeben. 1 J = 1 Nm.

Bei der Energieumwandlung tritt meist Reibung und Erwärmung auf.

Wir unterscheiden verschiedene Energieformen: Bewegungsenergie, Höhenenergie, Spannenergie, thermische Energie, Strahlungsenergie, elektrische Energie, chemische Energie …

Die Umwandlung in ungenutzte thermische Energie bedeutet eine Energieentwertung.

Alles klar?

Lösungen → Anhang

1. Nenne verschiedene Energieformen und gib jeweils ein Beispiel an.

2. Eine gespannte Feder besitzt Energie. Beschreibe einen Vorgang, an dem das deutlich wird.

3. „In Lebensmitteln steckt die Energie der Sonne." Erkläre an Beispielen (Kartoffeln, Milch, Wurst …), was mit diesem Satz gemeint ist.

4. Herr Witzig hat eine „Apfelerntemaschine" erfunden (Bild 5).
   a) Wie soll wohl diese Maschine funktionieren?
   b) Wo steckt die Energie für die Maschine?
   c) Wann arbeitet diese „Apfelerntemaschine"?

5. Ordne den Bewegungsabschnitten der Trampolinspringerin von Bild 6 die folgenden Sätze zu: „Die Höhenenergie ist am größten." „Die Spannenergie ist am größten." „Die Bewegungsenergie nimmt zu."

6. Ein Auto steht mit laufendem Motor vor einer roten Ampel. Der Motor wandelt dabei ständig chemische Energie um, die im Benzin steckt.
   a) In welche Energieformen wird umgewandelt?
   b) Wozu wird die umgewandelte Energie genutzt?

Die Leistung

Was bedeutet Leistung?

Jörg und Gero klettern im Sportunterricht um die Wette. „Auf die Plätze – fertig – los", heißt es und schon geht's los (Bild 1). Beide benötigen genau 7,0 s um die 5 m nach oben zu klettern.

„Ihr habt beide gleich gute Leistungen erbracht", sagt der Sportlehrer. „Es gibt zwei Sieger."

Gero freut sich, Jörg dagegen protestiert:

„Das finde ich ungerecht. Ich habe doch viel mehr geleistet als Gero, weil …"

Wie begründet er seine Meinung?

Praktikumsversuche

V1 So könnt ihr eure Dauerleistung bestimmen.
Versuchsmaterialien: Personenwaage, Stoppuhr, Stühle, Lineal oder Maßband
Versuchsdurchführung: Jeder steigt zwei Minuten lang immer wieder auf einen Stuhl und stellt sich oben ausgestreckt hin (Bild 2). Bewegt euch dabei nur so schnell, dass ihr diese Arbeit stundenlang tun könntet. Wie viele „Stuhl-Aufstiege" schafft jeder in der Zeit t = 120 s?

Zählt vorher und nachher eure Pulsschläge pro Minute. Wie reagiert euer Herz auf die Hubarbeit? Notiert eure Messwerte in einer Tabelle (s. Muster).
Versuchsauswertung: Berechnet eure Arbeit und eure Dauerleistung (s. Musterrechnung unten).

V2 Wiederholt die Aufstiege, aber jetzt so schnell wie möglich.
Bestimmt eure maximale Leistung.

Name	Masse m in kg	Gewichts-kraft F_G in N	Stuhl-höhe h in m	Auf-stiege n	Weg s s in m	Arbeit $W = F_G \cdot s$ in J	Zeit t in s	Leistung P in $\frac{J}{s}$
Eva	48	480	0,47	26	12,22	?	120	?
?	?	?	?	?	?	?	?	?

Musterrechnung
Die Versuchsperson bewegt ihren Körper insgesamt um den Weg s nach oben: $s = n \cdot h$; $s = 26 \cdot 0{,}47$ m $= 12{,}2$ m.
Verrichtete Hubarbeit: $W = F_G \cdot s$; $W = 480$ N $\cdot$ 12,2 m ≈ 5900 J $= 5{,}9$ kJ.
Leistung $= \frac{\text{Arbeit}}{\text{Zeit}}$; $P = \frac{W}{t} = \frac{5900 \text{ J}}{120 \text{ s}} \approx 49 \frac{J}{s}$.

Grundlagen: Die Leistung und ihre Einheit

Die mechanische Leistung ist eine physikalische Größe, die das „Arbeitstempo" beschreibt.
Die Leistung gibt an, wie viel Arbeit in einer Sekunde verrichtet wird.

$$\text{Leistung} = \frac{\text{Arbeit}}{\text{Zeit}}; \quad P = \frac{W}{t}.$$

Das Formelzeichen P für die Leistung ist abgeleitet von dem englischen Wort *power*.

Beim Arbeiten wird stets Energie umgewandelt.
Die Leistung gibt auch an, wie viel Energie in einer Sekunde umgewandelt wird.

$$\text{Leistung} = \frac{\text{umgewandelte Energie}}{\text{Zeit}}; \quad P = \frac{E}{t}.$$

Die Einheit der Leistung ist nach dem schottischen Ingenieur *James Watt* benannt. Er baute als Erster eine leistungsfähige Dampfmaschine.
Die Einheit der Leistung ist 1 Watt (1 W).

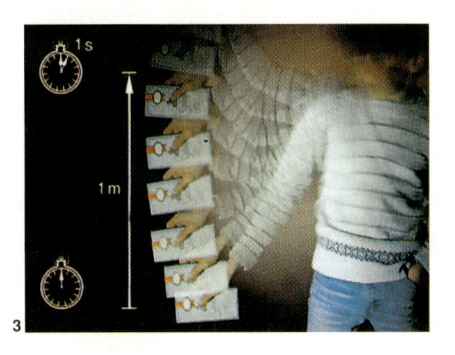

$$1\,W = 1\,\frac{J}{s} = 1\,\frac{Nm}{s}.$$

Du verrichtest dann die Leistung 1 Watt, wenn du einen Gegenstand
- um 1 m anhebst,
- dafür die Kraft 1 N einsetzt und
- die Zeit 1 s benötigst.

Größere Leistungen werden in **Kilowatt** (1 kW) oder in **Megawatt** (MW) angegeben.

$$1\,kW = 1000\,W = 1000\,\frac{J}{s}.$$
$$1\,MW = 1000\,kW = 1\,000\,000\,W.$$

Musteraufgabe
Berechne die Leistung von Gero (49 kg) beim Klettern (Bild 1).

Lösung: Die Gewichtskraft beträgt $F_G = 490\,N$.
Hubarbeit beim Hochklettern um 5 m:

$W = F \cdot s$
$W = 490\,N \cdot 5\,m = 2450\,Nm \approx 2,5\,kJ$

Leistung:
$P = \frac{W}{t}; \quad P = \frac{2450\,J}{7,0\,s} = 350\,\frac{J}{s}$

Geros Leistung beim Klettern betrug $P = 350\,W = 0,35\,kW$.

Die Versuche 3–6 eignen sich für Lernen an Stationen (→ Seite 146 f.).

V3 Messt eure Dauerleistung beim **Treppensteigen** (Bild 4). Wie in Versuch 1 müsst ihr die verrichtete Hubarbeit berechnen und außerdem die Zeit bestimmen, die ihr für diese Arbeit benötigt.
Die „Steilheit" der Treppe spielt dabei keine Rolle. Entscheidend für die Arbeit ist die Höhe, die am Ende erreicht wird.

Führt den Versuch mehrmals durch: Geht zunächst langsam und lauft beim zweiten Mal schneller.
Legt eine Tabelle an (→ Muster) und notiert eure Ergebnisse.
Berechnet anschließend eure Leistungen.

Name	Masse m in kg	Gewichts- kraft F_G in N	Treppen- höhe s in m	Arbeit $W = F_G \cdot s$ in J	Zeit t in s	Leistung $P = \frac{W}{t}$ in W
Alex	53	530	10,5	5565	35	159
?	?	?	?	?	?	?

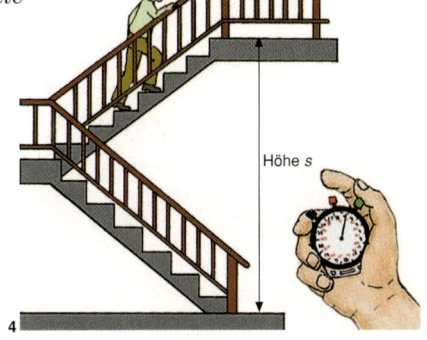

V4 Mit Klimmzügen an einer Reckstange (Bild 1) könnt ihr ebenfalls eure Leistung ermitteln. Überlegt, was dabei alles gemessen werden muss. Berechnet eure Leistung.

V5 Ihr könnt eure Leistung durch Hochziehen einer Last im Treppenhaus der Schule bestimmen. Ihr benötigt ein Seil, einen mit Wasser gefüllten Kanister, ein Maßband und eine Stoppuhr. Vorsicht, nicht unter die hängende Last treten!

V6 Wie groß ist die Leistung, wenn jemand in einer Minute acht Liegestütze schafft (Bild 2)? Führt entsprechende Versuche durch und wertet sie aus. Beschreibt, was ihr alles messen müsst. Legt zu den Messwerten eine Tabelle an. Wie viel leistet ihr?

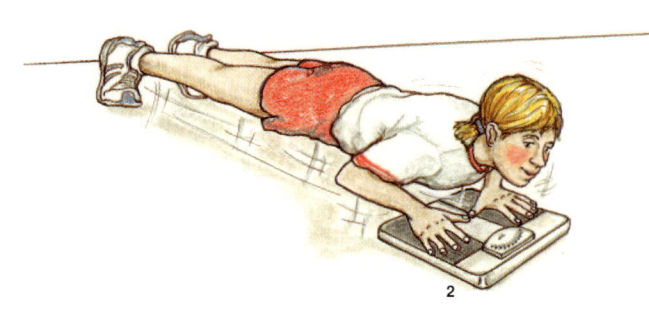

A1 Leistungen misst man auch in Newtonmeter pro Sekunde. Welche Einheiten erkennst du darin?

A2 Jörg (Bild 1 auf der Vorseite) wiegt 56 kg. Welche Leistung erbringt er beim Klettern am Tau?

A3 Ute (45 kg) besteigt einen Berg (600 m) in zwei Stunden. Welche Leistung ist zum Hochsteigen nötig?

A4 Bastian (50 kg) geht 6 m hoch ins 2. Stockwerk. Er leistet dabei 200 W. Wie lange geht er?

Aus Natur und Technik: „Hochleistungsmotor *Herz*"

Zusatzangebot

Das „Herz" eines Autos ist sein **Motor** (Bild 3). Wenn er mit voller Leistung arbeitet, beschleunigt er das 1300 kg schwere Fahrzeug in kurzer Zeit auf mehr als 160 km/h.

Im Sparbetrieb (bei 100 km/h) zündet jede Zündkerze ungefähr 1500-mal pro Minute. Das „Motorherz" schlägt also in jeder Minute 1500-mal.

Wenn das Auto so Tag und Nacht fahren würde, könnte der Motor eine Lebensdauer von einem halben Jahr erreichen – allerdings nur mit regelmäßigen Inspektions- und Wartungsarbeiten. Der Kilometeranzeiger stünde nach sechs Monaten bei ungefähr 400 000 km.

Der „Motor" unseres Körpers ist das **Herz** (Bild 4). Seine Leistung beträgt ungefähr 2 W.

Das Herz schlägt etwa 70-mal pro Minute und pumpt dabei 5 Liter sauerstoffreiches Blut durch den Körper und genauso viel sauerstoffarmes Blut durch die Lunge. Es schlägt viel schneller, wenn die Muskeln einen Sprinter auf über 30 km/h beschleunigen.

Das Herz erreicht eine Lebensdauer von über 70 Jahren – ohne regelmäßige „Wartungsarbeiten".

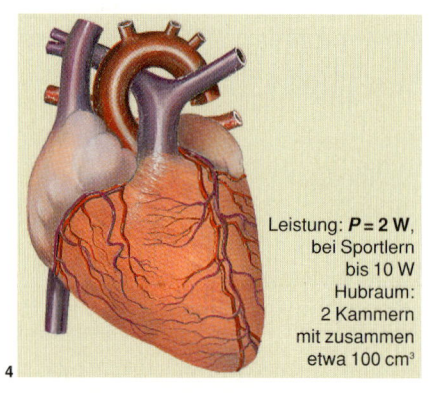

Leistung: P = 100 000 W bei 5500 U/min
Hubraum: 4 Zylinder mit zusammen 2000 cm³

Leistung: P = 2 W, bei Sportlern bis 10 W
Hubraum: 2 Kammern mit zusammen etwa 100 cm³

A5 Wovon hängt der Pulsschlag eines Menschen ab?

A6 Wie oft schlägt das menschliche Herz im Lauf von 75 Jahren?

A7 Wie viele Zündungen („Pulsschläge") erfolgen in einem der Zylinder des Automotors während seines „Lebens"?

Aus der Umwelt: Was kann ein Mensch leisten?

niedrige Leistung	20 – 50 W
durchschnittliche Leistung	50 – 100 W
hohe Leistung	100 – 200 W
Höchstleistung	> 200 W

Hochsprung (Bild 5): 202 cm hoch wird hier der Körper der Springerin über die Latte geschleudert. Sein Schwerpunkt musste um rund einen Meter angehoben werden. Die nötige Hubarbeit verrichteten die Muskeln in knapp 0,2 s. Damit betrug die Leistung beim Absprung mehr als 2,5 kW.

Wenn ein Mensch viele Stunden lang körperlich arbeitet, beträgt seine Dauerleistung 75 Watt. Das ist gar nicht so sehr viel, denn die elektrische Leistung z. B. einer Haushaltsglühlampe ist gleich groß.

Höchstleistungen sind nur für kurze Zeit möglich – so z. B. beim Sport (→ Tabelle). Dann steigt die Zahl der Herzschläge und die Atmung wird schneller.

Um mehr leisten zu können, benötigt der Körper mehr Energie. Wenn du 400 m in 100 s läufst, leisten deine Muskeln ca. 220 W. Für diese Leistung ist je Sekunde 1 kJ Energie erforderlich, denn *nur etwa ein Viertel* der aufgenommenen Energie wird von den Muskeln in mechanische Energie umgewandelt. Da dein Körper die Energie durch „Verbrennung" aus der Nahrung bezieht, musst du in jeder Sekunde 1 l Luft zusätzlich einatmen – daher die schnellere Atmung.

Die Leistung eines Körpers misst der Arzt mit dem *Fahrrad-Ergometer* (Bild 6). Je stärker es abgebremst wird, desto mehr muss der Patient leisten; er fährt dann sozusagen mit seinem Rad bergauf.

Die Höchstleistung hängt von verschiedenen Umständen ab: Alter und Geschlecht spielen eine Rolle, außerdem das Körpergewicht, das Training und der Gesundheitszustand. Daher setzt man die Leistungsmessung auch zur *Diagnose von Krankheiten* ein.

Auch wenn du ruhig liegst, leistest du etwas, denn dein Körper wandelt ständig chemische Energie um. Dadurch werden Blutkreislauf und Atmung in Gang gehalten und die Körpertemperatur bleibt auf gleicher Höhe. Pro Tag brauchst du dafür etwa 5000 kJ (bei 50 kg Körpergewicht). Für die Ruheleistung ergibt sich ein Wert von ungefähr 60 W.

Tätigkeit	Muskelleistung
Spazierengehen	30–40 W
Hausarbeit, Radfahren	75–120 W
Fußballspielen, Sprinten	220 W
Skilanglauf, Schwimmen (Kraulen)	250 W

A8 *Wovon hängt es ab, welche Höchstleistung ein Mensch erbringen kann?*

A9 *Beschreibe, wie körperliche Leistung, Herzschlag und Atmung zusammenhängen.*

A10 *Was ist in den folgenden Beispielen jeweils mit Leistung gemeint? Gibt es Gemeinsamkeiten mit dem physikalischen Leistungsbegriff?*
- *Im Zeugnis wird deine Leistung in Mathematik bewertet.*
- *Katrin betreibt Leistungssport.*
- *Der Friseur wird nach Leistung bezahlt.*
- *Der neue Computer ist leistungsfähiger.*

Aus dem Sport: Leistung beim Radfahren

Radrennfahrer fahren im „Feld" immer eng hintereinander (Bild 1). Wer als Erster fährt, muss alle bremsenden Kräfte der Luft überwinden. Er spürt den größten *Luftwiderstand* und er muss deshalb die größte Leistung aufbringen.

Wer hinter einem anderen fährt, der befindet sich in dessen *Windschatten*. Seine Leistung kann um ein Drittel niedriger sein, obwohl er ebenso schnell fährt wie sein Vordermann. Der Luftwiderstand spielt beim Radrennen eine viel größere Rolle als die Rollreibung der Räder auf der Straße. *Der Luftwiderstand vervierfacht sich, wenn man doppelt so schnell fährt!*

In ebenem Gelände beugen sich die Rennfahrer tief über den Lenker. In dieser Körperhaltung erreichen sie mit einer Leistung von 150 W eine Geschwindigkeit von 35 km/h (Bild 2). Würden sie sich etwas aufrichten, reichte die Leistung nur für 30 km/h aus.

Die besten Fahrer der Welt erreichen Spitzenleistungen von über 400 W – durch hohe Tretkraft F und hohe Tretgeschwindigkeit v.

So kann man ihre Leistung P berechnen:

Leistung = $\frac{\text{Arbeit}}{\text{Zeit}}$ = $\frac{\text{Kraft} \cdot \text{Weg}}{\text{Zeit}}$; $P = \frac{F \cdot s}{t} = F \cdot \frac{s}{t}$;

Leistung = Kraft · Geschwindigkeit; $P = F \cdot v$

A1 *Informiere dich über „Steherrennen", bei denen aufrecht stehende Motorradfahrer vor den Radrennfahrern herfahren.*
a) *Erkläre die Aufgabe des „Stehers".*
b) *Wie hoch sind die Geschwindigkeiten, die die Rennfahrer dabei erreichen?*

A2 *Radrennfahrer erreichen große Leistungen, indem sie die Tretkurbeln mit hoher Drehzahl bewegen. Sie fahren durchschnittlich mit 100 Umdrehungen pro Minute. Stelle in einem Versuch die Drehzahl deiner Tretkurbeln fest und vergleiche.*

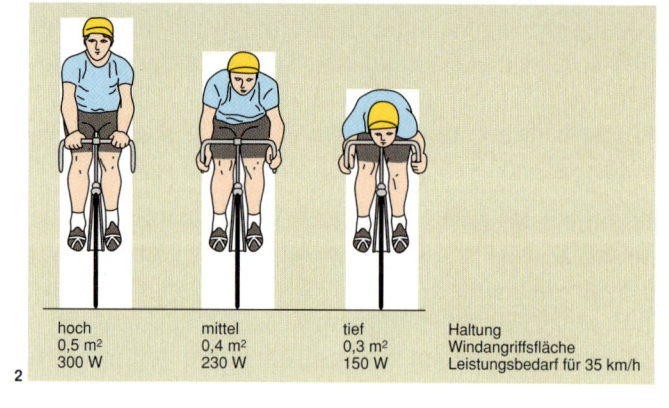

A3 *In Bild 3 ist die Leistung für einen Radrennfahrer berechnet.*
Bestimme die Leistung eines Hobby-Radfahrers ($F = 50\,N$, 60 Umdrehungen pro min).

A4 *Vor über 200 Jahren bestimmte James Watt die „Pferdestärke" (Bild 4). Er wollte die Dauerleistung seiner Dampfmaschinen mit der von Pferden vergleichen.*
a) *Beschreibe, wie James Watt die „Pferdestärke" festlegte.*
b) *Watts Begriff „Pferdestärke" stimmt eigentlich nicht.*
Wie müsste er richtig heißen?
c) *Vergleiche die Spitzenleistung eines Radrennfahrers mit der Dauerleistung eines Pferds.*

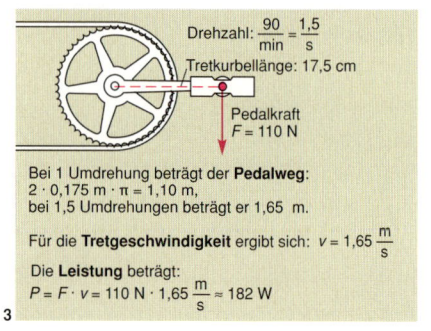

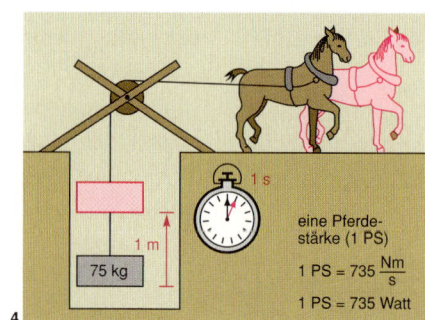

Zusammenfassung

Die Leistung

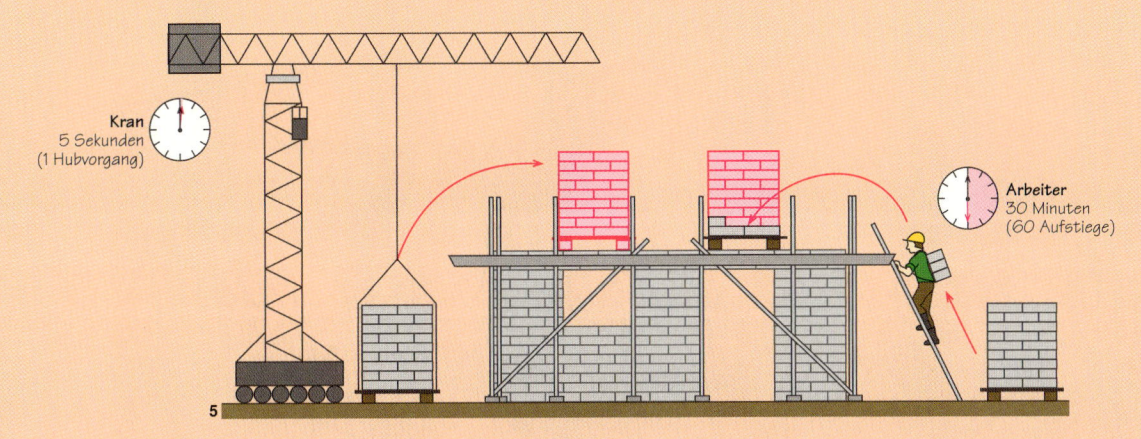

Ein Kran leistet mehr als ein Arbeiter (Bild 5). Er kann die gleiche Arbeit *in kürzerer Zeit* verrichten. Sein „Arbeitstempo" ist größer.

Das Arbeitstempo wird durch die *Leistung P* („power") angegeben.

Die Leistung gibt an, wie viel Arbeit in einer Sekunde verrichtet wird.

$$\text{Leistung} = \frac{\text{Arbeit}}{\text{Zeit}}; \quad P = \frac{W}{t}.$$

Beim Arbeiten wird stets Energie umgewandelt.

Die Leistung gibt auch an, wie viel Energie in einer Sekunde umgewandelt wird.

$$\text{Leistung} = \frac{\text{Energie}}{\text{Zeit}}; \quad P = \frac{E}{t}.$$

Die Einheit der Leistung ist 1 Watt (1 W).

$$1\,\text{W} = 1\,\frac{\text{J}}{\text{s}} = 1\,\frac{\text{Nm}}{\text{s}}.$$

Alles klar?

Lösungen → Anhang

1. *Ergänze den folgenden Satz:*
   „Je mehr Zeit für eine bestimmte Arbeit benötigt wird, desto … ist die Leistung."

2. *Angaben zur Motorleistung und Höchstgeschwindigkeit aus einem Autoprospekt:*
   Modell A: 62 kW; max. 169 km/h.
   Modell B: 59 kW; max. 173 km/h.
   a) *Was fällt dir dabei auf?*
   b) *Wie erklärst du den scheinbaren Widerspruch?*

3. *Die Motoren in einem Traktor und einem Pkw können die gleiche Leistung haben. „Der Unterschied liegt im Getriebe!" Was könnte mit dieser Aussage gemeint sein?*

4. *Der Vater hebt das Kind (9 kg) in 1 s um 1,5 m hoch (Bild 6).*
   a) *Berechne die Arbeit, die er dabei verrichtet.*
   b) *Wie groß ist seine Leistung?*

5. *Ein Spielzeugmotor zieht mit Hilfe eines Flaschenzugs eine schwere Last hoch (Bild 7). Führe einen entsprechenden **Versuch** durch. Wie kannst du die Leistung des Motors berechnen?*

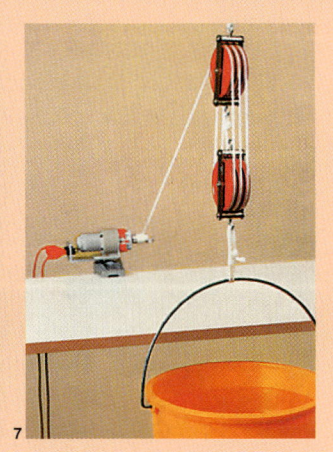

Körper in Bewegung[z]

Die Geschwindigkeit

Die Geschwindigkeit vorbeifahrender Autos oder Fahrräder selber messen!?
Überlegt euch ein Verfahren.

Vorbereitende Aufträge

1. Überlegt euch, wie man die Geschwindigkeit von Autos messen kann. Probiert es anschließend aus. Dazu einige Tipps: Sucht euch eine geeignete Stelle aus. Wenn ein Auto vorbeifährt, gibt jemand unauffällig ein Zeichen (z. B. mit einer Taschenlampe). Strecken (Wege) messt ihr mit dem Bandmaß in Metern (m), Zeiten mit der Stoppuhr in Sekunden (s). Tragt eure Messergebnisse (und die der folgenden Versuche) in eine solche Tabelle im Heft ein:

	Weg	Zeit	Geschwindigkeit
Auto 1	?	?	?

2. In welcher Zeit läufst du eine Strecke von 50 m (75 m, 100 m)?
Probiere es aus, wenn du es nicht schon weißt.

3. Wie lange braucht ein Radfahrer für eine 100-m-Strecke? Die Strecke soll mehrmals mit verschiedenen Gängen gefahren werden.
Vergleiche die Zeiten mit deiner Laufzeit.

4. Wie könnte man die Geschwindigkeit eines Fußballs (Handballs) mit Bandmaß und Stoppuhr bestimmen?

V1 Wie schnell sind eigentlich Spielzeugautos? Messt auf dem Flur eine gerade Strecke von z. B. 5 m ab. Wie viel Zeit benötigen verschiedene Autos mit Elektro- oder Federantrieb (Bild 2)?
Wie groß ist jeweils ihre Geschwindigkeit?

Lernzirkel zur Geschwindigkeit S. 143–145

V2 Wir lassen einen Experimentierwagen langsam über Tisch oder Fußboden fahren.
a) Schätze die Geschwindigkeit.
b) Was musst du messen und berechnen, um die Geschwindigkeit zu bestimmen?

Grundlagen: Was versteht man unter „Geschwindigkeit"?

Beim Sportfest starten Markus und Bernd in verschiedenen Gruppen: Markus läuft 100 m in 16 s und Bernd 75 m in 11 s. Nun möchten die beiden wissen, wer *schneller* läuft.

Aus ihren Ergebnissen ist das nicht ohne weiteres abzulesen. Sowohl ihre Strecken (die „Wege") als auch ihre Zeiten sind ja unterschiedlich.

Um herauszukommen, wer schneller ist, müssen sie *gleiche Zeiten* oder *gleiche Wege* vergleichen.

Sie können z. B. ausrechnen, wie viel Meter sie in einer Sekunde (also in gleicher Zeit) laufen.

Markus: In 16 s läuft er 100 m;
in 1 s läuft er also 100 m : 16 = 6,3 m.

Bernd: In 11 s läuft er 75 m;
in 1 s läuft er also 75 m : 11 = 6,8 m.

Bernd legt in einer Sekunde einen längeren Weg zurück als Markus. Er läuft also schneller.

Die *Durchschnittsgeschwindigkeit* von Bernd beträgt 6,8 Meter pro Sekunde: $6{,}8\,\frac{m}{s}$. Die Geschwindigkeit von Markus beträgt $6{,}3\,\frac{m}{s}$.

Die Geschwindigkeit v gibt an, welchen Weg s man in einer bestimmten Zeit t zurücklegt.

Geschwindigkeit = $\frac{\text{Weg}}{\text{Zeit}}$; $v = \frac{s}{t}$.

Man misst die Geschwindigkeit in Metern pro Sekunde $\left(\frac{m}{s}\right)$ oder in Kilometern pro Stunde $\left(\frac{km}{h}\right)$.

$$1\,\frac{m}{s} = 60\,\frac{m}{min} = 3600\,\frac{m}{h} = 3{,}6\,\frac{km}{h}.$$

Beispiele zur Umrechnung von Geschwindigkeiten:

$6{,}8\,\frac{m}{s} \xrightarrow{\cdot 3{,}6} 24{,}5\,\frac{km}{h}$; $18\,\frac{km}{h} \xrightarrow{:3{,}6} 5{,}0\,\frac{m}{s}$.

▮ Momentangeschwindigkeit

Bei vielen Fahrrädern kann man am *Tachometer* ablesen, wie groß die Geschwindigkeit gerade im Moment ist. Der „Tacho" zeigt die *Momentangeschwindigkeit* an.
In Bild 3 beträgt sie $18\,\frac{km}{h}$.

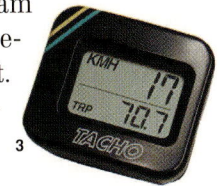

▮ Größe – Zahlenwert und Einheit

Die Geschwindigkeit ist wie Länge und Zeit eine *physikalische Größe*. Man gibt die Messwerte durch einen *Zahlenwert* und eine *Einheit* an. Die Einheit der Länge ist 1 Meter (1 m), die der Zeit 1 Sekunde (1 s), die der Geschwindigkeit 1 Meter durch Sekunde $\left(1\,\frac{m}{s}\right)$.

A1 *Ergänze:*
a) *Je kürzer die **Zeit** ist, die ein Fahrzeug für einen Weg von 1 km braucht, desto ... ist seine Geschwindigkeit. – Je länger die **Zeit** ist, ...*
b) *Bilde entsprechende Sätze für den Weg.*

A2 *Mit dem Fahrrad hatte Andrea eine Geschwindigkeit von 18 km/h.*
Dazu sagt Bernd stolz: „Da bin ich ja zu Fuß noch schneller. Ich bin beim Sportfest sechs Meter pro Sekunde gelaufen!" Überlege, was Andrea wohl antworten wird.

A3 *Sandra fährt mit dem Fahrrad in 1 Stunde 40 Minuten von Bielefeld nach Detmold (35 km).*

a) *Berechne die Geschwindigkeit.*
b) *Unterwegs hat sie einmal auf dem Tacho 35 km/h abgelesen. Kann das sein? Vergleiche mit der berechneten Geschwindigkeit und erkläre den Unterschied.*

A4 *Was bedeutet das Verkehrsschild „30"? Wo kannst du es finden? Gibt es eine Durchschnitts- oder eine Momentangeschwindigkeit an?*

A5 *Bild 4 zeigt Radrennfahrer kurz vor dem Ziel. Sie fahren gerade mit einer Geschwindigkeit von 60 km/h.*
Wie groß ist ihre Geschwindigkeit in $\frac{m}{s}$?
Vergleiche sie mit der eines 100-m-Läufers (Weltrekord: 9,7 s).

Aus Umwelt und Technik: Wenn die Polizei „blitzt" ...

Die Hauptursache für Verkehrsunfälle ist überhöhte Geschwindigkeit. Wer die zulässige Höchstgeschwindigkeit überschreitet, handelt verantwortungslos gegenüber anderen Verkehrsteilnehmern.

Doch auch mit der zulässigen Höchstgeschwindigkeit kann man noch viel zu schnell sein – etwa wenn ein Kind über die Straße läuft oder wenn die Sicht durch Nebel beeinträchtigt ist. *Die Geschwindigkeit muss immer der Verkehrssituation angepasst sein!*

Die Polizei kontrolliert z. B. mit Hilfe von *Dreifach-Lichtschranken*, ob die zulässige Höchstgeschwindigkeit eingehalten wird (Bild 1). Gemessen wird, wie lange ein Fahrzeug benötigt, um eine bestimmte Strecke zurückzulegen. Dann errechnet ein Computer die Geschwindigkeit des Autos aus zurückgelegtem Weg und benötigter Zeit. Ist sie höher als erlaubt, werden Auto und Fahrer fotografiert („geblitzt").

Die Zeit wird automatisch gemessen: Wenn das erste schmale Lichtbündel, das die Straße kreuzt, unterbrochen wird, startet eine Uhr. Und sie stoppt, wenn das Auto das dritte Lichtbündel unterbricht.

Da die Zeitmessung sehr genau ist, reicht eine Strecke von 50 cm für die Messung aus.

Durch die Lichtschranke in der Mitte wird die Strecke in Teilstrecken von 25 cm Länge unterteilt. Der Computer vergleicht die für die Gesamtstrecke und die Teilstrecken ermittelten Geschwindigkeiten. Wenn das Auto stark bremst, ist die Geschwindigkeit auf der zweiten Teilstrecke niedriger.

Aus der Geschichte: Von Handlogs, Loguhren und Knoten

Zusatzangebot

Geschwindigkeit war für unsere Vorfahren kaum ein Thema. Zur Fortbewegung hatten sie nur Füße, Pferde und Kutschen. Wie weit man damit täglich kam, war jedem bekannt. Man gab deshalb Entfernungen in „Wegstunden" oder in „Tagesreisen" an.

Auf See war die Situation anders. Dort hing die Geschwindigkeit vom Wind und von der Strömung des Wassers ab. Man musste die *Geschwindigkeit messen*, um aus dem Messwert die zurückgelegte Entfernung berechnen zu können. Damit konnte der Ort bestimmt werden, an dem sich das Schiff gerade befand.

Dazu dienten seit Ende des 16. Jahrhunderts Handlogs (Bild 2), mit denen Segelschiffe ausgerüstet waren. Ein Handlog bestand aus einem mit Blei beschwerten Brett, an dem die Logleine befestigt war. Dieses Brett wurde vom Schiffsheck aus ins Wasser geworfen. Während das Schiff sich weiter vorwärts bewegte, wurde das Brett vom Wasser zurückgehalten. Die Folge war, dass sich die Logleine abrollte – und das umso schneller, je schneller die Bewegung des Schiffs war.

An der Logleine befanden sich in bestimmten Abständen *Knoten*. Sie wurden gezählt, solange die *Loguhr* (eine Sanduhr für genau 15 s) lief. Die Zahl der Knoten war ein Maß für die Geschwindigkeit.

In der Seefahrt werden Geschwindigkeiten heute noch in **Knoten** (kn) angegeben:

1 Knoten bedeutet „1 Seemeile pro Stunde".

$$1 \text{ kn} = 1 \frac{\text{sm}}{\text{h}} = 1{,}852 \frac{\text{km}}{\text{h}}.$$

Aus Umwelt und Technik: Verschiedene Geschwindigkeiten

Geschwindigkeiten im Verkehr

Fußgänger	ca. $5 \frac{km}{h}$
Radfahrer	ca. $15 \frac{km}{h}$
Mofa (zulässige Höchstgeschwindigkeit)	$25 \frac{km}{h}$
Autos in Wohngebieten	$30 \frac{km}{h}$
Autos (zulässige Höchstgeschwindigkeit in Ortschaften)	$50 \frac{km}{h}$
Autos (zulässige Höchstgeschwindigkeit auf Landstraßen)	$100 \frac{km}{h}$
Schnellzug (Intercity)	bis $200 \frac{km}{h}$
Intercity-Express (ICE)	bis $280 \frac{km}{h}$
Düsenverkehrsflugzeug	ca. $1000 \frac{km}{h}$

Geschwindigkeiten in der Natur

Schnecke	ca. $5 \frac{mm}{s} = 0,005 \frac{m}{s}$
mäßiger Wind (Stärke 4)	$7 \frac{m}{s}$
Schwalbe	ca. $17 \frac{m}{s}$
Rennpferd	ca. $25 \frac{m}{s}$
Falke	ca. $28 \frac{m}{s}$
Gepard	ca. $34 \frac{m}{s}$
Orkan (Windstärke 12)	$60 \frac{m}{s}$
Schall (in Luft)	$330 \frac{m}{s}$
Licht	$300\,000 \frac{km}{s} = 300\,000\,000 \frac{m}{s}$

Geschwindigkeiten im Weltall

Planeten und Monde (auch die Erde) bewegen sich mit hoher Geschwindigkeit durch den Weltraum.

Die Erde dreht sich um ihre eigene Achse. Für eine Umdrehung benötigt sie 24 Stunden (1 Tag).

Stell dir vor, du stehst irgendwo am Äquator (Bild 3). Dann würdest du mit diesem Punkt der Erdoberfläche in 24 Stunden eine Strecke von 40 000 km zurücklegen.

Auf dem Nordpol dagegen wird man von der Erde in 24 Stunden nur einmal auf der Stelle gedreht.

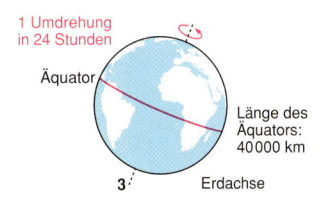

Die Erde bewegt sich um die Sonne (Bild 4). Sie braucht 1 Jahr (365 Tage) für die 937 000 000 km lange Strecke.

Der Mond bewegt sich um die Erde (Bild 5). Er benötigt dafür etwa einen Monat (27 Tage). Seine Geschwindigkeit beträgt 3600 km/h.

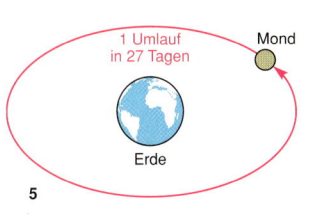

A1 Rechne die „Geschwindigkeiten im Verkehr" in $\frac{m}{s}$ um und die „Geschwindigkeiten in der Natur" in $\frac{km}{h}$.

A2 Welche Strecke legt Licht in 1 Minute zurück?
a) Der Mond ist etwa 400 000 km von der Erde entfernt. Wie lange braucht das Licht für diese Strecke?
b) Wie lange würde ein Auto mit 100 km/h für eine gleich lange Strecke benötigen (ohne Pausen)?
c) Die Sonne ist 150 000 000 km von der Erde entfernt. Wie lange braucht Sonnenlicht bis zur Erde?

A3 Berechne die Geschwindigkeit, mit der ein Mensch am Äquator durch die Erddrehung bewegt wird. Vergleiche mit der Schallgeschwindigkeit.
In Deutschland legt man in 24 Stunden etwa 25 000 km zurück. Wie groß ist die Geschwindigkeit? Warum spürt man nichts von dieser Bewegung? Wieso ist die Geschwindigkeit am Äquator am größten?

A4 Mit welcher Geschwindigkeit umkreist die Erde die Sonne? Berechne den Weg des Monds in 27 Tagen.

Ungleichförmige und gleichförmige Bewegungen

Die Bewegung des Kickboardfahrers unterscheidet sich von der eines Menschen auf der Rolltreppe ...
Was lässt sich über die Geschwindigkeiten aussagen?

V1 *Ein Elektrowagen fährt eine längere Strecke.*
a) *Beobachte, wie er sich bewegt.*
b) *Wir überprüfen, ob seine Geschwindigkeit sich ändert: Am Elektrowagen wird ein 2 m langer Papierstreifen (Notizrolle) befestigt. Im 1-s-Takt eines Metronoms werden Punkte auf dem Streifen markiert. Die Papierstreifen werden an den markierten Stellen abgeschnitten und an die Tafel geheftet.*
c) *Miss die nach 1 s, 2 s, 3 s ... zurückgelegten Wege und trage Wege und Zeiten in eine Tabelle ein. Berechne jeweils den Quotienten aus Weg und Zeit. Stelle die Messwerte im Weg-Zeit-Diagramm dar.*
d) *Die Punkte liegen nicht alle auf einer Geraden. Woran könnte das liegen?*
e) *Der Versuch wird mit anderen Geschwindigkeiten wiederholt. Ergänze: Je steiler die Gerade, desto ...*

Grundlagen: Was ist eine gleichförmige Bewegung?

Autos im Straßenverkehr ändern oft die Geschwindigkeiten. Ihre Bewegungen sind *ungleichförmig*.

Stehende Menschen auf der Rolltreppe bewegen sich dagegen *gleichförmig*. In gleichen Zeiten werden gleiche Wege zurückgelegt.

Bei gleichförmigen Bewegungen sind Weg und Zeit proportional: doppelte Zeit → doppelter Weg, dreifache Zeit → dreifacher Weg.

Bei proportionalen Beziehungen hat der Quotient der Wertepaare häufig eine besondere Bedeutung. So hat man festgelegt, dass der Quotient aus Weg s und Zeit t die Geschwindigkeit v darstellt: $v = \frac{s}{t}$.

Bei gleichförmigen Bewegungen ist die Geschwindigkeit immer gleich groß.

Kickboardfahrer

Zeit t in s	1,0	2,0	3,0	4,0	5,0	6,0	7,0
Weg s in m	1,0	3,0	6,0	10,0	12,0	13,0	17,0
v in $\frac{m}{s}$	1,0	1,5	2,0	2,5	2,4	2,2	2,4

Rolltreppe

Zeit t in s	1,0	2,0	3,0	4,0	5,0	6,0	7,0
Weg s in m	0,90	1,9	2,8	3,7	4,5	5,5	6,4
v in $\frac{m}{s}$	0,90	0,95	0,93	0,93	0,90	0,92	0,91

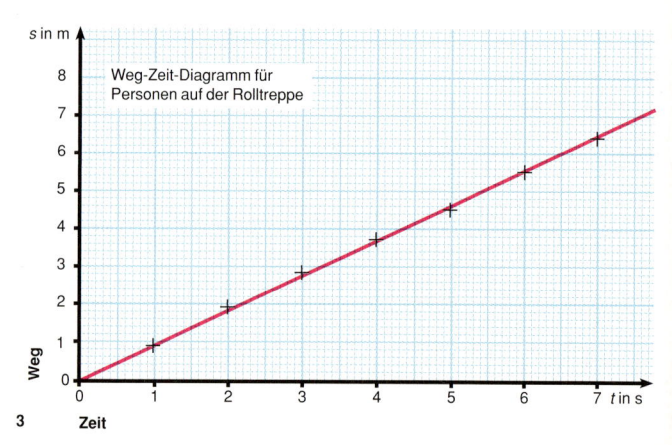

Proportionalität von Messwerten
Die Proportionalität kann man sowohl zeichnerisch als auch rechnerisch überprüfen:
- Rechnerisch: Der Quotient aus den beiden Größen ist immer annähernd gleich groß.
- Zeichnerisch: Im Diagramm muss sich eine Gerade durch den Nullpunkt ergeben (Bild 3).

3 Weg-Zeit-Diagramm für Personen auf der Rolltreppe

Zusammenfassung

Die Geschwindigkeit

Wenn man unterschiedlich schnelle Bewegungen vergleichen will, muss man zwei physikalische Größen messen: Weg und Zeit.

Aus zurückgelegtem Weg s und benötigter Zeit t berechnet man die Geschwindigkeit v:

Geschwindigkeit = $\frac{\text{Weg}}{\text{Zeit}}$; $v = \frac{s}{t}$.

Die Einheit der Geschwindigkeit ist $1\,\frac{\text{Meter}}{\text{Sekunde}}\left(1\,\frac{\text{m}}{\text{s}}\right)$.

Durchschnitts- und Momentangeschwindigkeit

Bewegungen im Straßenverkehr sind meist ungleichförmig. Wenn man ein längeres Wegstück betrachtet, bleibt die Geschwindigkeit nicht gleich.

Wenn man bei ungleichförmigen Bewegungen den zurückgelegten Weg durch die Zeit dividiert, erhält man die Durchschnittsgeschwindigkeit.

Ein Tachometer zeigt dagegen die jeweilige **Momentangeschwindigkeit** an, also die Geschwindigkeit, die im Moment des Ablesens gefahren wird.

Ungleichförmige Bewegungen – gleichförmige Bewegungen

Papierstreifen					
Weg in m	1,0	1,5	3,0	2,0	2,5
Zeit in s	1,0	1,0	1,0	1,0	1,0
Momentangeschwindigkeit in $\frac{m}{s}$	1,0	1,5	3,0	2,0	2,5
Durchschnittsgeschwindigkeit in $\frac{m}{s}$	$\frac{10\,m}{5\,s} = 2{,}0\,\frac{m}{s}$				

Papierstreifen					
Weg in m	2,0	2,0	2,0	2,0	2,0
Zeit in s	1,0	1,0	1,0	1,0	1,0
Momentangeschwindigkeit in $\frac{m}{s}$	2,0	2,0	2,0	2,0	2,0
Durchschnittsgeschwindigkeit in $\frac{m}{s}$	$\frac{10\,m}{5\,s} = 2{,}0\,\frac{m}{s}$				

Bei einer ungleichförmigen Bewegung werden *ungleiche Wege in gleichen Zeitabschnitten* zurückgelegt.
Die Momentangeschwindigkeit stimmt nicht mit der Durchschnittsgeschwindigkeit überein.

Bei einer gleichförmigen Bewegung werden *gleich lange Wege in gleichen Zeitabschnitten* zurückgelegt. Momentan- und Durchschnittsgeschwindigkeit stimmen überein.

Alles klar?

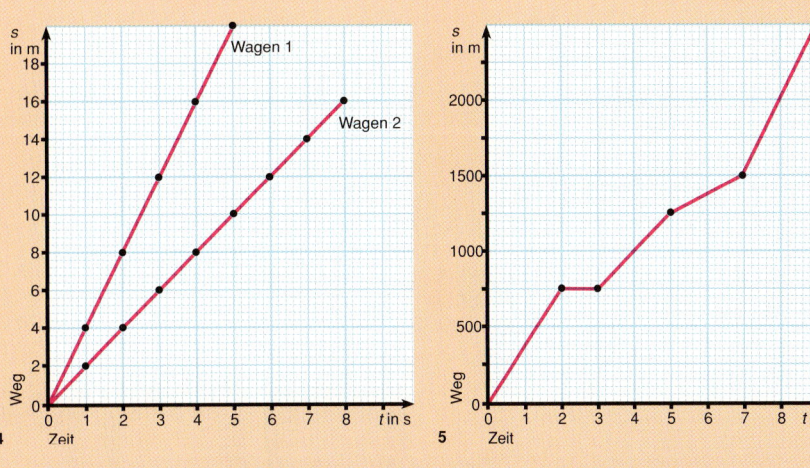

Lösungen → Anhang

1. Übertrage die Tabelle und ergänze die Geschwindigkeiten.

	s in m	t in s	v in $\frac{m}{s}$
Schüler	100	15	?
Radfahrer	100	12	?
Fußball	20	1,2	?
Modellauto	3,0	3,6	?

2. Bild 4 zeigt zwei Messreihen.
a) Welcher Wagen war schneller?
b) Wie viel Meter fuhren die Wagen in 1,5 s, 3,0 s, 4,5 s, 6,0 s?
c) Wie viele Sekunden haben sie für 2 m, 5 m, 7 m, 10 m gebraucht?
d) Gib die Geschwindigkeiten beider Wagen an.

3. Bild 5 zeigt die Bewegung eines Radfahrers. Übertrage das Diagramm. Berechne die Durchschnittsgeschwindigkeit und zeichne die zugehörige Gerade. Wie groß war die Durchschnittsgeschwindigkeit zwischen $t_1 = 4$ min und $t_2 = 6$ min.

4. Ein Radfahrer fährt in 3 Stunden 38 km. Berechne die Durchschnittsgeschwindigkeit in m/s.

5. Ordne in gleichförmige und ungleichförmige Bewegungen: Auto im Straßenverkehr; Radfahrer auf dem Schulweg; Minutenzeiger einer Uhr; Blech auf einem Fließband; Blumentopf fällt aus 3. Etage; Öltanker in ruhiger See; Sportlerin beim 100-m-Lauf.

Magnetismus

Magnetische Erscheinungen

Lustige Helfer haben auf der Kühlschranktür alles fest im Griff (Bild 1). Wie halten sie die Zettel fest?

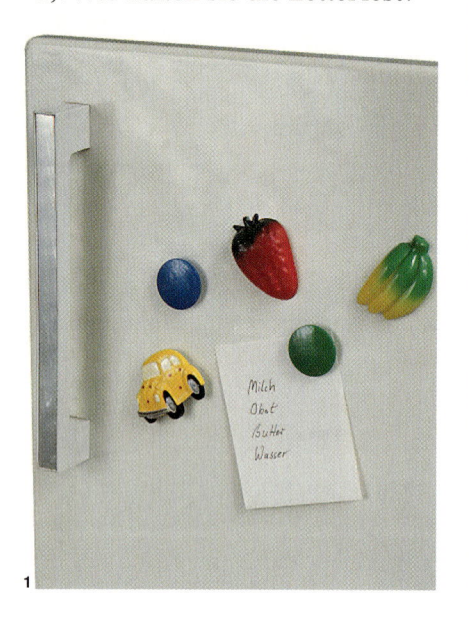

Vorbereitende Aufträge

1. Auf welchen Materialien haften die Magnete wie in Bild 1? Nimm einen Magneten und untersuche sein „Haftvermögen" auf verschiedenen Flächen.

2. Welche Gegenstände (Papier, Streichholz, Büroklammer, Kappe vom Filzstift, Heftklammer ...) werden vom Magneten angezogen? Aus welchem Material sind sie?

3. Untersuche bei den Gegenständen, die vom Magneten angezogen werden, ob sie auch umgekehrt den Magneten anziehen.

4. Wirkt ein Magnet auch durch Glas, Pappe, Holz, Wasser ... auf andere Körper? Probiere es aus.

5. Hänge einen Eisennagel an einen Magneten. Überprüfe, ob der Nagel andere Körper aus Eisen anzieht. Was beobachtest du, wenn du den Nagel festhältst und den Magneten dann wegziehst?

V1 Untersuche an Magneten verschiedener Form, wo ihre magnetische Wirkung am größten ist. Benutze dazu grobe Eisenfeilspäne oder kleine Nägel.

V2 Hänge einen Stabmagneten horizontal und frei beweglich auf.
In welche Richtung pendelt er sich ein?

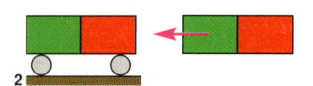

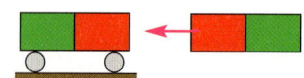

V3 Befestige einen Stabmagneten auf einem Wagen (Bild 2). Nähere ihm einen zweiten Stabmagneten – zuerst mit dem Südpol, dann mit dem Nordpol. Fasse die Ergebnisse in einer Regel zusammen.

V4 Lassen sich magnetische Wirkungen abschirmen? Bild 3 zeigt einen Versuch dazu. Beschreibe.

V5 Versuche einen Magneten herzustellen.
a) Streiche mit einem Pol des Stabmagneten mehrmals in gleicher Richtung über einen Eisennagel und über eine Stahlstricknadel (Bild 4). Untersuche, wer stärker magnetisiert wird.
b) Stelle mit einer Magnetnadel fest, wo Nord- und Südpole der neuen Magnete sind. Hinweis: Die blaue Spitze der Magnetnadel ist ihr Nordpol.
c) Überprüfe die magnetische Wirkung nach 10 Minuten, einer Stunde und einem Tag.

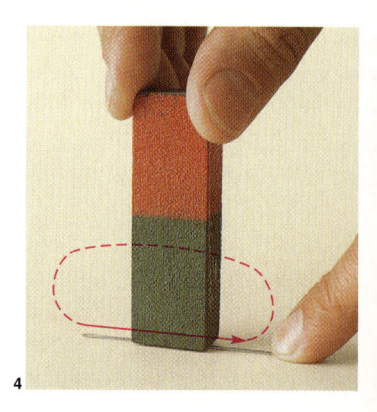

Magnetismus

Grundlagen: Magnete

Magnetische Wirkung

Ein Magnet übt eine Anziehungskraft auf einen Eisenstab aus. Umgekehrt zieht auch der Eisenstab den Magneten an (Wechselwirkungsprinzip; Bild 5).

Magnete und Körper aus Eisen, Cobalt oder Nickel ziehen sich gegenseitig an. Die magnetische Wirkung zwischen zwei Körpern ist umso geringer, je weiter sie voneinander entfernt sind.

Eisen, Cobalt und Nickel bezeichnet man als *ferromagnetische Stoffe* (lat. *ferrum:* Eisen).

Ein Magnet wirkt durch nicht ferromagnetische Stoffe wie Luft, Wasser, Holz sowie durch das Vakuum hindurch.

Magnetpole

An den Enden eines Stab- oder eines Hufeisenmagneten ist die magnetische Wirkung am größten (Bild 6). Diese Stellen heißen *Pole*.

Es gibt zwei Arten von Polen: Nordpole und Südpole. Wenn sich ein Magnet um eine vertikale Achse drehen kann, stellt er sich in geographischer Nord-Süd-Richtung ein. Als Nordpol bezeichnet man den Pol, der dann nach Norden zeigt. Nordpole sind oft rot gekennzeichnet, Südpole grün. Auch Kompassnadeln sind Magnete; ihren Nordpol erkennt man an einer blauen Färbung des Metalls.

Magnetpole treten immer paarweise auf. Gleichnamige Pole stoßen einander ab, ungleichnamige ziehen einander an.

Magnetisierung von Körpern

Wenn man einen ferromagnetischen Körper vor einen Stabmagneten hält, zeigen die Ränder des Körpers magnetische Wirkung (Bild 7).

Bringt man einen Eisennagel mit seinem Kopf in die Nähe eines magnetischen Nordpols, so wird der Nagel magnetisch: Der Kopf des Eisennagels wird zum Südpol, die Spitze zum Nordpol (Bild 8).

In der Nähe eines Magneten werden Körper aus ferromagnetischen Stoffen selbst zu Magneten (Bilder 7 u. 8). Diese Erscheinung heißt magnetische Influenz (engl. *influence:* Einfluss).

Reines Eisen verliert nach Entfernen des Magneten seine magnetische Wirkung weitgehend, Stahl behält sie. Der *remanente Magnetismus* (lat. *remanere:* zurückbleiben) ist bei Eisen klein, bei Stahl groß.

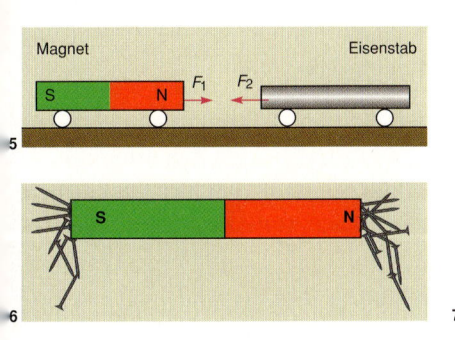

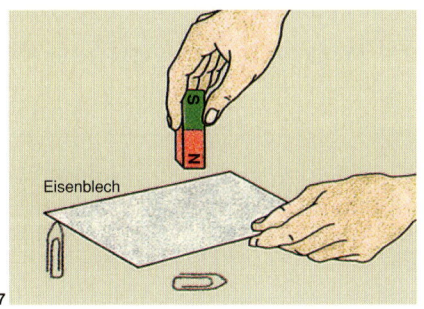

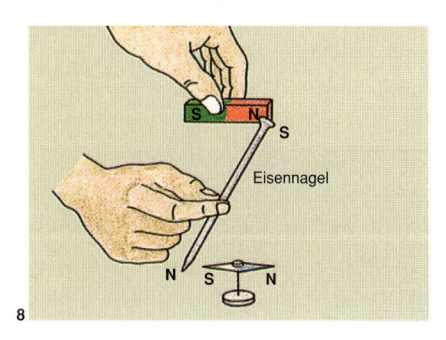

A1 *Die Bilder 9 u. 10 zeigen Versuche zur Anziehung und Abstoßung verschiedener Magnete. Übertrage die Bilder in dein Heft. Färbe dann die „leeren" Magnete entsprechend den Versuchsergebnissen. Benenne die Magnetpole.*

A2 *Beschreibe, wie man einen Eisenstab magnetisieren kann.*

A3 *Von zwei Stahlnadeln ist die eine magnetisiert, die andere nicht. Wie kann man ohne jedes weitere Hilfsmittel herausfinden, welche von beiden der Magnet ist?*

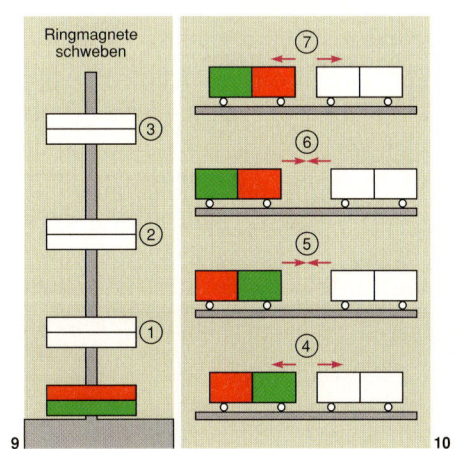

A4 *Zwei Eisenstäbe ziehen sich gegenseitig an. Folgt daraus, dass beide Stäbe Magnete sind? Begründe deine Antwort.*

A5 *Viele Bauteile in Elektrogeräten müssen vor magnetischen Einflüssen abgeschirmt werden. Welches Blech kann dazu verwendet werden: Kupfer-, Aluminium-, Eisen-, Zink- oder Nickelblech?*

Modellvorstellungen zum Magnetismus

Vorbereitender Auftrag

1. *Versuche einen Magneten mit nur einem Pol herzustellen. Biege dazu eine Büroklammer auf und streiche mit einem Magneten mehrmals in gleicher Richtung über den Draht. Mit einem kleinen Kompass oder mit Eisenfeilspänen kannst du feststellen, dass der Draht zwei Magnetpole hat.*
Teile den Draht mit einer Zange vorsichtig in der Mitte. Achtung, Verletzungsgefahr! Überprüfe mit einer Magnetnadel, ob die eine Hälfte nur einen Nordpol und die andere nur einen Südpol hat. Teile eine der Hälften noch einmal und untersuche die entstehenden Teile auf ihre Polung.

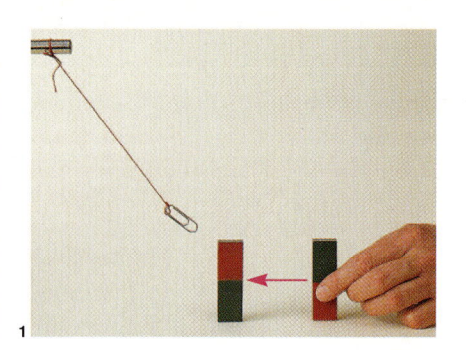

V1 Kann man aus vielen kleinen Magneten einen großen herstellen? Setze mehrere Scheibenmagnete zu einem „Turm" zusammen. Überprüfe mit einer Magnetnadel oder mit kleinen Nägeln, wo seine magnetische Wirkung am größten ist.

V2 Was geschieht, wenn zwei Stabmagnete zusammenwirken?

a) *Der eine Magnet soll wie in Bild 1 eine Büroklammer anziehen. Nähere diesem Magneten einen zweiten Magneten mit entgegengesetzter Polung.*
b) *Stelle zwei Magnete mit gleicher Polung dicht nebeneinander auf, sodass sie die Büroklammer gerade noch anziehen. Entferne dann einen der Magnete. Beschreibe deine Beobachtungen.*

V3 Fülle nicht zu feine Eisenfeilspäne in ein Reagenzglas und schüttle es kräftig. Überprüfe mit einer Büroklammer oder einem kleinen Nagel, ob das Pulver magnetisch ist. Streiche mit einem Pol eines Magneten am Reagenzglas entlang. Untersuche, ob das Eisenpulver jetzt magnetisch ist.

Grundlagen: Vom inneren Aufbau der Magnete

Der Magnetismus ferromagnetischer Stoffe hängt mit ihrem Aufbau zusammen. Einen Hinweis auf den Aufbau erhält man, wenn man einen Magneten halbiert. Dabei entsteht nicht etwa ein einzelner Nordpol und ein einzelner Südpol. Vielmehr sind die Teilstücke wieder vollständige Magnete mit Nord- *und* Südpol (Bild 2). Auch bei weiterem Teilen entstehen stets vollständige Magnete. Man erklärt diese Beobachtungen mit der folgenden Modellvorstellung:

Die Atome ferromagnetischer Stoffe selbst haben magnetische Eigenschaften. Wir bezeichnen solche Atome als *Elementarmagnete*.

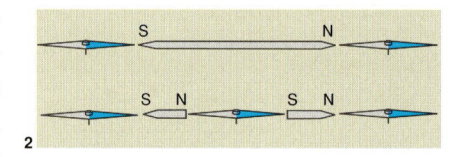

Jeder ferromagnetische Stoff ist in Bezirke aufgeteilt, in denen die Elementarmagnete gleich ausgerichtet sind. Die Größenordnung der Bezirke liegt im Bereich von Hundertstelmillimetern. Ein Stück Eisen muss man sich also aus sehr vielen magnetischen Bezirken zusammengesetzt denken.

Im unmagnetisierten Eisenkörper sind die Pole der magnetischen Bezirke so orientiert, dass sich ihre magnetische Wirkung nach außen aufhebt (Bild 3).

Beim Magnetisieren werden die Bezirke größer, die wie der magnetisierende Magnet gepolt sind. Der Eisenkörper wird selbst zum Magneten (Bilder 4 u. 5).

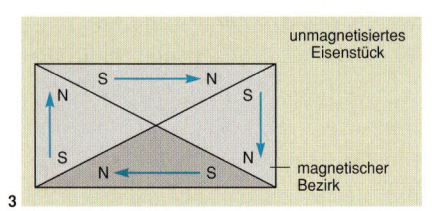

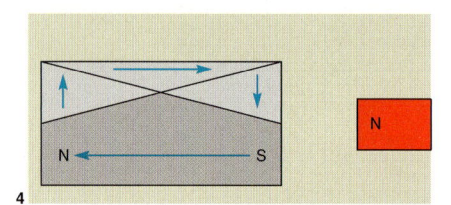

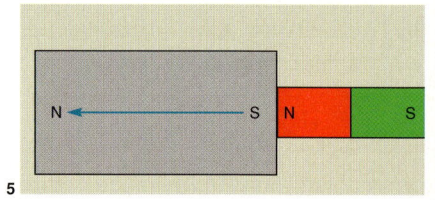

Magnetismus

V4 Hänge einen kleinen Eisennagel an einen dünnen Eisendraht und lenke ihn mit einem Magneten aus der Ruhelage aus (Bild 6). Erhitze den Nagel mit dem Bunsenbrenner, bis er aufglüht. Achtung, nicht den Magneten erhitzen! Welche Folgerung kannst du aus dem magnetischen Verhalten des glühenden Nagels ziehen?

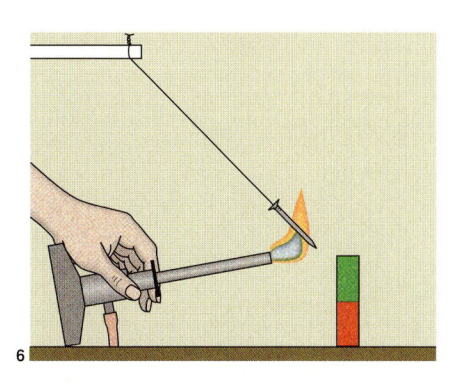

V5 Magnetisiere eine Stricknadel (ein Stück Eisendraht). Schlage mit einem Hammer kräftig auf den Magneten ein. Überprüfe seine magnetischen Eigenschaften.

V6 Magnetisiere ein mit Eisenfeilspänen gefülltes Reagenzglas. Schüttle das Glas. Überprüfe seine magnetischen Eigenschaften.

Grundlagen: Magnetisieren und Entmagnetisieren

Beim Magnetisieren wachsen die „richtig" ausgerichteten magnetischen Bezirke im Körper. Wie man sich das Magnetisieren vorstellen kann, zeigt ein Modellversuch: In Bild 7 erkennt man Bereiche, in denen alle Magnetnadeln jeweils in eine Richtung zeigen. Insgesamt ist keine Richtung bevorzugt, die magnetische Wirkung der Nadeln hebt sich nach außen hin auf. Nähert man den Magnetnadeln einen Magneten (Bild 8), so richten sich die Nadeln aus. Die vielen kleinen Magnetnadeln wirken jetzt wie ein einziger Stabmagnet.

Beim Entmagnetisieren (z. B. durch kurzzeitiges Erhitzen oder Erschüttern) ändern sich die magnetischen Bezirke wieder so, dass keine Richtung bevorzugt ist. Die heftigen Bewegungen erleichtern die Verschiebung der Grenzen zwischen den Bereichen.

Das Entmagnetisieren tritt bei allen ferromagnetischen Stoffen ein, sobald eine stofftypische Temperatur überschritten wird, die *Curietemperatur*. Sie ist nach dem französischen Physiker *Pierre Curie* (1859 bis 1906) benannt. Kühlt der Stoff wieder unter seine Curietemperatur ab, wird er erneut ferromagnetisch.

Bei vielen Stahlsorten (Stahl enthält außer Eisen auch Kohlenstoff und andere Elemente) gibt es wesentlich mehr Unregelmäßigkeiten in der Atomanordnung als bei reinem Eisen. Diese Unregelmäßigkeiten erschweren Anwachsen und Schrumpfen der magnetischen Bezirke. Solcher Stahl lässt sich schwerer magnetisieren als Eisen, behält dafür aber auch nach Entfernen des Magneten seine magnetische Wirkung. Man spricht von *permanentem Magnetismus*.

Reines Eisen verliert nach Entfernen des Magneten seine magnetische Wirkung weitgehend. Es bleibt nur ein geringer „Restmagnetismus": Der *remanente Magnetismus* ist bei Eisen klein, bei Stahl hoch.

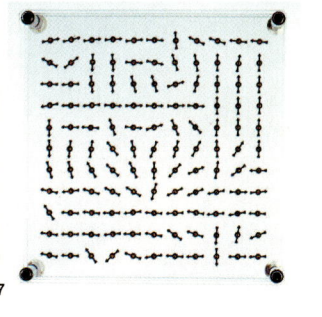

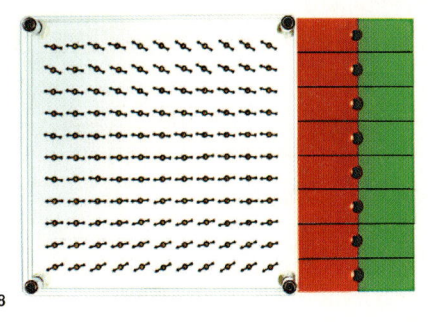

Curietemperaturen einiger Stoffe

Stoff	Curietemperatur
Eisen	769 °C
Nickel	356 °C
Cobalt	1075 °C
Alnico	700–850 °C
Oxidmagnete	ca. 450 °C

A1 Magnetpole treten immer nur paarweise auf. Erkläre, warum man beim Teilen eines Magneten niemals nur einen Nordpol oder Südpol erhält.

A2 Ein Nagel wird mit einem Pol eines Magneten mehrmals überstrichen. Beschreibe im Modell, wie dadurch ein Magnet (mit Nord- und Südpol) entsteht.

A3 Eine Büroklammer aus Eisendraht hängt an einem Faden in der Nähe des Nordpols eines Stabmagneten. Erkläre die gegenseitige Anziehung mit der Modellvorstellung.

A4 Eisen ist bei 900 °C im festen Zustand. Was ist über seine magnetischen Eigenschaften zu sagen?

Magnetismus

Das Magnetfeld

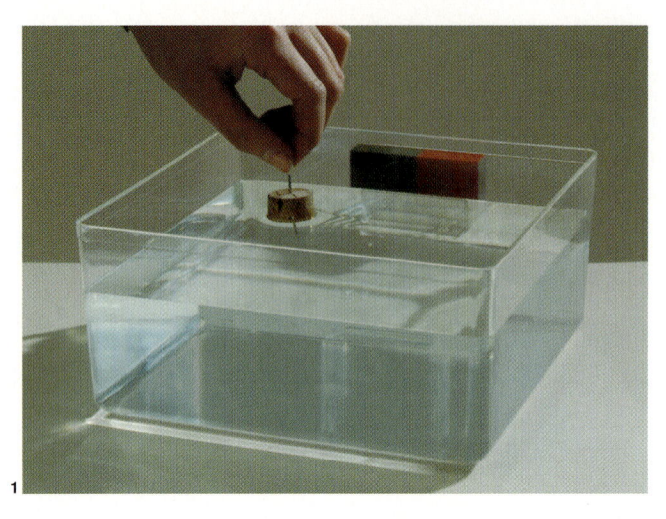

Was geschieht, wenn man die Magnetnadel an irgendeine Stelle in der Nähe des Magneten bringt und dann loslässt?

Gruppenexperiment

V1 *Untersucht, wie Magneten ihre Umgebung verändern.*
Versuchsmaterialien: *Magnete unterschiedlicher Form, ferromagnetische Körper, Eisenspäne, ein Stück Pappe, Papierblätter oder Folien, farbloser Lack (Sprühdose)*
Versuchsaufbau und -durchführung:
a) *Legt Papier (oder Folie) und Pappe wie in Bild 2 über einen Magneten. Streut vorsichtig und gleichmäßig. Verteilt nicht zu viele Eisenspäne über das Papier. Es entsteht eine Verteilung wie in Bild 3. Durch vorsichtiges Sprühen mit dem Lack lässt sich das Bild fixieren.*
b) *Stellt neue Bilder her, indem ihr mehrere Magnete unter der Pappe anordnet.*
c) *Bringt Eisenstücke (Ringe, Scheiben …) in den Wirkungsbereich der Magnete.*

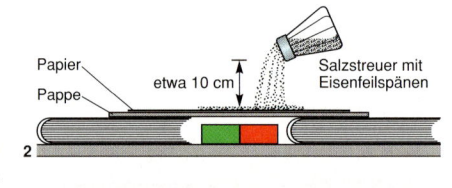

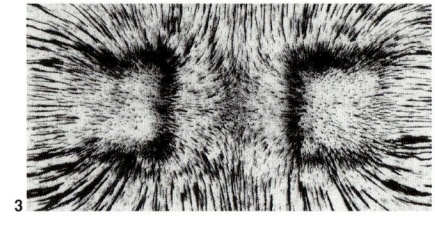

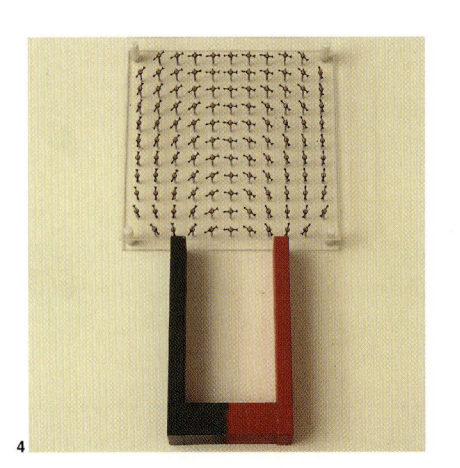

V2 *Lege einen Stabmagneten auf ein Blatt Papier. Stelle eine kleine Magnetnadel an verschiedene Stellen auf das Papier und zeichne die Stellung der Nadel als Pfeil auf. (Der Nordpol wird als Pfeilspitze dargestellt.)*

V3 *Die Umgebung eines Magneten kann man auch mit vielen kleinen Magnetnadeln untersuchen (Bilder 4 u. 5). Skizziere deine Beobachtungen.*

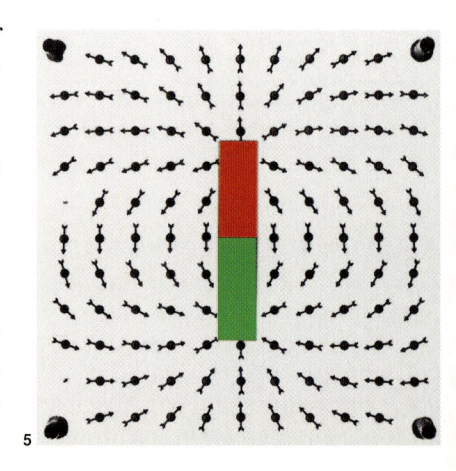

Grundlagen: Magnetische Felder und Feldlinien

Magnetisches Feld

Um Magnetnadeln zu drehen, kannst du sie berühren oder anblasen. Mit einem Magneten lassen sie sich ohne Berühren drehen. Die Kraft wird dabei ohne Mitwirkung der Luft übertragen.

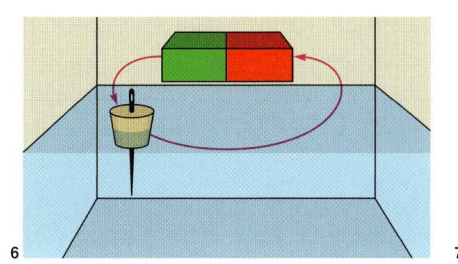

Man kann die Übertragung der Kraft so beschreiben: Der Magnet verändert den Raum um sich herum. Man sagt, in seiner Umgebung bestehe ein *magnetisches Feld*. An jeder Stelle im magnetischen Feld erfährt eine Magnetnadel eine Kraft.

Ein Magnet erzeugt in seiner Umgebung ein magnetisches Feld. In diesem magnetischen Feld wirken Kräfte auf andere Magnete.

Magnetische Feldlinien

Um sich eine Vorstellung vom Magnetfeld machen zu können, kann man die Kraftwirkung auf einen magnetischen Nordpol untersuchen. Da man keine Einzelpole erzeugen kann, bedient man sich eines „Tricks": Man lässt eine Magnetnadel wie in Bild 6 in einem Becken schwimmen. Der Südpol der schwimmenden Nadel ist so weit vom Stabmagneten entfernt, dass die Kraftwirkung auf ihn keine Rolle spielt. Wenn man die Nadel irgendwo im Magnetfeld loslässt, schwimmt sie in weitem Bogen zum Südpol des Stabmagneten. (Die Reibung des Wassers verhindert dabei, dass die Nadel allzu schnell wird.)

Die Bahn, auf der sich der Nordpol bewegt, nennt man (magnetische) *Feldlinie*. **Feldlinien sind Modellvorstellungen, mit deren Hilfe man magnetische Felder beschreiben kann.**

Längs einer Feldlinie erfährt ein magnetischer Pol eine Kraft: Ein Nordpol wird zum Südpol des felderzeugenden Magneten hingezogen. Auf einen Südpol wirkt die Kraft in die umgekehrte Richtung. **Den Feldlinien ordnet man eine Orientierung zu, die an jeder Stelle die Richtung der Kraft auf einen magnetischen Nordpol angibt.**

In einem Magnetfeld kann man sich durch jeden Punkt des Raums genau eine Feldlinie denken, denn an jeder Stelle des Felds erfährt ein magnetischer Pol eine Kraft. **Feldlinien schneiden sich niemals.**

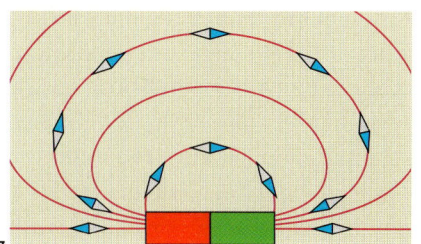

In Zeichnungen gibt man durch die Dichte der Feldlinien die „Stärke" des Felds an. **Je dichter die Feldlinien gezeichnet sind, desto größer ist die Kraft auf einen Magnetpol in dem betreffenden Bereich des Felds.**

Eine Magnetnadel stellt sich in einem Magnetfeld immer in Richtung der Feldlinie, die durch ihren Drehpunkt verläuft – vorausgesetzt, die Nadel kann sich frei drehen (Bild 7).

Feldlinienbilder

Oft untersucht man Magnetfelder mit Hilfe von Eisenfeilspänen (Bilder 8 u. 9). Die Eisenfeilspäne werden im Magnetfeld selbst magnetisch; Nord- und Südpole benachbarter Späne ziehen sich gegenseitig an, sodass sich die Späne zu Ketten aneinander lagern. Die Anordnung der Eisenfeilspäne entspricht weitgehend dem Verlauf von Feldlinien.

Bild 10 zeigt, wie sich Eisenfeilspäne im Magnetfeld räumlich anordnen. Die Späne befinden sich in Silikonöl. Der Magnet wurde mit seinem Südpol in eine Röhre gesteckt, die durch den Plexiglaswürfel verläuft.

Magnetfelder sind räumlich. Die gezeichneten Feldlinienbilder sind nur ebene „Schnitte" durch die Magnetfelder.

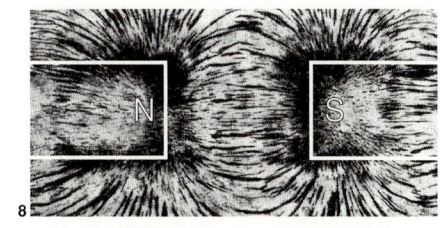

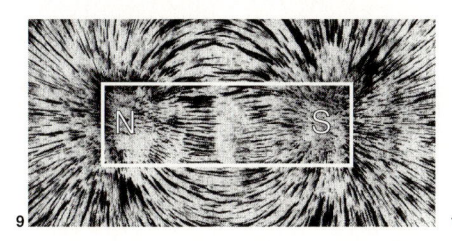

Magnetismus

Grundlagen: Kompass und Erdmagnetfeld

Auf dem Meer oder bei Wanderungen kann der Kompass sehr hilfreich sein. Die Kompassnadel zeigt immer die Nord-Süd-Richtung an. Wie kommt es dazu?

Lange glaubte man, der *Polarstern* lenke die Kompassnadel ab. Heute weiß man:

Die Erde wirkt wie ein großer Magnet mit einem magnetischen Nordpol und einem magnetischen Südpol.

Die Kompassnadel stellt sich so ein, dass ihr Nordpol nach Norden zeigt. Dort liegt der magnetische Südpol der Erde. Der magnetische Nordpol befindet sich auf der Südhalbkugel.

Wenn man einer Kompassnadel nach Norden folgte, käme man allerdings nicht am geographischen Nordpol an. Vielmehr würde man im Norden Kanadas landen – über 1000 km vom geographischen Nordpol entfernt. Die magnetischen Pole der Erde liegen an anderen Orten als die geographischen.

Die Anzeige der Kompassnadel weicht also meist etwas von der geographischen Nord-Süd-Richtung ab. Der Winkel zwischen der Nord-Süd-Richtung und der Stellung der Kompassnadel heißt *Deklination* oder *Missweisung*. Er hängt davon ab, wo sich der Kompass gerade befindet (Bild 1).

Bild 2 zeigt das Magnetfeld der Erde.

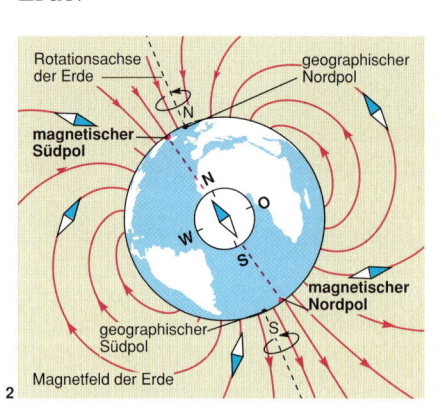

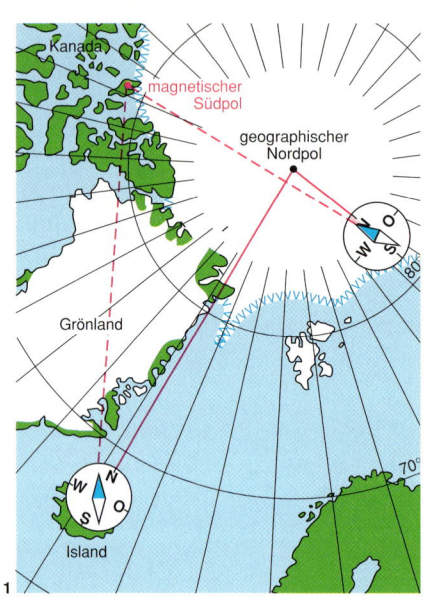

Aus der Biologie: Magnetische Orientierung bei Tieren

Wir Menschen besitzen kein Sinnesorgan, mit dem wir den Verlauf des Erdmagnetfelds erspüren könnten. Anders ist das bei manchen Tieren.

Brieftauben (Bild 3) werden in Körben Hunderte von Kilometern weit verschickt. Dennoch finden die meisten Tiere zum heimatlichen Schlag zurück. Woher kennen sie die Flugrichtung? Brieftauben besitzen einen „eingebauten Kompass". In ihrem Oberschnabel fanden Forscher Kristalle aus winzigen Magneten *(Magnetite)*. Damit können die Tiere das Magnetfeld der Erde zur Orientierung nutzen.

Biologen haben entdeckt, dass sich auch **Meeresschildkröten** (Bild 4) nach dem Erdmagnetfeld richten.

Nachdem die Tiere z. B. in Florida aus dem Ei geschlüpft sind, robben sie vom warmen Sandstrand aus ins Wasser. Dann schwimmen sie mit dem Golfstrom quer durch den Atlantik. Bei den Azoren verlassen sie den Golfstrom und biegen in Richtung Süden ab. Viele Jahre verbringen sie in Gewässern, die ihnen reiche Nahrung bieten. Wenn dann diese Schildkröten erwachsen sind, schwimmen sie wieder Tausende Kilometer weit zurück nach Florida. Zur Eiablage gehen sie genau dort an Land, wo sie selber geschlüpft sind.

Zusammenfassung

Eigenschaften von Magneten

Eisen, Nickel und Cobalt sind *ferromagnetische* Stoffe.

Magnete ziehen Körper aus ferromagnetischen Stoffen an (und umgekehrt).

Die Stellen eines Magneten, an denen die magnetische Wirkung am größten ist, heißen *Pole*. Auf der Erde richtet sich ein drehbar gelagerter Magnet in Nord-Süd-Richtung aus. Den Pol, der nach Norden zeigt, nennt man *Nordpol*, den anderen *Südpol*.

Gleichnamige Pole stoßen einander ab, ungleichnamige Pole ziehen einander an.

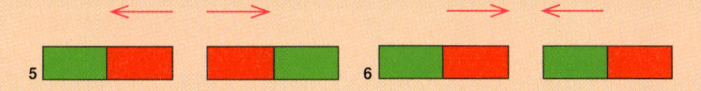

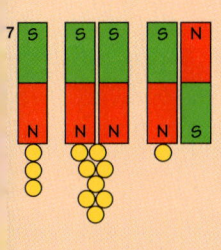

Wenn man zwei Magnete so zusammenfügt, dass gleichnamige Pole benachbart sind, wird die magnetische Wirkung in der Umgebung verstärkt. Sind ungleichnamige Pole benachbart, wird die magnetische Wirkung geringer.

In der Nähe eines Magneten werden ferromagnetische Körper selbst zu Magneten *(magnetische Influenz)*.

Entfernt man den Magneten, geht die magnetische Wirkung bei manchen Körpern verloren, bei anderen bleibt sie erhalten. Durch Erhitzen oder heftige Erschütterungen kann man magnetisierte Körper entmagnetisieren.

Magnetismus im Modell

Um den Magnetismus zu erklären, stellen wir uns vor, dass in ferromagnetischen Stoffen magnetische Bezirke vorhanden sind.

In unmagnetisiertem Eisen sind die einzelnen Bezirke so orientiert, dass sich ihre magnetische Wirkung nach außen aufhebt.

Bringt man einen Magneten in die Nähe des Eisens, so wachsen die „richtig" orientierten Bezirke auf Kosten der „falsch" orientierten.

Das magnetische Feld

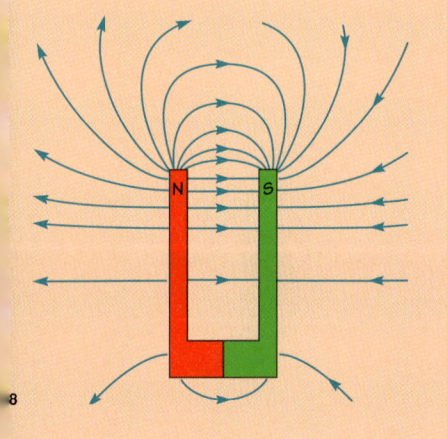

Der Raum um einen Magneten, in dem eine magnetische Wirkung zu beobachten ist, heißt magnetisches Feld.

Um magnetische Felder darstellen zu können, verwendet man *Feldlinien*. Längs einer Feldlinie erfährt ein magnetischer Pol eine Kraft. Ein Nordpol bewegt sich entlang der Feldlinie zum Südpol des Magneten.

Magnetfelder sind räumlich. Gezeichnete Feldlinienbilder sind ebene Schnitte durch Magnetfelder.

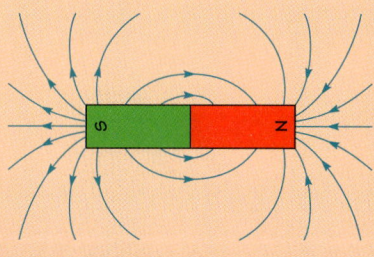

Elektrische Stromkreise

Der elektrische Stromkreis

Vorbereitende Aufträge

Für die vorbereitenden Aufträge in den nächsten Kapiteln benötigst du folgende Grundausstattung:
1 Flachbatterie, 2 Glühlampen (4 V; 0,1 A), 2 Lampenfassungen, isolierte Drähte, Reißnägel, 1 weiches Holzbrettchen, Büroklammern.

1. Baue einen Stromkreis wie in Bild 1 auf. Lass die Lampe kurzzeitig aufleuchten.

2. Baue Schaltkreise auf, in denen zwei Lampen aufleuchten. Es gibt mehrere Möglichkeiten!

3. Baue eine „Wechselschaltung" auf. In einer solchen Schaltung kann eine Lampe von zwei Schaltern wechselseitig bedient werden.

Elektrischer Strom kann gefährlich sein!

Experimentiere ausschließlich mit Strom aus einer Batterie. Schließe diese immer nur kurzzeitig an, sonst ist sie schnell „leer". Führe keine Experimente an der Steckdose durch. Es könnte tödliche Folgen haben!

Grundlagen: Stromkreis und Schaltpläne

Eine Lampe funktioniert nur, wenn sie durch Drähte mit beiden Polen einer Batterie verbunden ist: Lampe und Batterie müssen Teile eines geschlossenen Stromkreises sein (Bild 2).

Ein einfacher Stromkreis besteht aus einer Elektrizitätsquelle, einem Schalter, einem Elektrogerät und Drähten.

Mit Hilfe eines Schalters kann man den Stromkreis unterbrechen; das Gerät oder die Lampe funktioniert dann nicht. Gerät und Batterie müssen also so verbunden sein, dass ein Kreislauf möglich ist: Man kann vermuten, dass in einem Stromkreis irgendetwas strömt. Wir nennen es zunächst einmal *Elektrizität*.

Die selbst gebaute Schaltung von Bild 1 ist unübersichtlich. Man erkennt nicht auf Anhieb, ob ein geschlossener Stromkreis vorliegt. Fehler sind in solchen Anordnungen nur schwer zu finden. Man fertigt daher *Schaltskizzen* an; sie sind leichter zu durchschauen. **In Schaltskizzen werden Geräte durch Schaltzeichen dargestellt (Bild 3), Leitungsdrähte durch gerade Linien.**

Beispiel: Bild 4 zeigt die Schaltskizze der Wechselschaltung. An dieser Skizze erkennst du leicht: Man kann die Lampe mit jedem der beiden Schalter beliebig ein- oder ausschalten. Wenn der Stromkreis mit dem einen Schalter geschlossen wurde, kann er auch mit dem anderen unterbrochen werden.

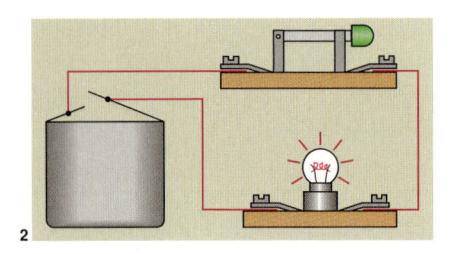

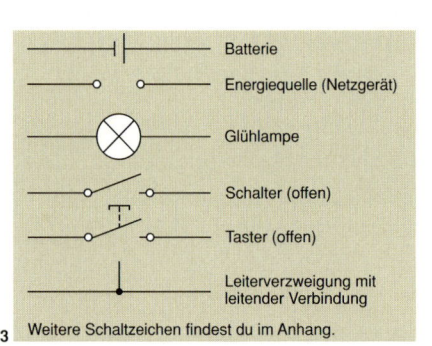

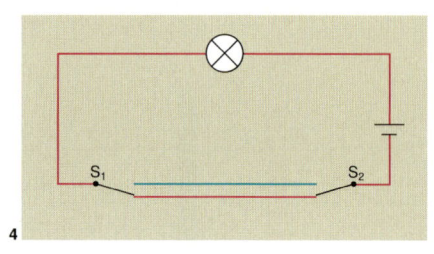

Batterie
Energiequelle (Netzgerät)
Glühlampe
Schalter (offen)
Taster (offen)
Leiterverzweigung mit leitender Verbindung

Weitere Schaltzeichen findest du im Anhang.

Elektrische Stromkreise

Grundlagen: Reihen- und Parallelschaltung

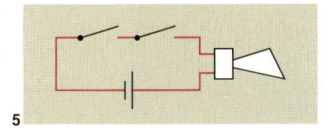

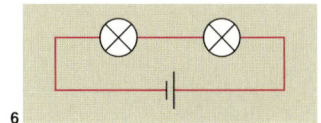

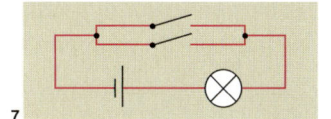

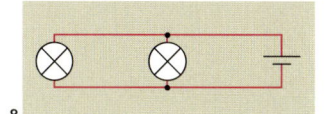

Die Reihenschaltung

Bei einem Auto sind Hupenkontakt und Zündschloss in Reihe geschaltet (Bild 5): Nur wenn diese beiden Schalter gleichzeitig geschlossen sind, ist der Stromkreis geschlossen und die Hupe ertönt. Bild 6 zeigt eine Reihenschaltung von Glühlampen: Schraubt man eine Lampe heraus, so erlischt auch die andere.

Die Parallelschaltung

Die Schalter an den Autotüren sind parallel geschaltet (Bild 7): Beim Öffnen einer Tür wird ein Schalter geschlossen und die Lampe leuchtet.

Bild 8 zeigt eine weitere Parallelschaltung: Schraubt man eine Glühlampe heraus, so leuchtet die andere Lampe weiter.

Aus der Geschichte: Elektrizität hat den Alltag verändert

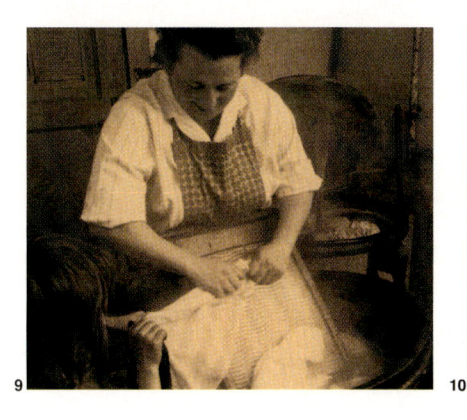

Vor hundert Jahren war das Wäschewaschen sehr mühevoll. Einmal im Monat, oft sogar noch viel seltener, war „Waschtag". In reicheren Familien halfen der Hausfrau Dienstmädchen oder Waschfrauen. In der Waschküche wurde die Wäsche in der Waschlauge gekocht. Anschließend musste sie mit der Hand auf einem Waschbrett geschrubbt und dann ausgespült werden (Bild 9). Häufig spielte sich ein Teil des Waschtags am Ufer von Flüssen ab.

In der ersten Hälfte des 20. Jahrhunderts gab es dann die ersten Waschmaschinen mit elektrischem Antrieb (Bild 10). Heute ist das Wäschewaschen viel einfacher: Wäsche sortieren, in die Maschine werfen, Waschpulver dazugeben, Programm wählen – fertig!

A1 In diesen Schaltungen (Bilder 11 u. 12) sollen die Lampen gleichzeitig ein- oder ausgeschaltet werden. An welchen der markierten Stellen könnte man den Schalter einbauen? Begründe deine Antwort.

A2 Die Wohnungsklingel kann mit dem Taster an der Haustür oder dem an der Wohnungstür betätigt werden. Skizziere die Schaltung und erläutere ihre Funktionsweise.

A3 Eine Geschirrspülmaschine beginnt erst dann zu arbeiten, wenn der Hauptschalter auf „ein" gestellt und außerdem die Tür geschlossen ist. Fertige eine Schaltskizze an. Warum verwendet man hier (mindestens) zwei Schalter?

A4 Fertige eine Schaltskizze für die Beleuchtungsanlage eines Fahrrads an. Welche Rolle spielt der Fahrradrahmen?

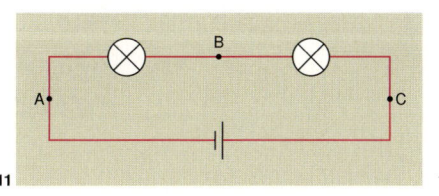

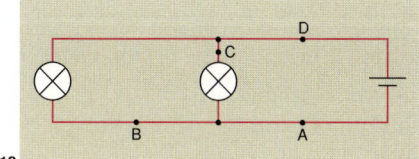

Leiter und Nichtleiter

Die Lampe leuchtet nicht. Woran könnte es liegen?

Vorbereitende Aufträge

1. *Untersuche mit der Schaltung von Bild 2, ob folgende Stoffe die Elektrizität leiten: Kunststoff, Kupfer, Papier, Graphit (Bleistiftmine), Kohle, Holz, Gummi… Prüfe auch, ob trockenes Salz oder feuchte Blumenerde leiten. Fülle das Salz oder die Erde in einen Becher und stecke als Zuleitungen zwei Nägel hinein. Notiere die Ergebnisse in einer Tabelle.*

Leiter	Nichtleiter
?	?

2. *Zwei Nägel werden in ein Gefäß aus Glas gestellt, und zwar so, dass sie einander nicht berühren. Prüfe, ob Leitungswasser, Salzwasser, Essigwasser, Speiseöl, Benzin… Leiter oder Nichtleiter sind. Notiere die Ergebnisse in der Tabelle von Auftrag 1.*

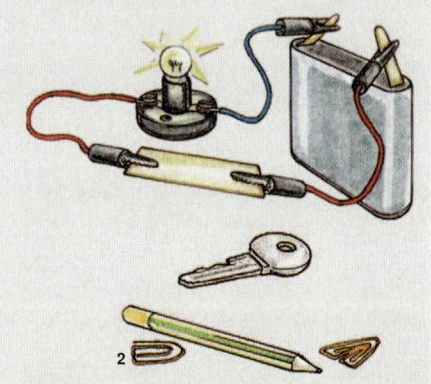

V1 Die Materialien, die in den vorbereitenden Aufträgen als Nichtleiter erkannt wurden, werden nun mit einem empfindlicheren Strommessgerät (Bild 3) noch einmal untersucht. Fertige eine neue Tabelle Leiter/Nichtleiter an.

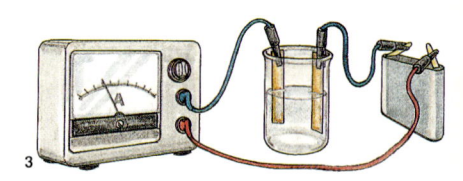

Grundlagen: Leiter und Nichtleiter

Wir nennen Stoffe, in denen die Elektrizität fließen kann, elektrische Leiter. Zu den Leitern gehören die Metalle und Kohlenstoff (Graphit, Kohle, Ruß).

Stoffe, in denen die Elektrizität nicht fließen kann, nennen wir *Nichtleiter* oder *Isolatoren*. Isolatoren sind zum Beispiel trockenes Holz, Kunststoffe, Porzellan, Glas, Gummi, Seide und Leinen.

Auch unter den Flüssigkeiten gibt es Leiter, z. B. Salzwasser, verdünnte Säuren und Laugen. Auch Leitungswasser gehört zu den Leitern.

Öl, Petroleum, Benzin zählen zu den Nichtleitern.

Gase sind in der Regel Nichtleiter. Unter besonderen Umständen können sie aber die Elektrizität leiten; oft senden sie dabei Licht aus.

Auch der menschliche Körper ist ein Leiter (Bild 4). Er enthält nämlich Wasser, in dem geringe Mengen Kochsalz und andere Stoffe gelöst sind.

Elektrische Leiter sind meist von Isolatoren aus Kunststoff umgeben. Die Kunststoffgehäuse vieler Elektrogeräte bieten zusätzlich Schutz (Bild 5).

Drähte werden aber auch durch die Luft geführt und an Isolatoren aus Porzellan befestigt (Bild 6).

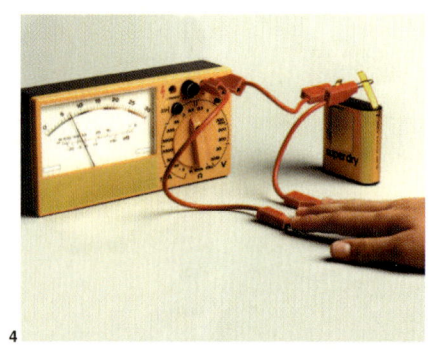

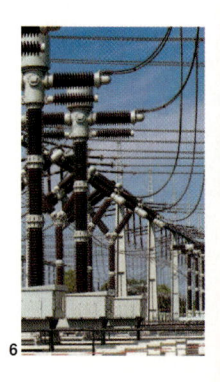

Grundlagen: Der Mensch als elektrischer Leiter

Metalle und Kohlenstoff sind elektrische *Leiter*. Auch Salzwasser leitet.

Glas, Gummi, Porzellan, Kunststoffe, Öl und Spiritus sind Beispiele für *Nichtleiter*. Auch der menschliche Körper ist ein elektrischer Leiter.

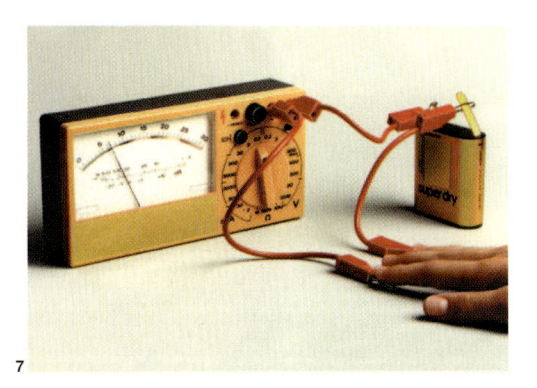

Dass der menschliche Körper leitet, zeigt das Messgerät in Bild 7.

Schon bei recht kleinen Strömen durch den menschlichen Körper besteht Lebensgefahr: Die Muskeln verkrampfen sich, das Herz kann außer Takt geraten und Verbrennungen sind möglich.

Wie kommt es, dass der menschliche Körper ein elektrischer Leiter ist? Der Mensch besteht zu zwei Dritteln aus salzhaltigem Wasser – und Salzwasser ist ein recht guter elektrischer Leiter.

Das Hantieren an Steckdosen oder am Stromnetz sowie das Öffnen von Elektrogeräten sind lebensgefährlich.

Verwende beim Experimentieren immer nur Batterien, Netzgeräte oder kleine Dynamos als Energiequellen!

Bei Elektrounfällen ist eine schnelle Hilfeleistung wichtig:
– Unterbrich zuerst den Stromkreis: Not-Aus-Schalter betätigen oder Sicherung ausschalten!
– Auf keinen Fall darfst du den Verunglückten vorher anfassen!
– Bei Atemstillstand muss sofort mit Wiederbelebungsmaßnahmen begonnen werden (z. B. Atemspende oder Herzdruckmassage).
– Außerdem muss ein Notarzt bzw. der Rettungswagen gerufen werden (Stichwort: Stromunfall).

Aus der Technik: Auch Nichtleiter sind wichtig

Vor rund 80 Jahren, als deine Urgroßeltern noch Kinder waren, gab es kaum Elektrogeräte in den Haushalten. Wasch- oder Spülmaschinen und Staubsauger waren weitgehend unbekannt. Erst allmählich setzte sich das elektrische Licht durch.

Obwohl die Elektrizität damals weniger verbreitet war als heute, gab es viele *Stromunfälle*. Das lag vor allem an den schlecht isolierten Leitungen. Die Leitungen waren in den Wohnungen sichtbar an Wänden und Decken angebracht (Bild 8). Heute befinden sich Leitungen meist „unter Putz". Sie sind unsichtbar und berührungssicher in den Wänden verborgen.

Die Isolierung der Leitungen (Bild 9) bestand aus Baumwollband und Gummi. Diese Materialien wurden schnell brüchig – vor allem in der Nähe von Lampen. Dort wurden die Leitungen heiß.

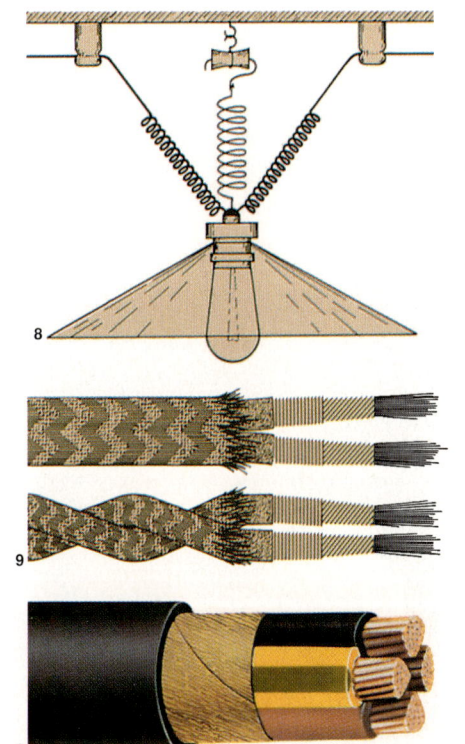

Beim Auswechseln von Lampen konnte man leicht mit den blanken Drähten in Berührung kommen. Das führte dann zu lebensgefährlichen Unfällen.

Heute sind elektrische Leitungen mit Kunststoffen isoliert. Diese sind ziemlich hitzebeständig und elastisch. Sie werden auch nach Jahren nicht brüchig.

Erst diese neueren Kunststoffe haben es möglich gemacht, Leitungen überall gefahrlos zu verlegen – selbst im Wasser oder in der Erde (Bild 10, Erdkabel).

Kunststoffe als Nichtleiter waren für die Verbreitung der Elektrizität genauso wichtig wie die Metalle als Leiter.

Elektrostatik

Elektrische Erscheinungen

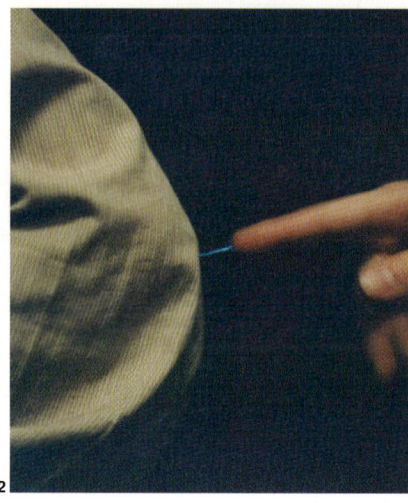

Hier sind Körper elektrisch aufgeladen. Es knistert, es funkt, es blitzt …

Vorbereitende Aufträge

Für die folgenden Versuche brauchst du trockenes Wetter und zwei Luftballons. Als Reibzeug nimmst du zum Beispiel
- deine Hände (ganz trocken oder mit einem Handschuh aus Leder oder Wolle),
- Papier (trockenes Papiertaschentuch, Zeitung),
- Seide (Halstuch, Hemd, Wäsche) und Wolle (Socken, Pullover, Schal).

1. Blase einen Luftballon auf und knote seine Öffnung zu. Halte mit einer Hand den Ballon fest und reibe ihn mit der anderen Hand ab. Probiere verschiedenes Reibzeug aus.
Der Ballon wird durch das Berühren und Reiben aufgeladen.
Wenn die Wirkung bei den folgenden Versuchen allmählich nachlässt, musst du ihn zwischendurch wieder neu laden.

2. Lege den aufgeladenen Ballon auf den Tisch.
Nähere ihm deine Hand oder das Reibzeug.

3. Knote einen langen Faden Nähgarn an den Ballon und hänge ihn frei auf (an einer Lampe).
a) Bringe einen zweiten geriebenen Körper (Kamm, Lineal aus Kunststoff, Plastiktüte, ein Styroporstück, ein Stück PVC-Leerrohr vom Elektriker) in die Nähe des aufgeladenen Ballons.
b) Lade jetzt mit demselben Reibzeug zwei Luftballons auf und nähere sie einander.

4. Halte einen aufgeladenen Ballon am Faden und bringe ihn langsam vor den eingeschalteten Bildschirm eines Fernsehers oder eines Computermonitors.

5. Ziehe 10 cm Klebefolie oder Paketklebeband von der Rolle ab und lass die Folie oder das Band los. Was stellst du fest?

6. Wie reagieren zwei geladene Körper aufeinander? Immer so wie auf Bild 4? Versuche deine Beobachtungen zu erklären.
Kennst du etwas Ähnliches aus dem Magnetismus?

Elektrostatik

V1 Bild 5 zeigt einen **Ladungsanzeiger**, den du mit einfachen Mitteln selbst bauen kannst. Lade den Zeiger aus Kunststofffolie durch Reiben auf. Der Zeiger ist dann negativ geladen (→ Grundlagen unten).

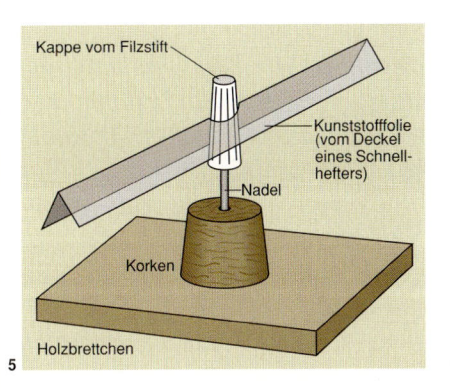

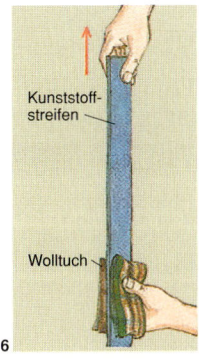

a) Nähere den beiden Zeigerenden des Ladungsanzeigers abwechselnd ein geriebenes Lineal und das Reibzeug.
b) Drehe den aufgeladenen Körper um und nähere auch sein anderes Ende dem Ladungsanzeiger. Überlege: Sind die beiden Enden des Körpers gleich oder verschieden geladen?

V2 Schneide aus einem Müllbeutel einen schmalen Streifen. Falte ihn der Länge nach in der Mitte zusammen und ziehe ihn durch ein Woll- oder Seidentuch. So werden die beiden Hälften des Streifens gemeinsam elektrisch aufgeladen (Bild 6).
Was beobachtest du? Nähere den Streifen anschließend deinem Reibzeug.

Grundlagen: Körper können elektrisch geladen werden

Im Altertum wusste man, dass geriebener *Bernstein* eine seltsame Eigenschaft hat: Er zieht Federn, Haare und andere leichte Körper an. Die Griechen nannten den Bernstein *elektron*.

Ähnliches kann man bei einem geriebenen Luftballon und bei vielen Kunststoffen beobachten.
Durch die enge Berührung zweier Körper können beide Körper elektrisch aufgeladen werden.

Durch Reiben der Körper kommt es an vielen Stellen zu solch enger Berührung. Man spricht von *Berührungs-* oder *Reibungselektrizität*.

Wenn man zwei elektrisch geladene Körper einander nähert, gibt es zwei Möglichkeiten: Entweder ziehen sie sich gegenseitig an oder sie stoßen einander ab.

Diese Beobachtung lässt sich erklären, wenn man von zweierlei Ladungsarten ausgeht:
Es gibt elektrisch positiv geladene und elektrisch negativ geladene Körper.

Zwei positiv geladene Körper stoßen einander ab; das Gleiche gilt auch für zwei negativ geladene Körper (Bild 7).

Ein positiv und ein negativ geladener Körper ziehen einander an (Bild 8).
Körper mit gleicher Ladung stoßen einander ab, Körper mit ungleicher Ladung ziehen einander an.

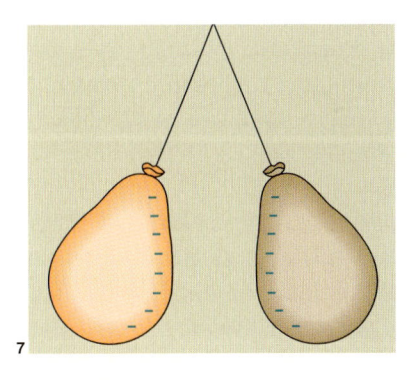

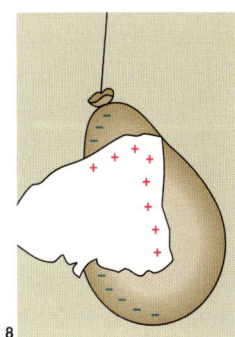

A1 Man kann auf einfache Weise einen Körper elektrisch aufladen. Gib an, wie man das macht.

A2 Aufladen kann man auch durch Berühren und Trennen. Beschreibe einen Versuch.

A3 Wenn man auf einem Platz mit Kunststoffgranulat Tennis gespielt hat, dann bleibt manchmal an den Tennisschuhen etwas Granulat hängen. Wie kann man das erklären?

A4 Es gibt Stoffe, die den elektrischen Strom leiten (Leiter), und solche, die ihn nicht leiten (Isolatoren). Welche Stoffe hast du in den bisherigen Versuchen beim Aufladen verschiedener Körper verwendet? Was fällt dir dabei auf?

Elektrostatik

Wie kommt es zur Auf- und Entladung?

V1 Die **Glimmlampe** (Bild 1) ist ein Ladungsanzeiger.
a) Wickle aus einer Plastiktüte einen isolierenden „Griff" um eine Stativstange. Reibe die Stange. Prüfe (im Dunkeln) mit der Glimmlampe an mehreren Stellen, ob sich die Stange aufgeladen hat.
b) Hefte einen langen Streifen Klebeband auf die Stange. Reiße den Klebestreifen wieder ab. Hat sich die Stange dabei aufgeladen?

V2 Auch das **Elektroskop** (Bild 2) ist ein Ladungsanzeiger. Eine Kunststofffolie wird aufgeladen und am Metallteller eines ungeladenen Elektroskops abgestreift. Beschreibe, was geschieht.

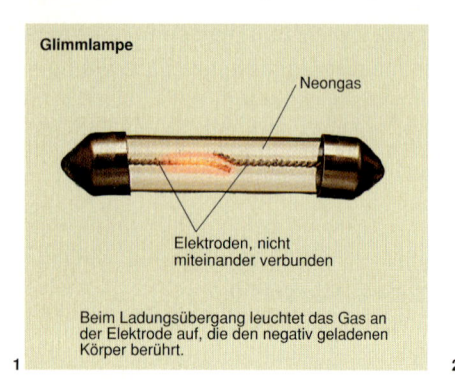

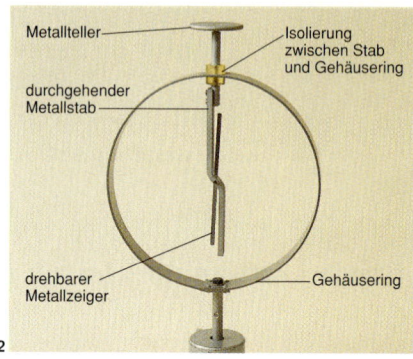

V3 Berühre den Teller des aufgeladenen Elektroskops mit deiner Hand.
Lade das Elektroskop jeweils neu auf und berühre es zunächst mit einem trockenen Wollfaden, dann mit einem nassen Wollfaden und anschließend mit einem Stück Draht.
Wie erklärst du die Ergebnisse?

1 Glimmlampe – Neongas – Elektroden, nicht miteinander verbunden. Beim Ladungsübergang leuchtet das Gas an der Elektrode auf, die den negativ geladenen Körper berührt.

2 Metallteller – Isolierung zwischen Stab und Gehäusering – durchgehender Metallstab – drehbarer Metallzeiger – Gehäusering

---

Grundlagen: Positiv – negativ – neutral

Wir stellen uns vor, dass alle Körper aus *Atomen* aufgebaut sind. Die Atome enthalten positiv und negativ geladene Teilchen (Bild 3). Die positiv geladenen Teilchen befinden sich im Atomkern. Die negativ geladenen bilden die *Atomhülle* und heißen *Elektronen*.

Da ein Atom gleich viele positiv wie negativ geladene Teilchen hat, ist es insgesamt *elektrisch neutral*.

Beim engen Berühren zweier Körper können Elektronen des einen Körpers auf den anderen übergehen (Bild 4). Nach dem Trennen sind beide Körper nicht mehr neutral, sondern *geladen* (Bild 5).

Der eine Körper hat Elektronen abgegeben, ihm fehlen Elektronen. Die positiv geladenen Teilchen sind in dadurch der Überzahl. Dieser Körper ist elektrisch positiv geladen.

Der andere Körper hat bei der gegenseitigen Berührung zusätzliche Elektronen bekommen; bei ihm überwiegen nun die negativen Teilchen. Dieser Körper ist elektrisch negativ geladen.

Wenn die Elektronen wieder auf den ersten Körper zurückgehen, spricht man von einem *Ladungsausgleich*. Beide Körper sind danach elektrisch neutral.

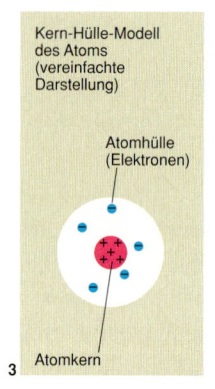

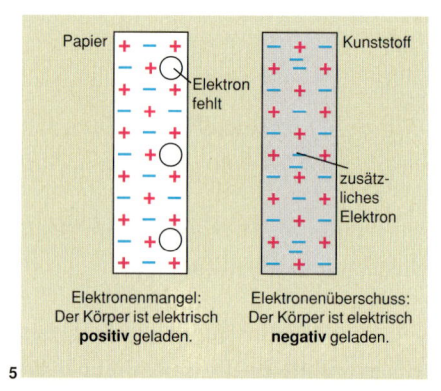

3 Kern-Hülle-Modell des Atoms (vereinfachte Darstellung) – Atomhülle (Elektronen) – Atomkern

4 Bei enger Berührung zweier Körper kommt es vor, dass einige **Elektronen** von einem Körper auf den anderen Körper übergehen. Die positiv geladenen Teilchen können sich nicht bewegen. Sie bleiben immer an ihren Plätzen.

5 Elektronenmangel: Der Körper ist elektrisch **positiv** geladen. – Elektronenüberschuss: Der Körper ist elektrisch **negativ** geladen.

Ladungsausgleich und Leitungsvorgänge

Der **Polprüfer** (Bild 6) kann in den folgenden Versuchen einen Ladungsausgleich anzeigen.
In ihm steckt unter anderem eine *Glimmlampe*.

Kontaktstelle
Glimmlampe
Stahlspitze als Kontakt
6

V1 *Halte den Polprüfer an seiner Stahlspitze fest. Berühre mit der Kontaktstelle des Griffs einen geriebenen Luftballon (möglichst im Dunkeln).*

V2 *Reibe die durchsichtige Folie eines Schnellhefters kräftig mit einem Reibzeug. Fahre die Folie im Dunkeln mit dem Polprüfer ab.*

V3 *Für diesen Versuch muss der Raum völlig abgedunkelt sein. Nun wird eine ausgebaute Leuchtstoffröhre oder eine Energiesparlampe mit einem aufgeladenen Luftballon in Berührung gebracht.*

V4 *Du brauchst zwei blanke Topfdeckel oder runde Metallplatten.
Jede Platte wird zur Isolierung auf einen oder mehrere Joghurtbecher gelegt.
Lege einen geriebenen Körper (Luftballon oder Folie) auf eine Platte, das benutzte Reibzeug auf die andere. Verbinde dann die beiden Platten mit dem Polprüfer.*

Grundlagen: Elektrische Leiter und Nichtleiter

Elektrisch geladene Teilchen sind Bestandteil aller Stoffe.

Beim Reiben oder Berühren werden keine geladenen Teilchen erzeugt, sondern Elektronen gehen von einem Körper auf einen anderen über.

Kunststoffe lassen sich besonders leicht aufladen. Die übergesprungenen Elektronen bleiben bei ihnen dort, wo sie „gelandet" sind.

Da es in Kunststoffen keine frei beweglichen Elektronen gibt, sind Kunststoffe Nichtleiter.

Auch *Metalle* lassen sich aufladen. Wenn man das Metall dabei jedoch ohne Isoliergriff anfasst, fließen die übergesprungenen Elektronen über den Körper zur Erde ab.

Da in Metallen ein Teil der Elektronen frei beweglich ist, zählen Metalle zu den Leitern.

Beim Ladungsausgleich fließen Elektronen von einem Körper zum anderen. Dabei können Funken auftreten oder Glimmlampen aufleuchten.

A1 *Dennis meint, er würde beim Reiben eines Luftballons die elektrisch geladenen Teilchen „erzeugen". Was sagst du dazu?*

A2 *Will man Metalle aufladen, darf man sie nicht ohne Isolierung in der Hand halten. Begründe.*

A3 *Das Elektroskop auf Bild 7 sieht anders aus als das auf Bild 2.*

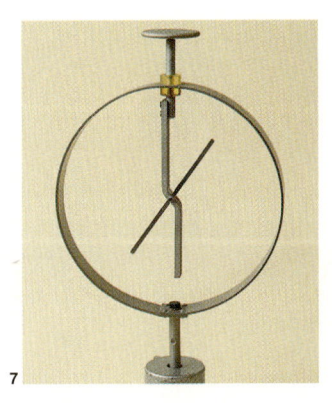

7

*Woher kommt der Unterschied?
Was wird geschehen, wenn man den Teller des Elektroskops von Bild 7 mit einem Porzellanteller berührt? Gib eine Begründung für das Versuchsergebnis.*

A4 *Zum Entladen kann man einen Körper in Wasserdampf halten oder ihn durch eine Flamme ziehen.
Was könnte dabei der Grund für die Entladung sein?*

Geladene Körper wirken von ferne ...

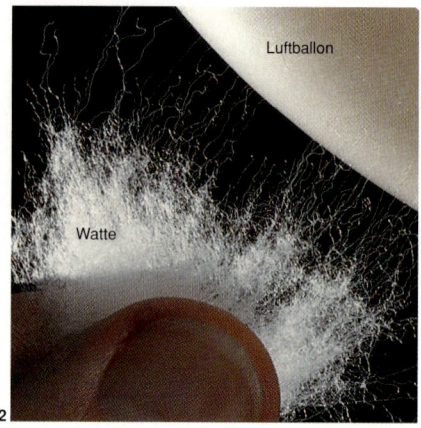

Die Folie in Bild 1 und der Luftballon in Bild 2 sind zwar elektrisch geladen, die Haare und die Watte aber nicht ...

Vorbereitende Aufträge

1. Lade einen Luftballon auf.
a) Halte ihn über deine Haare und beobachte dich im Spiegel.
b) Lege Watteflöckchen und Schnipsel von Papier, Styropor und Aluminiumfolie auf den Tisch. Nähere ihnen den geladenen Luftballon.

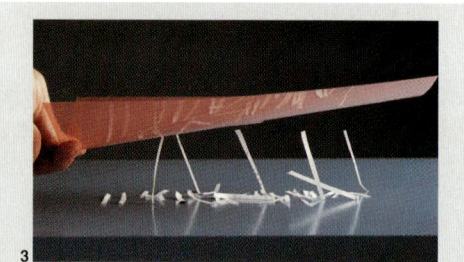

2. Hänge einen ungeladenen Luftballon an einem Faden auf. Lade ihn auf. Halte die Spitze eines Nagels oder Messers in seine Nähe. Was siehst und hörst du?

3. Lege kleine Papierschnipsel auf den Tisch.
a) Lade eine Klarsichtfolie eines Schnellhefters auf. Halte die Folie möglichst waagerecht im Abstand von einigen Zentimetern über die Papierschnipsel (Bild 3). Was beobachtest du?
b) Bewege die Folie auf und ab, ohne sie neu aufzuladen.
c) Berühre mit dem Finger jene Stelle der Folie, unter der gerade ein Papierschnipsel „hängt". Beschreibe deine Beobachtung.

V1 Das Bodenblech einer runden Backform wird auf drei Joghurtbecher gelegt um es zu isolieren.
a) Lege auf das Blech eine Folie, die du durch Reiben aufgeladen hast.
Nähere dem Blech deinen Finger auf ungefähr 1 cm (Bild 4).
Oder nähere der geladenen Folie den Polprüfer.
b) Entferne den geladenen Körper vom Blech. Wiederhole dann die Annäherung mit dem Finger oder mit der Glimmlampe.
c) Das Ganze kannst du mehrmals wiederholen, ohne dass du die Folie neu aufladen musst.

V2 Streife eine geladene Folie am Teller eines Elektroskops ab. Der Zeiger des Geräts zeigt danach die Aufladung an.
Nähere dem Teller nun ein aufgeladenes Stück PVC, ohne den Teller zu berühren. Führe den gleichen Versuch auch mit einem aufgeladenen Stück Plexiglas® durch.

Elektrostatik

Grundlagen: Aufladung von Metallen – ohne Berührung

Der Zeiger eines Elektroskops schlägt bereits bei der *Annäherung* eines geladenen Körpers aus. Der Körper wirkt sozusagen schon von ferne, ohne dass Elektronen übergehen können.

Man erklärt das so: Teller und Zeiger des Elektroskops bestehen aus Metall. In allen Metallen sind immer einige Elektronen frei beweglich. Durch die Annäherung eines geladenen Körpers werden diese Elektronen im Metall bereits von ferne verschoben und „sortiert".

Wenn der herangeführte Körper positiv geladen ist, werden die freien Elektronen in dem Metall angezogen (Bild 5).

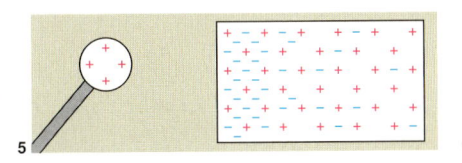

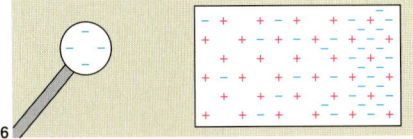

Wird ein negativ geladener Körper einem Metall genähert, werden die freien Elektronen in dem Metall abgestoßen (Bild 6).

Unter dem Einfluss des geladenen Körpers kommt es zu einer ungleichen Elektronenverteilung. Der eine Teil des Metalls ist positiv geladen, der andere negativ.

Bei Annäherung von geladenen Körpern an Nichtmetalle (z. B. an die Haare und Wattefasern in den Bildern 1 u. 2) kommt es zu Ladungsverschiebungen innerhalb der Teilchen der Stoffe (Moleküle).

Aus Umwelt und Technik: Elektrofilter zur Entstaubung

Rauchteilchen einer brennenden Flamme strömen mit den heißen Gasen senkrecht nach oben.

Unter dem Einfluss geladener Körper in der Nähe ändert sich aber die Strömungsrichtung des Rauchs. Bild 7 zeigt dazu einen **Versuch**.

Das Verfahren wird zum *Entstauben von Abgasen* genutzt.

In einem Kohlekraftwerk werden an jedem Tag mehr als 100 Eisenbahnwaggons voll Steinkohle verbrannt. Dabei entsteht feine Asche im *Rauchgas*.

Ohne Gegenmaßnahmen würde in der Umgebung des Schornsteins ständig ein Staubregen niedergehen – mehr als 300 t Staub am Tag!

Deshalb muss das Rauchgas gereinigt werden. Es durchströmt dazu im Kraftwerk ein haushohes Gebäude, in dem mehrere über 10 m hohe **Elektrofilter** hintereinander geschaltet sind.

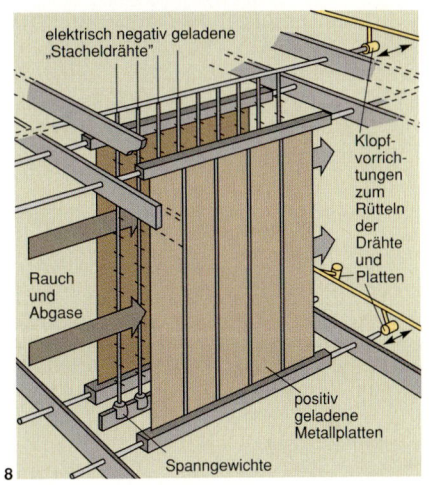

Jeder Filter besteht aus *positiv aufgeladenen Platten*, die einen Abstand von etwa 30 cm haben. Senkrecht zwischen den Platten sind „Stacheldrähte" gespannt (Bild 8). *Die Drähte sind negativ geladen.*

Durch die Filterzellen strömt horizontal der Rauch. Die Drähte sind so stark negativ geladen, dass Elektronen in die Umgebung der Drähte „gesprüht" werden. Die Elektronen treffen auf die Teilchen der Flugasche und setzen sich auf diesen fest. Damit werden die kleinen Ascheteilchen selbst *negativ* geladen. Sofort werden sie von den *positiv* geladenen Platten angezogen und schlagen sich dort nieder.

Die Platten werden ständig gerüttelt. Die Ascheteilchen fallen daher ab und können mit Wasser aus den Filterzellen herausgespült werden. Das Rauchgas wird auf diese Weise zu 99,8 % gereinigt.

Anwendungen: Gewitter und Fotokopierer

Gewitter beruhen auf elektrischen Vorgängen …

Aus der Umwelt: Wie Blitze entstehen

Ein Blitz ist eine Naturerscheinung, bei der elektrische Ladung transportiert wird und ein Ladungsausgleich stattfindet. Ein Blitz ist nichts anderes als ein riesiger elektrischer Funke.

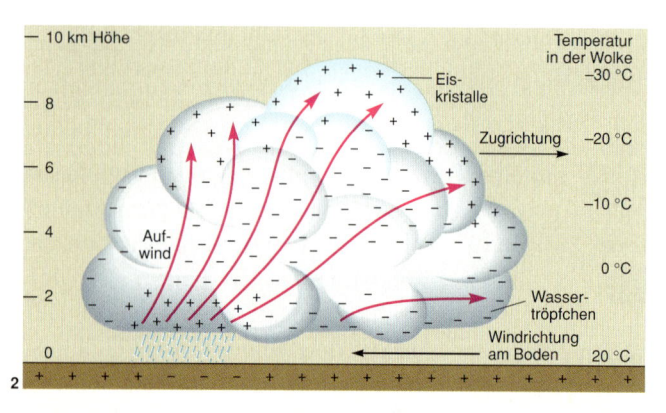

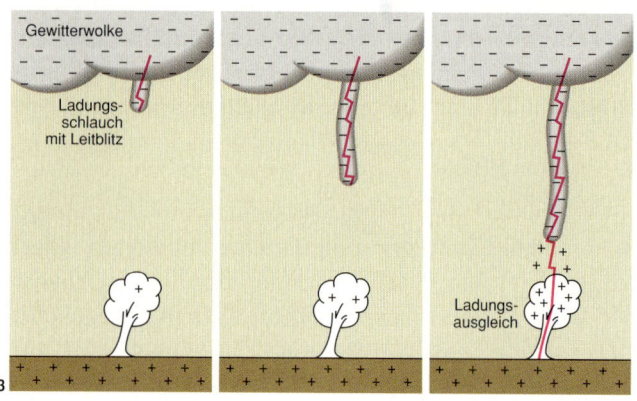

Bild 2 zeigt vereinfacht eine Gewitterwolke. Aufwinde im Innern der Wolke bewirken eine *Ladungstrennung*: Am oberen Rand der Wolke befinden sich anschließend positiv geladene Eiskristalle, am unteren Rand negativ geladene Wassertröpfchen. Wenn zwischen den unterschiedlich geladenen Körpern ein *Ladungsausgleich* stattfindet, blitzt es – und zwar *innerhalb* der Wolke.

Doch dich wird wahrscheinlich eher ein Blitz interessieren, der *zwischen Wolke und Erde* verläuft. Wie man sich die Entstehung eines solchen Blitzes vorstellen kann, ist in Bild 3 dargestellt: Aus dem unteren Bereich der Gewitterwolke schiebt sich zuerst elektrische Ladung wie ein Schlauch ruckweise in Richtung Erde vor. Wenn sich dieser negativ geladene „Leitblitz" der Erde nähert, werden Elektronen in der Oberfläche der Erde abgestoßen und zur Seite gedrängt. Die Erde ist an dieser Stelle dann positiv geladen.

Nun erfolgt der Ladungsausgleich: Ein von der Erde ausgehender „Gegenblitz" trifft mit dem Leitblitz zusammen und „frisst" sich in diesen hinein. Die Funkenbahn leuchtet hell auf – und der eigentliche Hauptblitz entsteht.

Die umgebende Luft wird dabei bis auf 30 000 °C erhitzt und dehnt sich explosionsartig aus. Die Folge ist der Donner.

Elektrostatik

Aus dem Alltag: Wie du dich vor Blitzschlag schützen kannst

Vom Gewitter kann man unterwegs leicht überrascht werden. Der Donner ist nämlich nur rund 10 km weit gut zu hören. Wenn das Gewitter mit 60 km/h näher kommt, bleiben nach dem ersten Donner nur 10 Minuten Zeit, um Schutz zu suchen.

○ **Vermeide es, die höchste Erhebung im Gelände zu sein.**
○ **Suche Bodenmulden, Hohlwege oder Felsvorsprünge.** Einigermaßen sicher bist du auch im Innern eines Waldes, wenn du nicht zu nahe an einzelne Bäume herangehst. Auch unter Hochspannungsleitungen bist du in der Mitte zwischen zwei Masten gegen Blitze geschützt.
○ **Wenn in flachem Gelände einzelne Bäume stehen, hockst du dich mit einem Abstand von wenigstens 2 m zu Stamm und Astwerk unter einen Baum.** Durch den nahen Baum bist du vor direktem Blitzschlag sicher. Durch den Abstand zum Baum vermeidest du, dass ein Blitz aus dem Baum „abspringt". Die Hockstellung ist wichtig, damit bei einem nahen Blitzeinschlag keine Ladung vom Erdboden durch den einen Fuß und die Beine zum anderen Fuß fließt.
○ **Bade niemals bei Gewitter!** Es stimmt zwar nicht, dass das Wasser den Blitz anzieht, aber das Baden ist trotzdem lebensgefährlich (→ 1. Regel).
○ **Sicheren Schutz vor Blitzen bieten alle Räume, die von Metall umschlossen sind**, z.B. Autos, Waggons, Schiffe, Metallgondeln von Seilbahnen. In nicht geschützten Scheunen, Holz- oder Steinhütten hockt man sich in die Raummitte.

Aus Umwelt und Technik: Blitzableiter

Viele Wohnhäuser sind mit einer *Blitzschutzanlage* (Bild 10) ausgestattet. Der blitzgeschützte Bereich wird durch eine *Fangleitung* und kurze *Fangstäbe* begrenzt, die die höchsten Stellen des Hauses bilden.

Über Ableiter aus 1 cm dickem Eisendraht wird die Ladung des Blitzes zur Erde abgeführt. Eine gut leitende Verbindung zum Erdreich wird oft durch einen *Ring-Erder* hergestellt: Er besteht aus einem 5 cm breiten Metallband, das 1 m tief eingegraben oder in das Fundament eingegossen wird.

Bei *Hochspannungsmasten* sind alle Spitzen über eine *Fangleitung* miteinander verbunden (Bild 11). Über die Masten ist die Fangleitung direkt mit der Erde verbunden, also „geerdet".

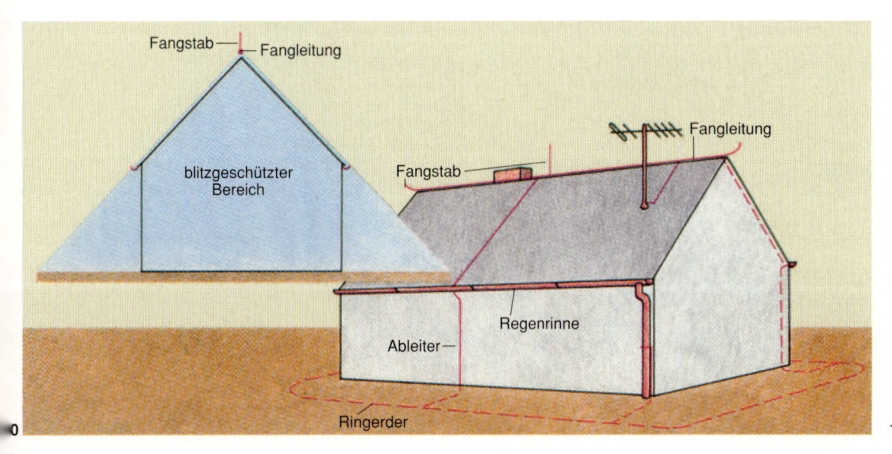

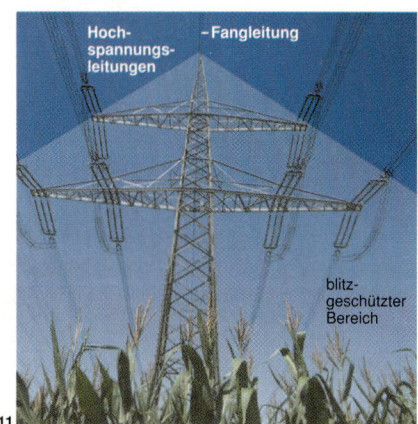

Aus der Technik: Wie ein Fotokopiergerät funktioniert

Fotokopiergeräte stehen heute in jedem Büro und auch in allen Schulen. Sie liefern schnell originalgetreue Kopien der Vorlagen.

Das Kopierverfahren wurde 1935 in den USA von *Chester F. Carlson* entwickelt. Carlson verwendete eine Metallplatte, die mit Schwefel beschichtet war. Dieser Stoff hat eine besondere Eigenschaft: *Im Dunkeln ist Schwefel ein Nichtleiter. Durch Belichtung wird er zu einem elektrischen Leiter.* Bild 1 zeigt die einzelnen Schritte des Kopierverfahrens.

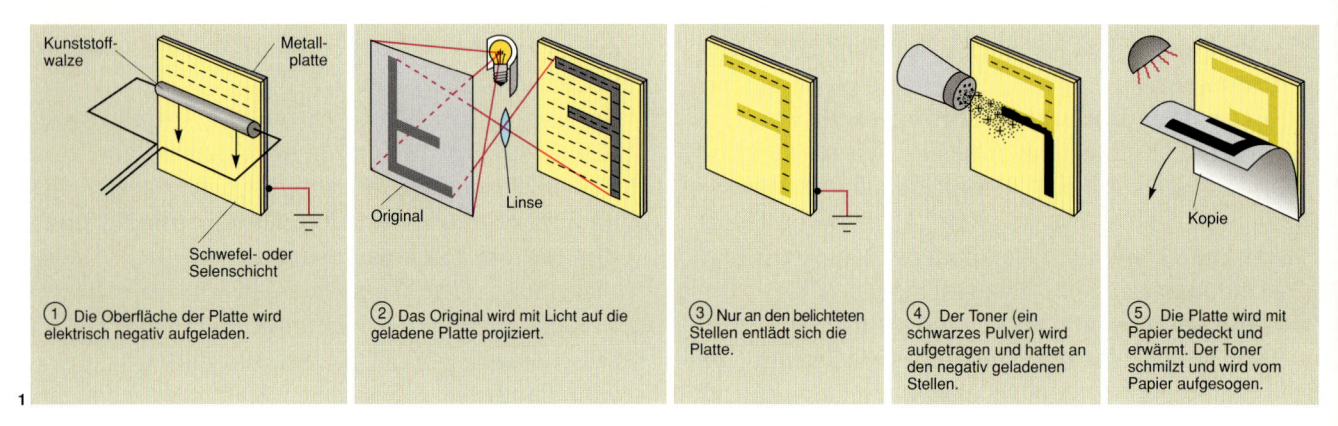

① Die Oberfläche der Platte wird elektrisch negativ aufgeladen.
② Das Original wird mit Licht auf die geladene Platte projiziert.
③ Nur an den belichteten Stellen entlädt sich die Platte.
④ Der Toner (ein schwarzes Pulver) wird aufgetragen und haftet an den negativ geladenen Stellen.
⑤ Die Platte wird mit Papier bedeckt und erwärmt. Der Toner schmilzt und wird vom Papier aufgesogen.

1

Die heutigen **Kopiergeräte** (Bild 2) beruhen auf Carlsons Erfindung. Die Ziffern 1–5 in Bild 2 weisen auf Schritte des Kopierverfahrens hin. Anstelle der mit Schwefel beschichteten Metallplatten verwendet man heute Walzen, auf die eine *lichtempfindliche Schicht* aufgetragen ist.

Die Schicht auf der „Bildtrommel" besteht heute z. B. aus *Selen*, einem Stoff, der bei Beleuchtung zum Leiter wird. Deshalb muss es im Gehäuse eines Kopierers auch stets ganz dunkel sein – bis auf die kurze Zeit, in der die Bildtrommel belichtet wird.

Carlson hat die lichtempfindliche Schicht mit einem Puder aus Baumharz bestreut. Als *Toner* nimmt man heute fein gemahlenen schwarzen Kunststoff, der leicht schmilzt.

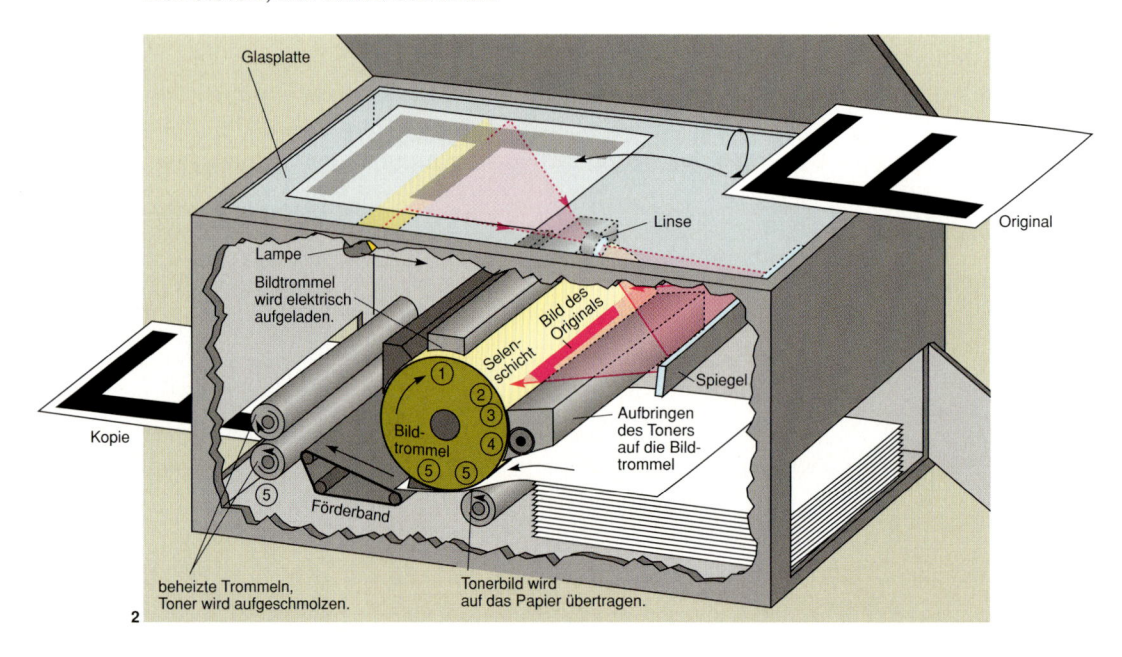

2

Zusammenfassung

Laden und Entladen

Wenn man zwei Körper in enge Berührung bringt und dann trennt, können beide elektrisch aufgeladen werden.

Man kann Kunststoff, Glas oder Metall durch Reiben mit Wolle, Seide oder Papier aufladen.

Wenn die Körper aus Metall bestehen, müssen sie beim Aufladen isoliert sein; sonst fließt die elektrische Ladung zur Erde ab.

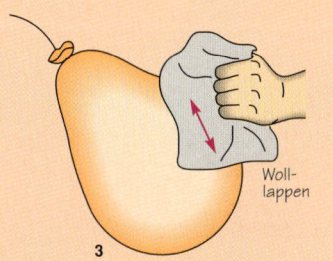

Nach dem Reiben zweier Körper ist der eine Körper *positiv* und der andere *negativ* geladen.

Körper mit gleicher Ladung ziehen einander an, Körper mit ungleicher Ladung stoßen einander ab.

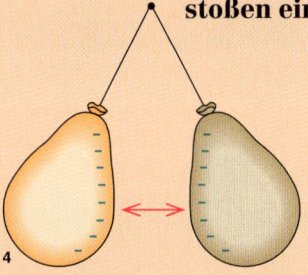

Die Ladung eines Körpers kann man mit einer Glimmlampe nachweisen. Sie leuchtet an der Elektrode auf, die den *negativ* geladenen Körper berührt.

Neutral – positiv – negativ

Körper sind aus Atomen aufgebaut. Diese enthalten elektrisch positiv und elektrisch negativ geladene Teilchen. Die negativ geladenen Teilchen der Atome heißen *Elektronen*. Nur die Elektronen sind beweglich.

Sind positive und negative Teilchen in gleicher Menge vorhanden, ist der Körper elektrisch *neutral*.

Wenn ein Körper Elektronen verliert, überwiegen bei ihm die positiven Teilchen (Elektronenmangel); er ist *positiv* geladen.
Wenn ein Körper Elektronen aufnimmt, überwiegen bei ihm die negativen Teilchen (Elektronenüberschuss); der Körper ist *negativ* geladen.

Alles klar?

Lösungen → Anhang

1. Wenn man zwei Körper aneinander reibt, werden beide elektrisch geladen. Was geschieht dabei?

2. Auch ein ungeladener Körper besteht immer aus elektrisch geladenen Teilchen. Warum ist davon normalerweise nichts zu merken?

3. Wieso bekommt man beim Berühren von Türklinken manchmal einen elektrischen Schlag?

4. Warum gelingen bei feuchtem Wetter manche Ladungsversuche nur schlecht oder gar nicht?

5. Was ist zu beachten, wenn du draußen von einem Gewitter überrascht wirst? Nenne Regeln.

6. Der Physiker Faraday entdeckte 1836, dass Blitze nie ins Innere eines Hohlkörpers aus Metall eindringen. Du bist bei Gewitter in einem Auto geschützt, denn das Blech bildet einen „faradayschen Käfig".
a) Bild 5 zeigt eine spektakuläre Aufnahme: Ein Blitz schlägt in ein besetztes Fahrzeug ein. Es steht auf Gummireifen. Wie verläuft der Blitz nach dem Einschlag?
b) Ob auch ein Cabriolet vor Blitzen schützt?

Elektrische Geräte benötigen Energie

Energie und Energieformen

Getreidemühle, 1588

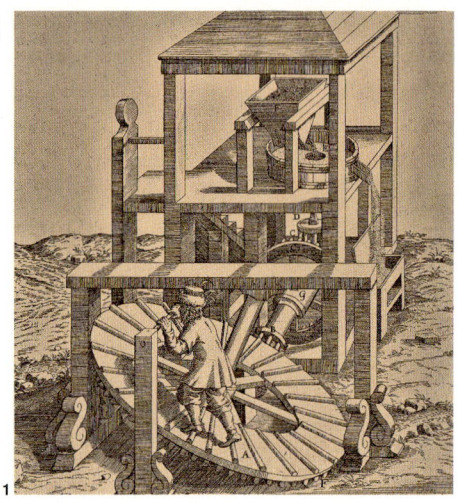

Moderne elektrische Getreidemühle

Um Maschinen anzutreiben, standen zunächst nur Mensch und Tier zur Verfügung. Die Erfindung von Wasserrädern und Windmühlen war da eine große Erleichterung. Aber Wind weht nicht immer. Und nicht überall gibt es einen Bach für ein Wasserrad.

Die Maschine, die von selbst weiterläuft, davon träumten die Menschen. Heute wissen wir, dass es ein solches *Perpetuum mobile* nicht gibt. Elektrogeräte scheinen aber den Traum von der ewig laufenden Maschine zu erfüllen: Man braucht sie nur einzuschalten …

Grundlagen: Energie – „Treibstoff für alles"

Kein Vorgang, den du beobachten kannst, läuft ohne Antrieb ab. Es ist immer so etwas wie ein Treibstoff nötig (Bilder 3–6). Das gilt auch dann, wenn etwas scheinbar von selbst geschieht (z. B. wenn Pflanzen wachsen oder wenn das Wetter sich ändert).

Diesen „Treibstoff für alles" nennt man in der Physik **Energie**.

Energie selbst kann man nicht in Flaschen abfüllen oder wiegen wie Benzin, Kohle oder Schokolade. Man kann sie weder sehen noch riechen.

Die Energie zum Radfahren stammt aus der Nahrung, die zum Autofahren aus dem Verbrennen von Benzin. Die Energie für den Elektroherd wird diesem über die elektrische Leitung zugeführt.

3 Das Fahrrad fährt ohne dein Zutun höchstens den Berg hinunter. Aufwärts musst du kräftig in die Pedale treten.

4 Auch ein Auto fährt nicht von alleine. Man muss rechtzeitig tanken, sonst bleibt es mitten im Verkehr stehen.

5 Das Teewasser wird nur heiß, wenn man den Teekessel auf die elektrisch beheizte Kochplatte oder auf eine Gasflamme stellt.

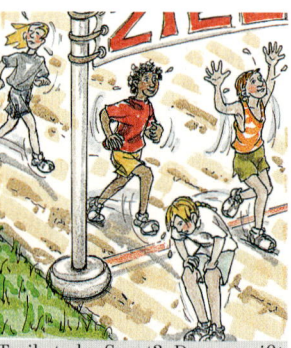

6 Treibst du Sport? Dann weißt du, dass gute Ergebnisse nur möglich sind, wenn du dich gut und richtig ernährst.

Grundlagen: Energieformen – Energieumwandlungen

Unsere wichtigste Energiequelle ist die Sonne. Sie lässt Pflanzen wachsen und erwärmt die Erde. Ohne die Sonnenstrahlung gäbe es weder Wind noch Regen noch Flüsse noch Kohle noch Benzin noch Nahrung.

Einen Teil der Sonnenstrahlung sehen wir als Licht, die anderen Teile sind unsichtbar.

Energie, die (wie bei der Sonne) durch Strahlung transportiert wird, nennen wir *Strahlungsenergie*.

Beim Radfahren brauchst du „Kraft", um die Pedalkurbel zu drehen. Immer wenn ein Gegenstand mit einer Kraft bewegt wird, ist *mechanische Energie* erforderlich, z. B. wenn eine Kurbel gedreht wird. So wie ein Automotor Benzin verbrennt, um mechanische Energie zu erzeugen, „verbrennt" dein Körper Nahrung. Dabei werden Stoffe chemisch umgewandelt. In den Stoffen steckt *chemische Energie*.

Aus chemischer Energie wird im Brenner einer Zentralheizung *thermische Energie (Wärme)* erzeugt. Sie ist z. B. nötig, um ein Zimmer zu heizen, Wasser zu verdampfen oder Eis zu schmelzen.

Es gibt verschiedene Energieformen: Strahlungsenergie, mechanische Energie, chemische Energie, thermische Energie (Wärme) … Sie können ineinander umgewandelt werden (Bild 7).

Bei Energieumwandlungen entsteht Wärme oft als „Nebenprodukt".

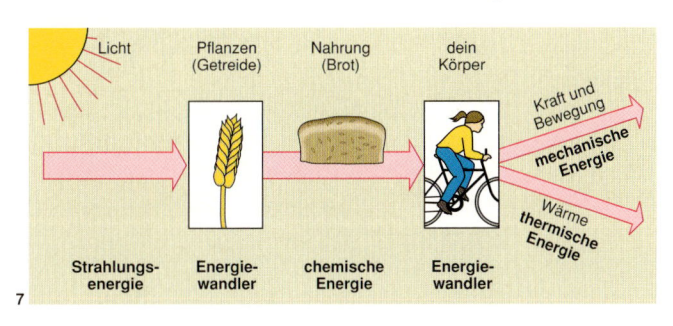

A1 Nenne einige Beispiele für die verschiedenen Energieformen.

A2 Sicher kennst du Spielzeug wie in Bild 8, das sich „von selbst" bewegt. Was ist das „Geheimnis"?

A3 Beschreibe Vorgänge, bei denen thermische Energie (Wärme) entsteht.
Gib jeweils an, aus welcher Energieform die thermische Energie entsteht.

A4 Ein Wasserrad dreht sich in einem Bach. Begründe, dass die dafür nötige Energie von der Sonne stammt. Welche Energieumwandlungen finden statt?

A5 Bild 9 zeigt die Idee für ein Perpetuum mobile.
Wie sollte es nach Meinung seines Erfinders funktionieren? Warum läuft es nicht?

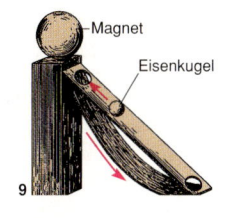

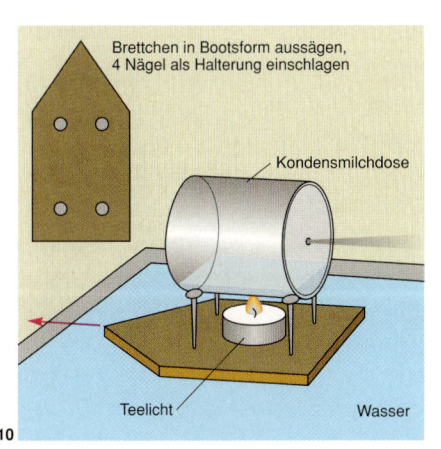

A6 Das Boot von Bild 10 ist leicht zu bauen. Entleere eine Milchdose durch ein Loch und fülle mit einer Spritze etwas Wasser ein.
Woher stammt die Energie für den Antrieb? Stelle die Energieumwandlungen wie in Bild 7 dar.

A7 Energie kann auch gespeichert werden. Nenne Beispiele für Gegenstände, in denen Energie gespeichert ist. In welcher Form ist sie jeweils gespeichert?

Elektrische Energie

Staubsaugen und Wäschewaschen waren vor 100 Jahren sehr anstrengende Tätigkeiten. „Sklavenarbeit" dieser Art wird heute auf Knopfdruck von elektrischen Geräten erledigt ...

Vorbereitende Aufträge

1. In eurem Haushalt kommen sicherlich elektrische Geräte vor. Lege eine Tabelle an und trage diese Geräte ein.
Schreibe in der 2. Tabellenspalte auf, wodurch die Aufgaben der betreffenden Elektrogeräte früher erfüllt wurden (sofern überhaupt möglich). Muster:

Heute	Früher
elektrische Lampen	Petroleumlampen, Kerzen
elektrisches Bügeleisen	...
Fernsehgerät	...

2. Elektrische Geräte wandeln elektrische Energie in andere Energieformen um. Nenne diese Energieformen für die in Bild 3 dargestellten Beispiele.

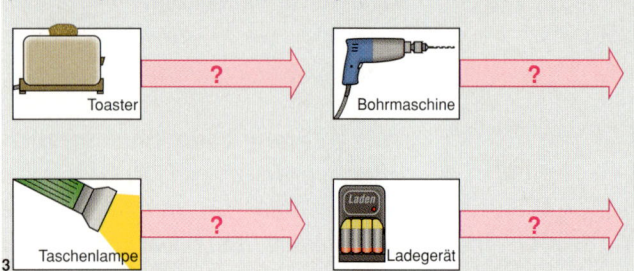

3. Auch bei elektrischen Geräten gibt es Energie nicht umsonst. Das kannst du an deinem Fahrrad mit angeklapptem Dynamo feststellen (Bild 4):
a) Drehe das Rad mit der Hand kräftig an, während die Fahrradbeleuchtung eingeschaltet ist.
b) Löse die Anschlüsse am Dynamo und wiederhole den Versuch. Was fällt dir auf?

Elektrische Geräte benötigen Energie

V1 Schließe die Scheinwerferlampe eines Fahrrads an einen **Dynamo** an. Er wird über eine Kurbel angetrieben (Bild 5). Was stellst du fest, wenn die Verbindung zur Lampe unterbrochen wird? (Erkläre mit Hilfe des Begriffs „Energie".)

V2 Dass es elektrische Energie nicht umsonst gibt, wird mit dem **Tischgenerator** erlebbar (Bild 6): Schließe die Lampe an. Versuche sie zum Leuchten zu bringen. Schließe auch eine Mini-Bohrmaschine (für Akkubetrieb) an und bohre ein Loch in ein Brett.

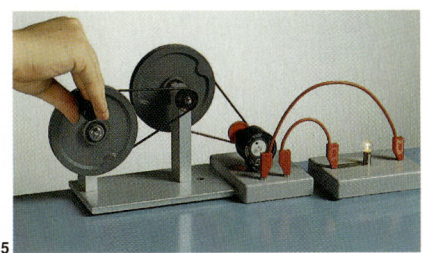

V3 Wickle ein 20 cm langes Drahtstück (Konstantandraht von 0,4 mm Durchmesser) auf eine Kugelschreibermine. Es entsteht eine Wendel. Du kannst sie – wie in Bild 7 gezeigt – als „Tauchsieder" einsetzen.

a) Im Becherglas befinden sich 50 cm^3 Wasser. Um wie viel Grad Celsius kannst du das Wasser innerhalb von 3 Minuten erwärmen?
b) Wie lange würde es demnach dauern, bis das Wasser siedet?
c) Wie viele Menschen müssten so lange wie du kurbeln, um einen Liter Wasser heiß zu bekommen?

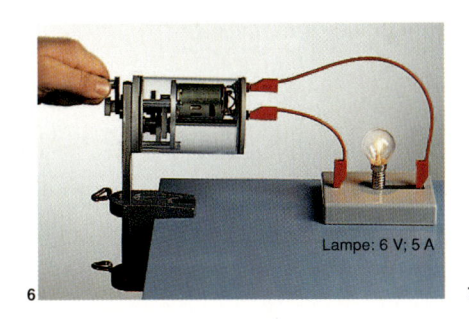

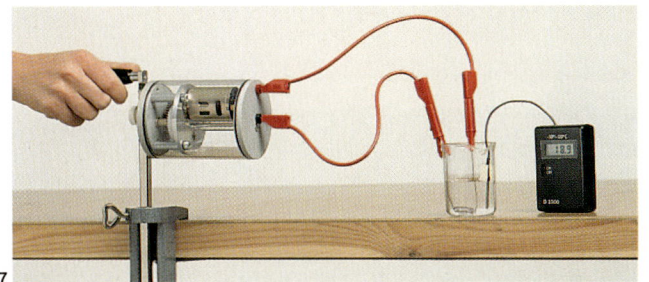

Lampe: 6 V; 5 A

Grundlagen: Elektrische Anlagen übertragen Energie

Mit elektrischen Geräten wollen wir Wasser kochen, Kuchenteig rühren oder ein Zimmer beleuchten. Solche Vorgänge erfordern Energie in verschiedenen Formen: *thermische Energie* (Wärme), *mechanische Energie* (Kraft und Bewegung) oder *Strahlungsenergie* (z. B. Licht). Woher kommt die Energie, die von Elektrogeräten abgegeben wird?

Die Elektrogeräte erhalten über ihre Anschlussleitung *elektrische Energie*. Die elektrische Energie stammt aus elektrischen Energiequellen – z. B. aus Generatoren, Batterien oder Solarzellen (Bild 8). Auch diese *elektrischen Energiequellen* benötigen eine Energiezufuhr. Elektrische Energiequellen und Elektrogeräte wandeln eine Energieform in eine andere um; sie sind *Energiewandler*.

Elektrische Anlagen bestehen aus drei Teilen:
○ **einer *elektrischen Energiequelle*, d. h. einem Energiewandler, in dem elektrische Energie aus anderen Energieformen gewonnen wird;**
○ **dem *Übertragungsteil*, d. h. Leitungen, mit deren Hilfe elektrische Energie übertragen wird;**
○ **einem *Verbraucher elektrischer Energie*, d. h. einem Energiewandler, der elektrische Energie in die gewünschte Energieform umwandelt.**

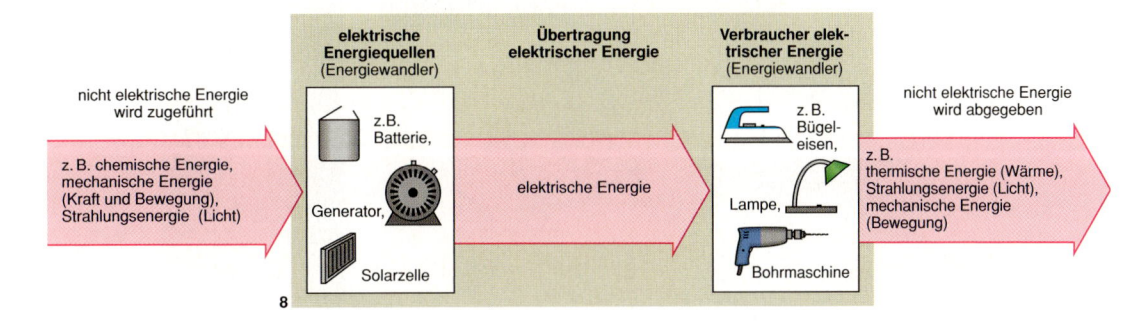

nicht elektrische Energie wird zugeführt — z. B. chemische Energie, mechanische Energie (Kraft und Bewegung), Strahlungsenergie (Licht) → elektrische Energiequellen (Energiewandler) z. B. Batterie, Generator, Solarzelle → Übertragung elektrischer Energie → Verbraucher elektrischer Energie (Energiewandler) z. B. Bügeleisen, Lampe, Bohrmaschine → nicht elektrische Energie wird abgegeben — z. B. thermische Energie (Wärme), Strahlungsenergie (Licht), mechanische Energie (Bewegung)

87

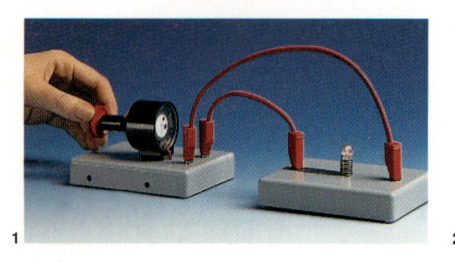

Elektrische Geräte benötigen Energie

A1 *Die Bilder 1–3 zeigen elektrische Anlagen. Nenne jeweils die elektrische Energiequelle und den Verbraucher elektrischer Energie.*

A2 *Energie wird immer nur von einer Energieform in andere umgewandelt.*
a) *Die Bilder 1–3 zeigen drei elektrische Energiequellen. Was bedeutet dabei das Wort „Quelle"?*
b) *Auch eine Glühlampe oder ein Heizgerät nennt man manchmal „Quelle". Wofür sind sie Quellen?*
c) *Warum kann man Elektrogeräte auch als „Verbraucher" bezeichnen?*

A3 *Energiequellen sind Energiewandler. Welche Energieformen werden im Dynamo, in der Solarzelle und in der Batterie umgewandelt?*

Aus der Geschichte: Von den Anfängen elektrischer Geräte

Zusatzangebot

Den Lichtschalter betätigen – und schon ist es hell. Den Stecker in die Steckdose stecken – und schon wird das Bügeleisen heiß. Den Knopf drehen – und schon beginnt die Geschirrspülmaschine zu arbeiten.

Noch vor hundert Jahren war das ganz anders. Ein Gemälde des Malers *Adolf Menzel* zeigt uns, wie damals die Wohnzimmer beleuchtet wurden (Bild 4): Auf dem Tisch steht eine Petroleumleuchte. Und das Mädchen verschafft sich mit einer Kerze die nötige Helligkeit.

Zum Bügeln setzte man z. B. Kohlebügeleisen ein (Bild 5). Sie wurden mit glühenden Holzkohlenstücken gefüllt. Etwas schlechtere Luft war somit der Preis für glatte Wäsche.

1918 waren z. B. in Berlin nur sieben von 100 Haushalten an das elektrische Stromnetz angeschlossen, 1933 waren es schon zwei Drittel aller Haushalte. Petroleumlampen und Kohlebügeleisen gehörten nun bald der Vergangenheit an. Die ersten Elektrogeräte hatten noch nicht viel Ähnlichkeit mit den heutigen: Bügeleisen wurden in einem Ständer aufgeheizt. Damit es zwischen dem Heizen und dem Bügeln keine Pausen gab, steckte man einfach ein zweites Bügeleisen in die elektrische Heizvorrichtung (Bild 6).

„Strom aus der Steckdose" war teuer und nur wenige Geräte konnten angeschlossen werden. Deshalb wurde z. B. der Tee mit der Glühlampe erwärmt (Bild 7)…

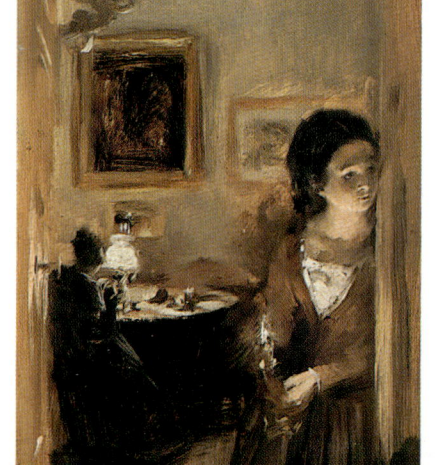

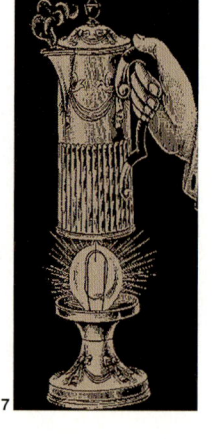

Energietransport durch Kreisläufe

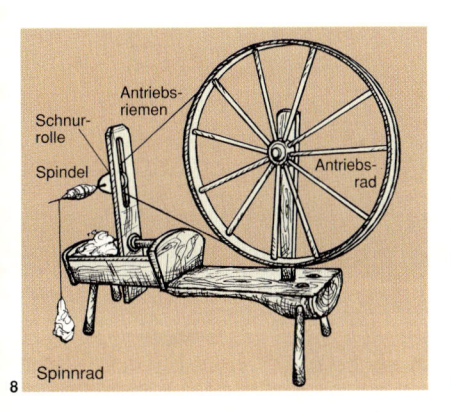

8 Spinnrad — Schnurrolle, Spindel, Antriebsriemen, Antriebsrad

9 Waldarbeiter mit Kettensäge

10 Elektrische Fernleitungen

Wie kommt die Energie vom Antriebsrad zur Schnurrolle?

Wie wird die Energie vom Motor zum Baumstamm übertragen?

Dieses Bild hat mit den beiden anderen Bildern etwas gemeinsam …

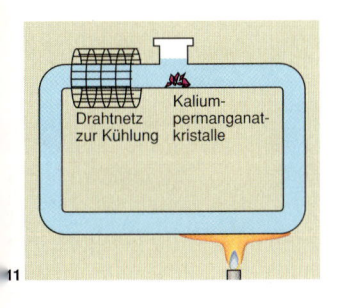

V1 *Ein mit Wasser gefülltes Rohr wird erhitzt (Bild 11). Sicher weißt du bereits, was geschieht … Wo wird die Energie zugeführt? Wo wird die Energie abgeführt? Wodurch wird die Energie übertragen?*

V2 *Ob die Energie (Bild 12) mit Hilfe eines Kreislaufs übertragen wird? (Überlege, woher die Luft kommt. Wohin geht sie? Wird sie irgendwo „angehäuft"?)*

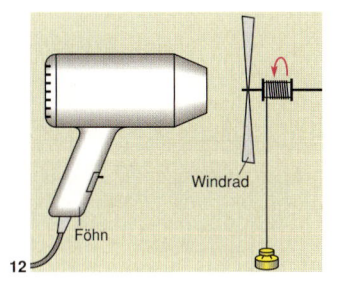

11 Drahtnetz zur Kühlung, Kaliumpermanganatkristalle

12 Föhn, Windrad

Grundlagen: Kreisläufe übertragen Energie

Wenn dein Zimmer auch im Winter warm sein soll, muss ihm ständig thermische Energie (Wärme) zugeführt werden. Sie wird vom Heizkörper abgegeben.

Wie die Energie in den Heizkörper kommt, zeigt Bild 13: Durch den Kreislauf des Heizungswassers wird die Energie vom Heizkeller in den Heizkörper deines Zimmers transportiert.

Bei der Kettensäge läuft eine Kette im Kreis; sie transportiert Energie vom Motor zum Baumstamm.

Beim Spinnrad (Bild 14) läuft ein Riemen im Kreis. Dadurch wird Energie vom Antriebsrad zur Schnurrolle transportiert.

Energie wird häufig durch einen *Kreislauf* von der Energiequelle zum Verbraucher übertragen.

Für die Energieübertragung kann z. B. Wasser, ein Riemen, eine Kette oder Luft „im Kreis laufen". Du wirst noch sehen: Auch elektrische Anlagen funktionieren nach diesem Prinzip.

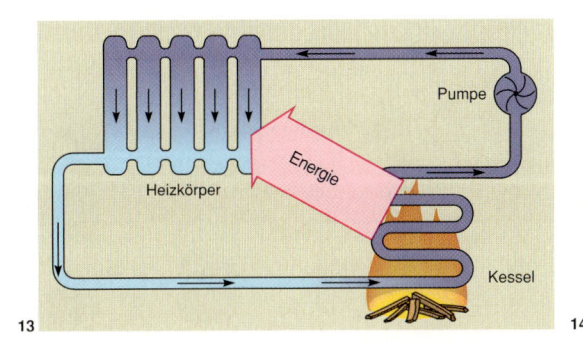

13 Heizkörper, Pumpe, Kessel, Energie

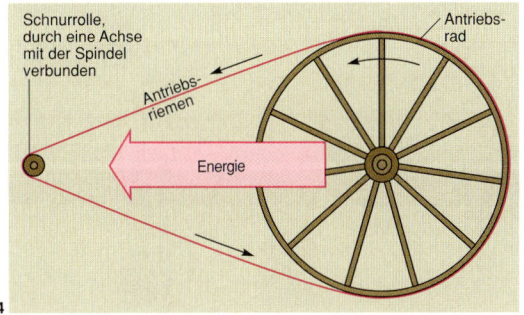

14 Schnurrolle, durch eine Achse mit der Spindel verbunden — Antriebsriemen, Antriebsrad, Energie

Elektrische Energieübertragung – Kreislauf von Ladung

Im 19. Jahrhundert versorgten Dampfmaschinen die Fabriken mit Energie. Zu den Maschinen wurde die Energie mechanisch mit Hilfe von Riemen übertragen.

Heute hat jede Maschine ihren eigenen Elektromotor. Die nötige elektrische Energie erhält er über die Anschlussleitung vom Elektrizitätswerk.

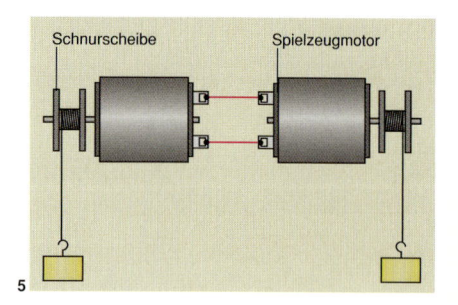

V1 Baue die mechanische Energieübertragung mit einer **Dampfmaschine** nach (Bild 3).
a) Welche Energieform ist nötig, um das Hölzchen durchzusägen?
b) Welche Energieumwandlungen finden in dieser Anlage statt?
c) Wer überträgt die Energie von der Dampfmaschine zur Säge?

V2 Heute wird Energie elektrisch übertragen. Baue die Energieübertragung vom Kraftwerk zum Verbraucher nach (Bild 4). Du benötigst einen **Dynamo** und – zum Antrieb des Dynamos – ein Kurbelgetriebe oder die Dampfmaschine.
Nenne die Energiewandler und die Energieumwandlungen. Gib an, wie die Energie übertragen wird.

V3 Auch an zwei Spielzeugmotoren kannst du die elektrische Energieübertragung beobachten (Bild 5): Ziehe mal an der Schnur des linken und mal an der des rechten Motors.

V4 Energieübertragung – mechanisch und elektrisch.
a) Mit zwei Wellrädern und einem Riemen kann man Energie mechanisch übertragen (Bild 6).
b) Die Wellräder werden durch Tischgeneratoren ersetzt (Bild 7). Vergleiche diese Art der Energieübertragung mit der von Teil a.

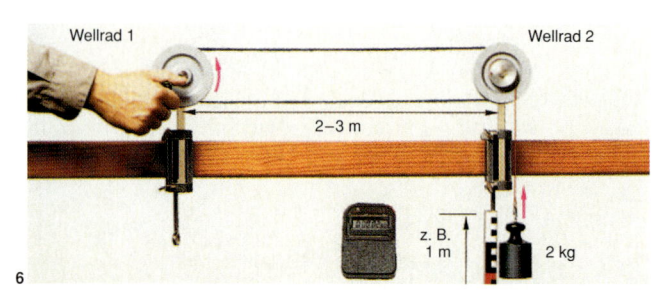

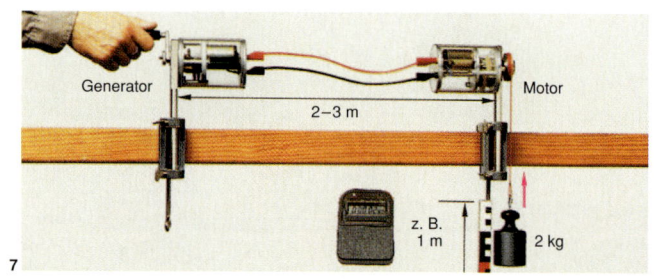

Grundlagen: Der Kreislauf elektrischer Ladung

Energie wird oft dadurch übertragen, dass sich etwas im Kreis bewegt, z. B. Wasser oder ein Riemen.

In elektrischen Leitern ist von einem Kreislauf nichts zu sehen. Nach unserer *Vorstellung* gibt es auch in Leitern eine Bewegung:

Alle Stoffe bestehen aus Atomen, deren Kern positiv geladen ist. Die Atomhülle wird von negativ geladenen Elektronen gebildet. In Metallen sind ein oder mehrere Elektronen jedes Atoms beweglich. Wenn diese Elektronen verschoben werden, führen sie ihre elektrische Ladung mit (Bild 8).

Die Elektronenbewegung kannst du dir vorstellen wie bei einer Fahrradkette: Ein Kettenglied kann nur bewegt werden, wenn man die ganze Kette bewegt. Auch das Wasser in einem Wasserkreislauf (Bild 9) kann nur als Ganzes im Kreis herumgeschoben werden.

Alle beweglichen Elektronen eines metallischen Leiters bewegen sich gleichzeitig wie die Glieder einer Fahrradkette. Elektrische Ladung bewegt sich stets an allen Stellen gleichzeitig und bildet einen Kreislauf wie Wasser in einem geschlossenen Rohrsystem (Bild 10).

Auch Flüssigkeiten und Gase können leiten. In ihnen kommen nicht nur Elektronen, sondern auch andere elektrisch geladene Teilchen vor. Außerdem sind in Flüssigkeiten und Gasen alle Teilchen beweglich. Für die Energieübertragung spielt es keine Rolle, durch welche Teilchen die Ladung transportiert wird.

Mit elektrischen Energiequellen werden Kräfte auf die elektrische Ladung ausgeübt.

Elektrische Energiequellen „schieben" die bewegliche elektrische Ladung im Kreis herum. Wenn Ladung transportiert wird, spricht man von einem elektrischen Strom.

Findet der Ladungstransport durch eine Elektronenbewegung statt, nennt man dies auch „Elektronenstrom".

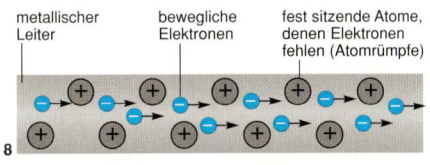

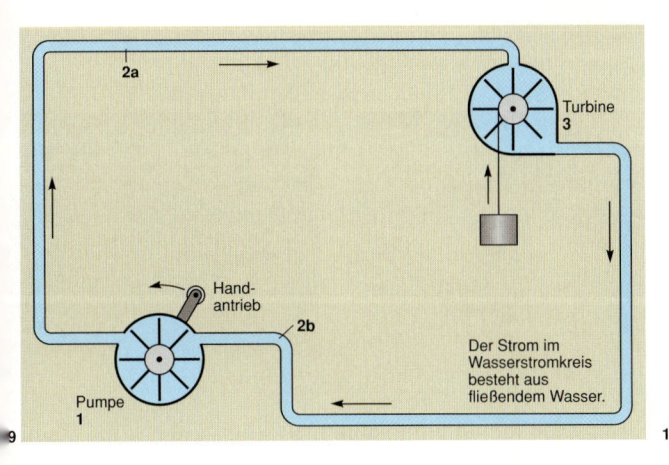

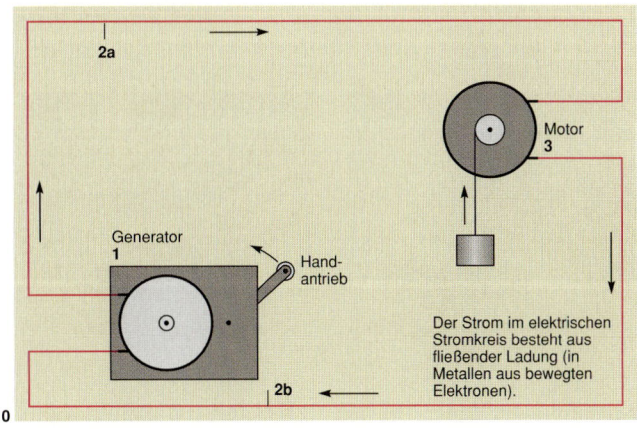

A1 Man spricht von einem elektrischen Strom„kreis".
a) Was strömt im Kreis herum?
b) Wozu dient der Kreislauf?

A2 In den Bildern 9 u. 10 wurden einige Teile mit Ziffern versehen.
a) Beschreibe, welche Aufgaben die Teile 1, 2a, 2b und 3 haben.
b) Warum kann bei 2a in Bild 9 nicht mehr Wasser pro Sekunde vorbeifließen als bei 2b?

A3 In der Anordnung nach Bild 11 leuchtet die Lampe, wenn Salz ins Wasser geschüttet wird. Worin unterscheidet sich der Ladungsstrom von dem in Metalldrähten?

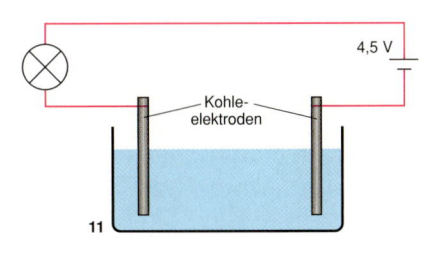

Wie man Elektronen antreiben kann

Beim Fahrraddynamo dreht sich ein kräftiger Magnet in einer Spule. 1

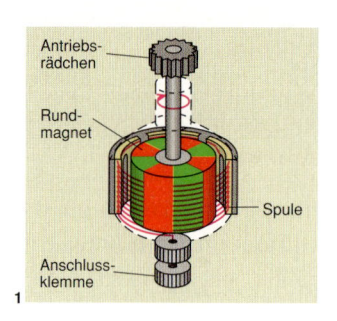

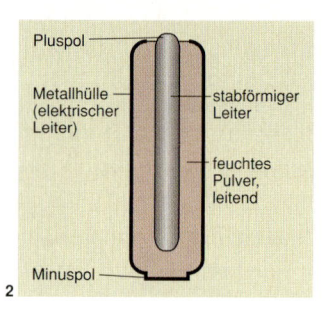

Eine Batteriezelle besteht aus zwei elektrischen Leitern mit feuchtem Pulver dazwischen. 2

Für die folgenden Versuche wird ein empfindlicher „Mikromotor" benötigt (kein gewöhnlicher Solarmotor). Überlege bei jedem Versuch, aus welcher Energieform die elektrische Energie erzeugt wird.

V1 Das Prinzip des Dynamos: Auf ein Glas- oder Kunststoffröhrchen werden 50 Windungen Kupferlackdraht gewickelt. Kratze die Drahtenden blank und verbinde sie mit dem Mikromotor (Bild 3). Stoße einen Stabmagneten möglichst schnell in die Spule und ziehe ihn ruckartig wieder heraus.

V2 Zwei Drahtstücke aus Kupfer und Konstantan werden an einem Ende zusammengeknotet. An die anderen Enden wird der Mikromotor angeschlossen. Erhitze den Knoten dieses „Thermoelements" (Bild 4).

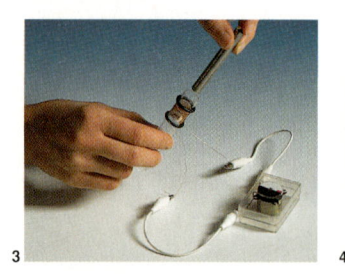

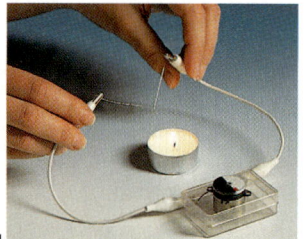

V3 Ein Blatt Wischpapier (Küchenrolle) wird mit Zitrone getränkt und zwischen ein Kupfer- und ein Zinkblech gelegt. Die Bleche dürfen sich nicht berühren. Der Motor wird an die Bleche angeschlossen (Bild 5). Presse nun die beiden Bleche und das Papier zusammen. Springt der Motor an? Was stellst du nach einiger Zeit an der Oberfläche der Bleche fest?

V4 Der Mikromotor wird an eine kleine Solarzelle angeschlossen. Beleuchte die Solarzelle mit einer Lampe (Bild 6) oder halte sie in die Sonne.

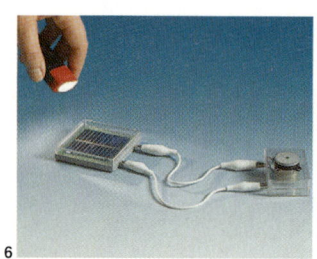

Grundlagen: Elektrische Energiequellen

Um Elektronen anzutreiben, benötigt man Energie. Elektrische Energiequellen üben auf Elektronen eine Kraft aus; sie setzen sie so in Bewegung.

Das Verfahren, das im Fahrraddynamo (Bild 1) verwirklicht ist, ist besonders wichtig: Ein Magnet wird in einer Spule bewegt. Die beweglichen Elektronen „spüren" diese Bewegung und reagieren mit einer „Ausweichbewegung".

Wenn sich ein Magnet in einer Spule bewegt, wird *mechanische Energie* (Bewegung) in *elektrische Energie* umgewandelt.

Das *Thermoelement* besteht aus zwei unterschiedlichen Metalldrähten, die zusammengeknotet sind. Die Elektronen werden im Thermoelement mit Hilfe von *thermischer Energie* (Wärme) von einem Material ins andere getrieben.

In *Batterien* wird *chemische Energie* genutzt um Elektronen anzutreiben. Dabei wandeln sich Stoffe in der Batterie um. Wenn keine Umwandlungen mehr stattfinden, ist die Batterie „leer".

In *Solarzellen* werden Elektronen mit Hilfe von *Strahlungsenergie* angetrieben.

Zusammenfassung

Transport elektrischer Energie – durch Kreisläufe

Ein Leben ohne elektrische Energie ist heute kaum noch vorstellbar. Elektrische Geräte und Maschinen sind zur Selbstverständlichkeit geworden. In Haushalt und Industrie erleichtern oder ermöglichen sie uns viele Arbeiten.

Aufgabe von elektrischen Anlagen ist es, Energie umzuwandeln und zu transportieren.

Im ersten Energiewandler, der *elektrischen Energiequelle*, wird elektrische Energie z. B. aus mechanischer Energie erzeugt.

Durch den zweiten Energiewandler, den *Verbraucher elektrischer Energie*, wird die elektrische Energie in andere Energieformen umgewandelt.

Die technisch wichtigste Energiequelle, der *Generator*, funktioniert wie ein Fahrraddynamo: In ihm wird mechanische Energie in elektrische Energie umgewandelt. Dies geschieht durch die Bewegung eines Magneten in einer Spule.

Die Übertragung elektrischer Energie kann man mit der Energieübertragung durch einen umlaufenden Riemen oder eine Kette vergleichen.

Im Stromkreis wird durch den Kreislauf der Ladung (z. B. Kreislauf der Elektronen) elektrische Energie von der Energiequelle zum Verbraucher transportiert.

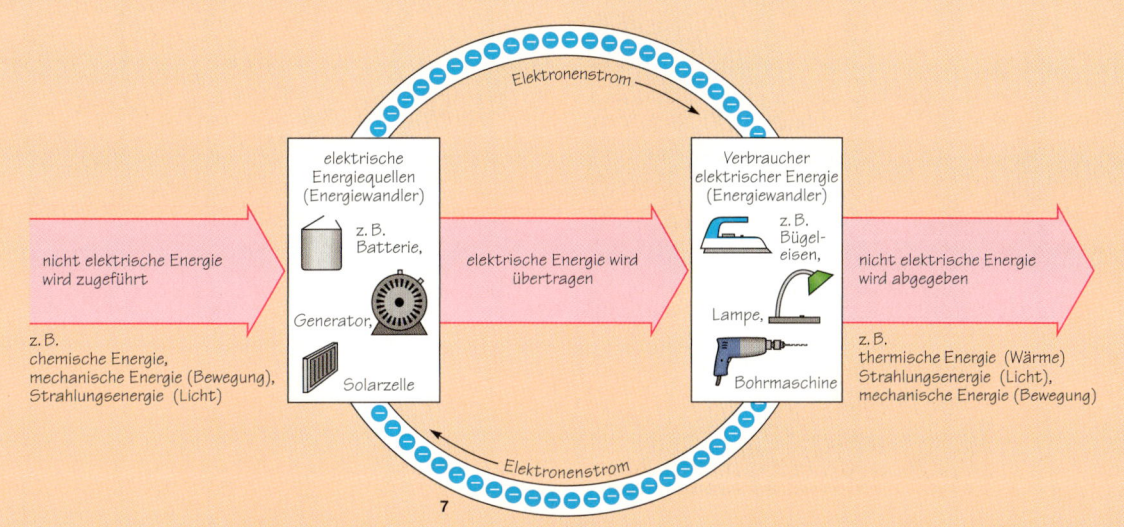

7

Alles klar?

Lösungen → Anhang

1. Nenne Elektrogeräte aus dem Haushalt. Gib jeweils an, welche Aufgaben sie erfüllen und welche Energieform sie liefern.

2. Eine elektrische Anlage kann man mit dem „Kreislauf" einer Warmwasserheizung vergleichen.
a) Welche Teile dieser Anlagen haben vergleichbare Aufgaben?
b) Auch bei einer Kettensäge wird Energie durch einen Kreislauf übertragen. Erkläre an diesem Beispiel:

① Was ist die Energiequelle?
② Wohin wird die Energie übertragen (Verbraucher)?
③ Durch welchen Vorgang wird die Energie transportiert?

3. Alle elektrischen Anlagen bestehen aus drei wichtigen Teilen. Wie heißen sie und welche Aufgaben haben sie?

4. Elektrische Geräte schließen wir im Haushalt einfach an die Steckdose an.
Woher stammt eigentlich die elektrische Energie?

5. Nenne ein wichtiges Verfahren, durch das die Elektronen angetrieben werden können.
Aus welcher Energieform wird so elektrische Energie gewonnen?

6. Eine Batterie, die wieder aufgeladen werden kann, nennt man Akkumulator. Ein „Akku" kann sowohl Energiequelle als auch Energieverbraucher sein. Erkläre.

Ströme – ihre Wirkung und ihre Messung

Verschiedene Ströme

1 Lavastrom

2 Gewimmel im Bienenstock

3 Bach

4 Rheinfall bei Schaffhausen

5 Menschenstrom beim Skilauf

6 Skiläufergruppe

Beschreibe, was jeweils „strömt".
Welches Bild stellt keinen Strom dar? Begründe.

Vorbereitende Aufträge

1. Suche nach Strömen, die in der Alltagswelt vorkommen. Wie könnte man sie messen?

2. Warum kann man bei dem Gewimmel in einem Ameisenhaufen nicht von „Strom" sprechen, wohl aber bei einer Ameisenstraße?

3. In den Bildern 3 u. 4 und in den Bildern 5 u. 6 strömt jeweils das Gleiche. Trotzdem gibt es Unterschiede. Beschreibe sie.

4. Wasserströme aus Hähnen lassen sich recht einfach vergleichen (Bild 7).

a) Öffne den Wasserhahn. Miss, wie viel Wasser innerhalb von fünf Sekunden herausströmt.

b) Berechne, wie viel Wasser in einer Sekunde aus dem Wasserhahn fließt.

Grundlagen: Wie Ströme gemessen und berechnet werden

Verschiedene Ströme

Wir sprechen immer dann von einem *Strom*, wenn sich irgendeine „Menge" in eine bestimmte Richtung bewegt.

Wenn man angeben will, wie groß z. B. ein Wasserstrom (Bild 8) ist, muss man das Wasservolumen *messen*, das in einer bestimmten Zeit durch den Hahn fließt. Dann *berechnet* man den Wasserstrom so:

$$\text{Wasserstrom} = \frac{\text{Volumen des Wassers}}{\text{Zeit}}.$$

Beispiele:
Für den Wasserstrom aus einem Wasserhahn erhält man Werte von etwa $0{,}5\,\frac{l}{s}$. Der Wasserstrom am Rheinfall in Schaffhausen kann z. B. $500\,000\,\frac{l}{s}$ betragen.

Bei einem Menschenstrom (Bilder 5 u. 6) muss man die Menschen zählen, die in einer bestimmten Zeit an einer bestimmten Stelle vorbeikommen:

$$\text{Menschenstrom} = \frac{\text{Anzahl der Menschen}}{\text{Zeit}}.$$

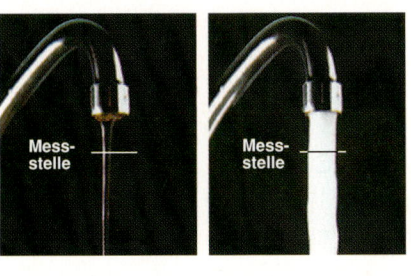

Ladungsströme

Um den elektrischen Strom zu messen, müsste man nach dem gleichen Prinzip wie bei den anderen Strömen vorgehen:

$$\text{Elektronenstrom} = \frac{\text{Anzahl der Elektronen}}{\text{Zeit}}.$$

Die Elektronenzahl wäre allerdings unvorstellbar groß. 1 mm³ Kupfer enthält Trillionen Elektronen. (Eine Trillion ist eine Zahl mit 18 Nullen!) Statt die Elektronen zu zählen, bestimmt man die Ladung, die von ihnen in jeder Sekunde transportiert wird.

Um anzugeben, wie groß ein elektrischer Strom ist, misst man die Ladung, die in einer bestimmten Zeit an einer bestimmten Stelle vorbeifließt:

$$\text{Ladungsstrom} = \frac{\text{Ladung}}{\text{Zeit}}.$$

Mit Messgeräten wird der elektrische Strom über eine *Wirkung* gemessen, die hervorgerufen wird, wenn Ladung durch einen Leiter strömt. Auf den folgenden Seiten wirst du diese Wirkung kennen lernen.

A1 Aus einer Quelle strömen in 12 Sekunden 600 Liter Wasser. Aus einer zweiten Quelle strömen 720 Liter in 15 Sekunden.
Bei welcher Quelle ist der Wasserstrom größer?

A2 Die Schülerinnen und Schüler in Bild 9 bewegen sich in einem Stromkreis. Wie lässt sich ein größerer oder ein kleinerer Menschenstrom darstellen?

A3 In jedem Kubikzentimeter eines Metalls befinden sich gleich viele Elektronen. Ihre Anzahl ist unveränderlich.
Die Kupferdrähte in den Bildern 10 u. 11 sind gleich dick. Die Elektronenströme in den Drähten sind aber unterschiedlich. Erkäre das anhand der Bilder.

A4 In Bild 12 haben die Elektronen die gleiche Geschwindigkeit, die Ströme sind aber verschieden groß. Erläutere.

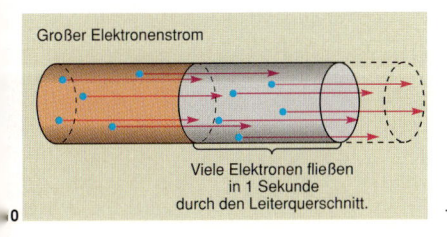

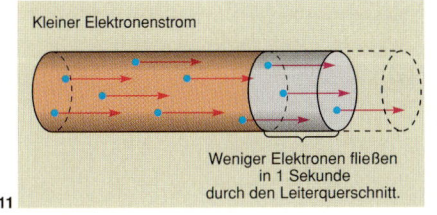

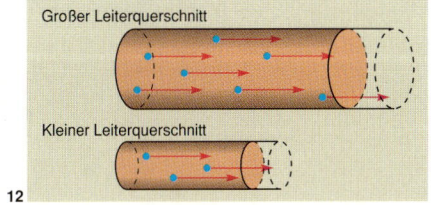

Messbare Wirkungen

Die magnetische Wirkung wird entdeckt

Im Jahr 1820 beobachtete der dänische Physiker *Hans Christian Oersted* (1777–1851) Folgendes:

Eine Kompassnadel, die sich in der Nähe eines elektrischen Leiters befand, wurde aus der Nord-Süd-Richtung abgelenkt – immer dann, wenn der elektrische Stromkreis geschlossen war (Bild 1).

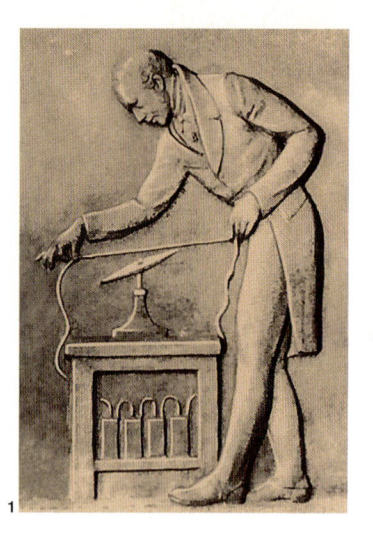

Faradays Strommesser

Die Kraft, die ein elektrischer Strom auf eine Magnetnadel ausübt, ist umso größer, je größer der Strom ist. Das wurde bald zur Strommessung genutzt.

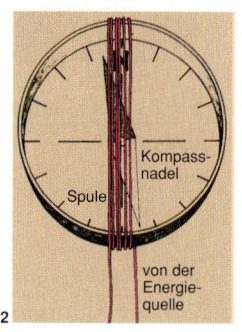

Bild 2 zeigt einen Strommesser von *Michael Faraday* (1791–1869). Er hatte einen Draht um einen Kompass gewickelt, sodass eine Spule entstand. Die *magnetische Wirkung* verstärkte sich dadurch.

Nach dem gleichen Prinzip funktionieren unsere heutigen *Drehspulinstrumente*.

○ Worauf beruht der faradaysche Strommesser?
○ Drähte, durch die ein Ladungsstrom fließt, werden erwärmt. Wie könnte man das zur Strommessung nutzen?

V1 Oersteds Versuch kannst du leicht nachbauen: Stelle eine Kompassnadel dicht unter einen Leiter. Drehe den Leiter dann so, dass er in gleicher Richtung wie die Magnetnadel verläuft (Bild 3).
a) Schalte das Netzgerät (6 V) ein. Was beobachtest du an der Magnetnadel?
b) Pole die Energiequelle um und wiederhole den Versuch. Was stellst du fest?
c) Der Leiter wird in einer Schleife ein zweites (dann ein drittes) Mal über die Magnetnadel geführt. Dadurch verdoppelt (bzw. verdreifacht) sich der elektrische Strom über der Magnetnadel. Was ist die Folge?
d) Wickle den Draht auf einen Pappkern zu einer Spule auf (Bild 4). Schließe ihn an die Energiequelle an. Welche Wirkung hat diese Spule auf die Magnetnadel? Pole auch die Energiequelle um.

V2 Elektrische Ströme können die Drähte auch erwärmen.
Spanne ein Stückchen Konstantandraht (15 cm lang und 0,2 mm dick) in den Stromkreis ein. Hänge dann ein kleines Wägestück an den Draht (Bild 5).
a) Was geschieht mit dem Draht, wenn der elektrische Strom größer wird?
b) Wie könnte man aufgrund der Wärmewirkung elektrische Ströme vergleichen (messen)?

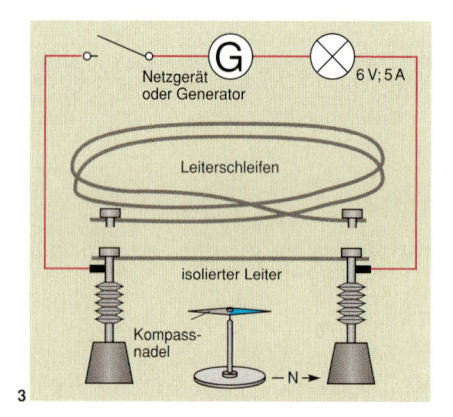

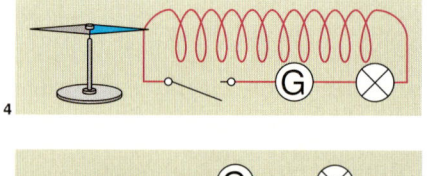

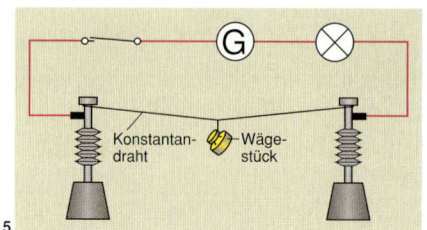

Ströme – ihre Wirkung und ihre Messung

Aus der Geschichte: Der menschliche Körper als „Strommesser"

Zusatzangebot

Alessandro Volta (1745–1827) hatte im Jahr 1801 ein Problem: Er wollte eine von ihm entwickelte Batterie (die *Voltasäule*) vorführen. Doch elektrische Instrumente zur Messung des elektrischen Stroms gab es noch nicht.

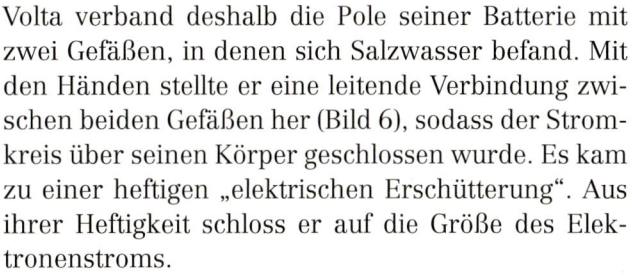

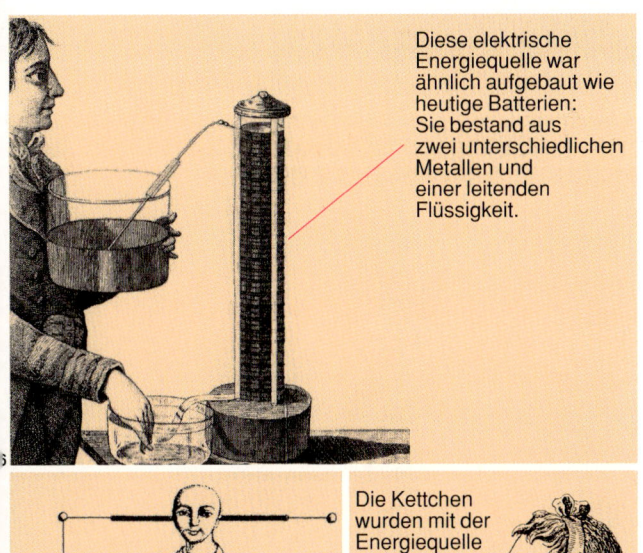

Volta verband deshalb die Pole seiner Batterie mit zwei Gefäßen, in denen sich Salzwasser befand. Mit den Händen stellte er eine leitende Verbindung zwischen beiden Gefäßen her (Bild 6), sodass der Stromkreis über seinen Körper geschlossen wurde. Es kam zu einer heftigen „elektrischen Erschütterung". Aus ihrer Heftigkeit schloss er auf die Größe des Elektronenstroms.

Volta hatte schon mehrere solcher gefährlichen Experimente unternommen. Sogar mit seinem Gehör versuchte er Ströme zu messen (wie in Bild 7). Dazu steckte er sich in jedes Ohr einen Metallstab, den er mit der Energiequelle verband. Er schrieb:

„*Im Augenblick der Verbindung empfand ich eine Erschütterung im Kopf und hörte ich einen Ton oder richtiger ein Geräusch ... Das unangenehme Gefühl hielt ich für gefährlich ... Deshalb wiederholte ich diesen Versuch nicht mehr.*"

Es gab damals Mediziner, die mit der „elektrischen Erschütterung" sogar körperliche Leiden (z. B. Zahnschmerzen) beseitigen wollten (Bild 8). Gesünder geworden ist davon jedoch sicher niemand.

Ihre elektrischen Experimente am eigenen Körper bezahlten manche Forscher mit dem Leben. *Du darfst sie deshalb auf keinen Fall wiederholen.*

Diese elektrische Energiequelle war ähnlich aufgebaut wie heutige Batterien: Sie bestand aus zwei unterschiedlichen Metallen und einer leitenden Flüssigkeit.

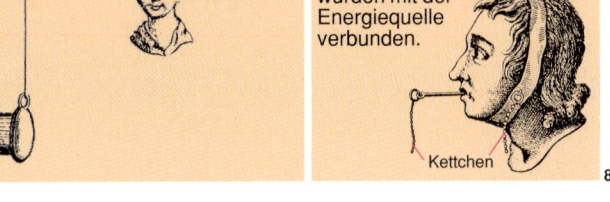

Die Kettchen wurden mit der Energiequelle verbunden.

Kettchen

Aus der Technik: Von der magnetischen Wirkung zum Drehspulinstrument

Eine Spule aus Kupferdraht wird zu einem Magneten, sobald ein Elektronenstrom fließt. Die magnetischen Wirkungen der einzelnen Windungen ergeben zusammen die Wirkung der Spule. Sie entspricht der eines Stabmagneten. Hängt man die Spule in einen Hufeisenmagneten (Bild 9, ①), so dreht sie sich, wenn der Stromkreis geschlossen wird.

Bei einem **Drehspulinstrument** (Strommesser) ist die Spule mit einem Zeiger, einer Skala und Spiralfedern versehen (Bild 9, ②). Die Federn wirken der Drehung der Spule entgegen:

Je größer der elektrische Strom ist, desto weiter dreht sich die Spule gegen die Federkräfte. Drehspulinstrumente sind sehr empfindlich. Man kann mit ihnen auch ganz kleine Elektronenströme messen.

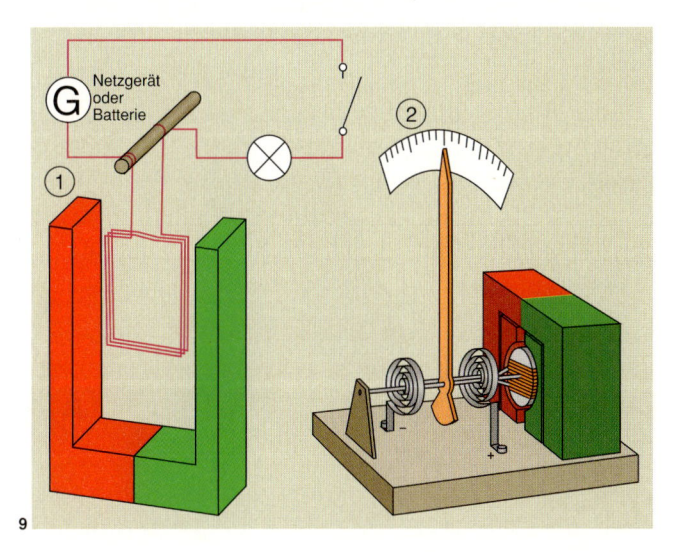

Wir messen elektrische Ströme

Scheinwerfer leuchten heller als Rücklichter (Bild 1), obwohl sie jeweils an denselben Dynamo angeschlossen sind. Das bedeutet: Der Scheinwerfer gibt mehr Energie als das Rücklicht ab.

Ob auch der *Elektronen*strom im Scheinwerfer größer ist?

Grundlagen: Die elektrische Stromstärke

Um elektrische Ströme zu messen, werden oft *Vielfachmessgeräte* eingesetzt, mit Digitalanzeige (Bild 2) oder mit Analoganzeige (Bild 3).

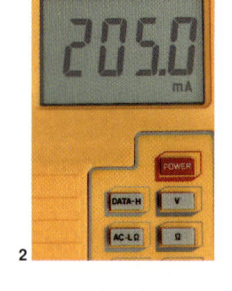

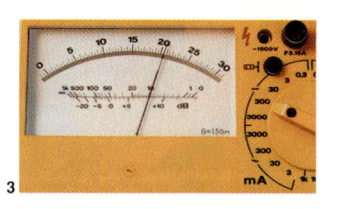

Der elektrische Strom wird in der Einheit 1 Ampere (1 A) gemessen. Sie ist nach dem französischen Physiker *André Marie Ampère* (1775–1836) benannt. Kleinere Ströme gibt man in **Milliampere** (mA) an.

1 A = 1000 mA; 1 mA = 0,001 A.

Schaltzeichen für Strommesser: ─(A)─

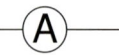

Je nachdem ob die „Amperezahl" groß oder klein ist, spricht man von großer oder kleiner *Stromstärke*.

Die Stromstärke I ist das Maß für die Ladungsmenge Q, die in jeder Sekunde durch das Messgerät strömt: $I = \frac{Q}{t}$.

Das Wort Strom*stärke* ist missverständlich. Ein großer Strom hat nicht immer „stärkere" Wirkungen als ein kleiner. Das gilt nur für die Kraft auf eine Magnetnadel. Bei Stromstärke solltest du nicht an Kraft denken, sondern an „Elektronenzahl pro Sekunde".

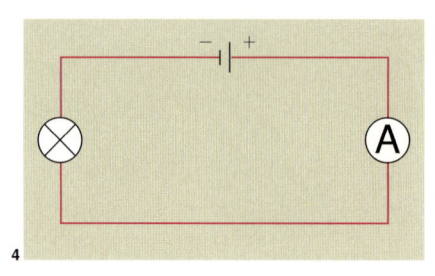

Bedienungsanleitung für den Strommesser

1. Schalte dein Messgerät auf *Strom*messung (A– bzw. A=). Stelle den größten Messbereich (die größte „Amperezahl") ein.

2. Alle Elektronen sollen durch das Messgerät fließen. Unterbrich daher den Stromkreis an einer Stelle und baue den Strommesser wie in Bild 4 ein. Achte auf die Polung: Der Plusanschluss des Geräts muss Verbindung zum Pluspol der Quelle haben, der Minusanschluss zum Minuspol.
Der Plusanschluss ist eventuell mit A bezeichnet, der Minusanschluss mit COM (engl. *common:* gemeinsam).
Im Stromkreis muss sich immer eine Lampe oder ein anderer Verbraucher befinden!

3. Ist der Zeigerausschlag zu klein? Dann schalte auf den nächstkleineren Messbereich um.

4. Bei Messgeräten mit Analoganzeige musst du die Skaleneinteilung beachten. Die Amperezahl des eingestellten Messbereichs ist bei Vollausschlag erreicht. (Das Messgerät in Bild 3 zeigt „205 mA" an.)

A1 Warum muss man einen Stromkreis unterbrechen, wenn man – wie in Bild 5 – einen Strommesser anschließen will? Warum darf man ihn nicht einfach mit den Polen der Energiequelle verbinden?

A2 „Größerer Ausschlag – größerer Strom." Diese Aussage stimmt beim Strommesser nicht unbedingt. Worauf musst du achten, wenn du einen Strommesser abliest?

A3 Welche Stromstärken werden in den Bildern 5–8 angezeigt?

A4 Rechne die folgenden Angaben in mA um: 1,2 A; 0,85 A; 0,04 A; 0,001 A.

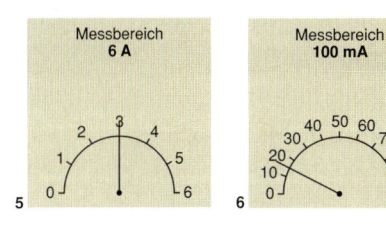

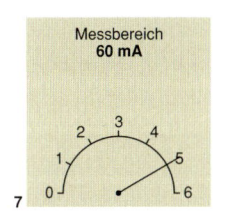

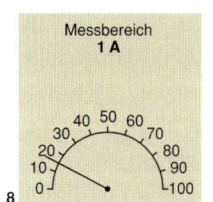

Für die folgenden Versuche ist der **Tischgenerator** (Bild 9) als Energiequelle geeignet. Während der Messungen muss die Kurbel stets gleich schnell gedreht werden. Man kann auch ein **Netzgerät** (Bild 10) benutzen. Man *spürt* dann aber nicht, was sich an der Energiequelle ändert, wenn der elektrische Strom größer oder kleiner wird.

Bei Lampen und anderen Verbrauchern ist eine „Voltzahl" angegeben. Die Einstellung der Voltzahl am Netzgerät darf nicht größer sein!

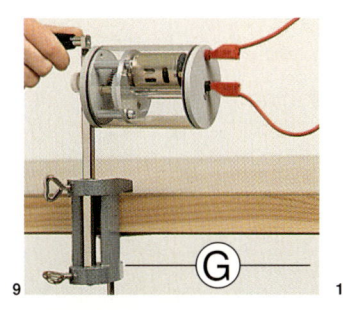

V1 Beim Fahrrad sind Scheinwerfer und Rücklicht an dieselbe Energiequelle (den Dynamo) angeschlossen. Die Rücklichtlampe leuchtet aber nicht so hell wie die Scheinwerferlampe … Miss die Stromstärke in beiden Lampen, während sie normal leuchten.

V2 Du benötigst Lampen, die alle für die gleiche Energiequelle vorgesehen sind. Geeignet sind z. B. die Lampen von Bild 11 oder Lampen für die Fahrradbeleuchtung.

a) Lies bei einer Lampe am Sockel ab, wie groß die Stromstärke sein muss. Drehe den Generator so schnell, dass die Stromstärke genau den angegebenen Wert hat. (Oder stelle das Netzgerät entsprechend ein.)

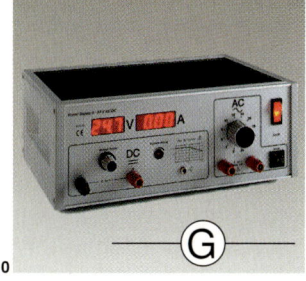

b) Ändere nun nichts mehr an der Energiequelle. (Beim Einsatz des Tischgenerators immer gleich schnell drehen!)
Miss die Stromstärke auch bei Verwendung der anderen Lampen.
Vergleiche die Ergebnisse mit den Stromstärken, die auf dem Lampensockel angegeben sind.

c) Schließe einmal eine Lampe für hohe Stromstärke und einmal eine für geringe Stromstärke an den Generator an. Was fällt dir beim Drehen der Generatorkurbel auf?

V3 Baue den Strommesser einmal vor oder einmal hinter die Lampe in den Stromkreis ein (Bild 12). Was vermutest du hinsichtlich der Stromstärke?
Miss an beiden Stellen die Stromstärke und versuche die Messergebnisse zu erklären.

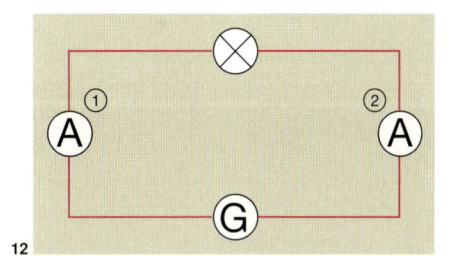

Grundlagen: Gleichstrom und Wechselstrom

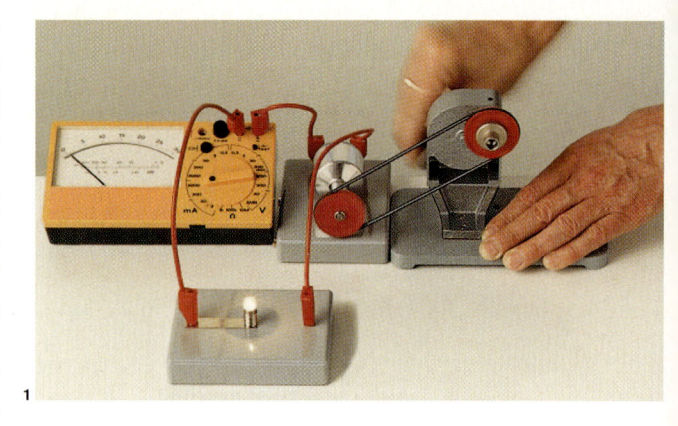

Stell dir vor, du willst in einem Stromkreis mit Dynamo und Glühlampe wie in Bild 1 die Stromstärke messen – du würdest eine merkwürdige Beobachtung machen: Die Lampe leuchtet – aber das Messgerät zeigt die Stromstärke „null" an!

Den Grund dafür zeigt dir ein *Versuch*: Wenn du das Rädchen am Fahrraddynamo ganz langsam drehst, schlägt der Zeiger des Messgeräts mal zur einen und mal zur anderen Seite aus (bei kleinem Messbereich des Strommessers).

Wenn du das Rad schneller drehst, wackelt der Zeiger um den Nullpunkt hin und her. Bei sehr schnellem Drehen ist das aber kaum noch zu erkennen.

Der Fahrraddynamo ruft einen Wechselstrom hervor. Bei Wechselstrom werden die Elektronen mal in die eine und mal in die andere Richtung geschoben. Bei Gleichstrom fließen die Elektronen dagegen immer in die gleiche Richtung.

Du kannst dir einen Wechselstrom auch im Wasserstromkreis vorstellen (Bild 2).

Für eine Glühlampe ist es unwichtig, ob sie an Gleichstrom oder Wechselstrom angeschlossen ist. Wärme und Licht entstehen unabhängig von der Richtung, in der sich die Elektronen durch den Draht bewegen.

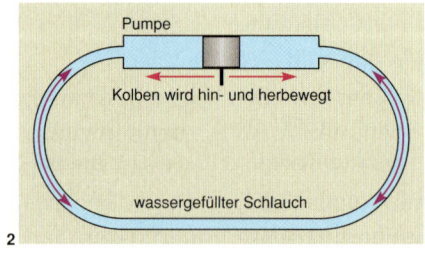

Um auch Wechselströme messen zu können, wurde der Strommesser mit einer elektronischen Einrichtung versehen. Diese sorgt dafür, dass die Elektronen immer in gleicher Richtung durch die Spule des Geräts fließen.

Wenn man Wechselströme messen will, muss man am Strommesser den Bereich „A~" oder „AC" einstellen (engl. alternating current).

A1 *Ein Strommesser kann keine Elektronen zählen. Bei der Strommessung nutzt man vielmehr die Wirkungen des elektrischen Stroms – sie verändern sich ja mit der Stromstärke.*
Bild 3 zeigt ein Hitzdrahtmessgerät.
Wie funktioniert dieses Gerät?

A2 *In der Schaltung nach Bild 4 soll die Stromstärke nacheinander an den drei eingezeichneten Stellen gemessen werden.*
Werden die Messgeräte gleiche oder unterschiedliche Stromstärken anzeigen?
Gib eine Begründung für deine Antwort.

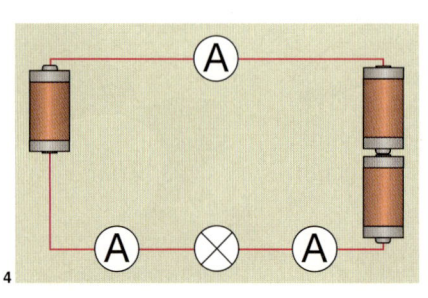

A3 *Andreas will seinen Spielzeugmotor mit einem Dynamo antreiben (Bild 5).*
Der Motor ist in Ordnung, der Dynamo ebenfalls. Trotzdem läuft der Spielzeugmotor nicht. Er wackelt nur etwas hin und her.
Woran hat Andreas wohl nicht gedacht?

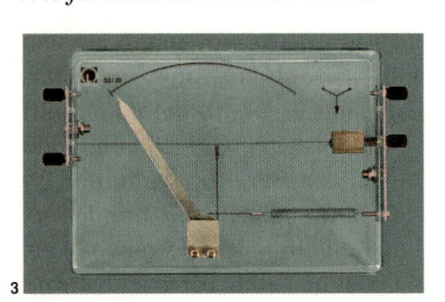

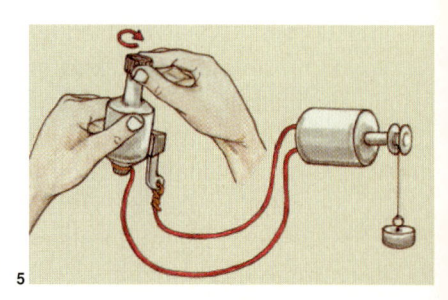

Zusammenfassung

Wie man Ströme beschreibt und berechnet

Von einem *Strom* können wir immer dann sprechen, wenn sich eine „Menge" in eine Richtung bewegt.

So sind z. B. die Ameisen eines Ameisenhaufens zwar in Bewegung – das Gewimmel stellt aber keinen Strom dar. Wenn sie sich aber in einer „Ameisenstraße" bewegen, bilden sie einen Ameisen*strom*.

In den metallischen Leitern eines Stromkreises bewegen sich Elektronen im Kreislauf (Bild 6).

Der Ladungsstrom ist umso größer, je mehr Ladung an einer Stelle des Stromkreises in einer Sekunde vorbeifließt.

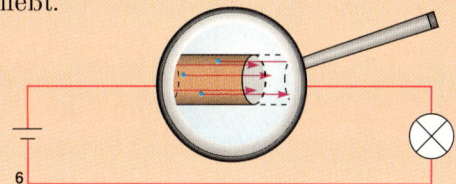

Messung aufgrund von Wirkungen

Elektrische Ströme kann man aufgrund ihrer Wirkungen miteinander vergleichen – z. B. mit Hilfe der *magnetischen Wirkung*.

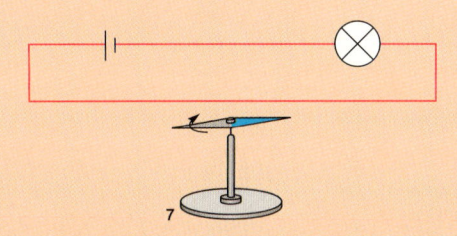

Wenn ein elektrischer Strom durch einen Leiter fließt, wird eine Magnetnadel ausgelenkt (Bild 7). Die magnetische Wirkung wird noch verstärkt, wenn der Leiter zu einer Spule aufgewickelt ist.

Je größer ein elektrischer Strom ist, desto weiter wird z. B. beim *Drehspulinstrument* eine Spule aus ihrer Ruhelage gedreht.

Wie groß der elektrische Strom ist, gibt man durch die *Stromstärke* an.

Die Stromstärke I ist das Maß für die Ladungsmenge Q, die in einer Sekunde durch das Messgerät strömt:

$$\text{Stromstärke} = \frac{\text{Ladungsmenge}}{\text{Zeit}}; \quad I = \frac{Q}{t}.$$

Sie wird in der Einheit 1 Ampere (1 A) gemessen.

Zur Strommessung müssen die Elektronen durch das Messgerät hindurchfließen. Der Strommesser wird daher in den Stromkreis geschaltet (Reihenschaltung, Bild 8).

Die Stromstärke ist überall im Stromkreis gleich.

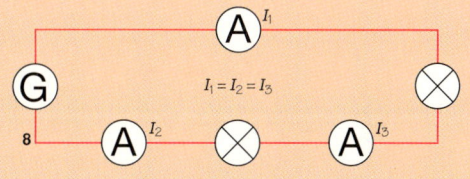

$I_1 = I_2 = I_3$

Alles klar?

Lösungen → Anhang

1. *Was müsstest du tun um festzustellen, welcher der beiden Autoströme von Bild 9 größer ist? Wie kann man Ströme (nicht nur Autoströme) berechnen?*

2. *Lies den Strommesser in Bild 10 ab (Messbereich 3 mA).*

3. *Was ist an der Schaltung von Bild 11 falsch, wenn man so die Stromstärke messen will? Zeichne die Schaltskizze richtig.*

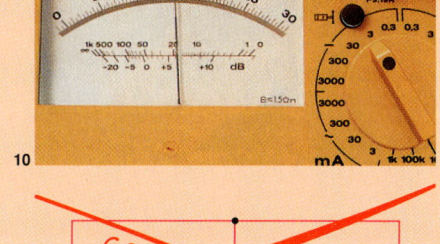

So nicht!

Energiestrom – Ladungsstrom

Was strömt hier eigentlich?

Der Begriff „Strom" kommt in Zeitungen recht häufig vor,
aber fast nie im Sinne von „Ladungsstrom".

Strom und Wärme aus Altholz
Seit Wochen läuft die deutschlandweit größte Anlage zur energetischen Nutzung von Altholz. 120 000 t Altholz können jährlich im Heizkraftwerk Afferde in Strom und Wärme umgewandelt werden.

Je kälter, desto mehr Strom
Im Kühlschrank reicht normalerweise eine Temperatur von sieben Grad aus. Wird der Thermostat auf fünf Grad gestellt, verbraucht der Kühlschrank gleich 15 Prozent mehr Strom.

Gut geplant und schon gespart
Energieeinsparung beginnt bei der Planung. Um z. B. einen Büroraum zu beleuchten, würde der Strombedarf für Glühlampen ca. 30 Watt pro m² betragen. Werden Leuchtstofflampen verwendet, verringert sich dieser ...

Was ist bei diesen Beispielen mit den Begriffen „Strom", „Strombedarf" und „Stromverbrauch" gemeint?

Suche weitere Zitate, in denen von „Strom" die Rede ist, aber nicht der „Ladungsstrom" gemeint ist.

Stromverbrauch schwankt nur noch wenig
Die Anforderungen der Verbraucher an die Kraftwerke bleiben zwischen 8 und 18 Uhr fast auf Höchstlastniveau. Auch abends geht der Stromverbrauch nur wenig zurück.

Vorbereitende Aufträge

1. Auf jedem Elektrogerät ist eine „Wattzahl" angegeben (Bild 1). Sie ist ein Maß für die elektrische Energie, die pro Sekunde in das Gerät hineinfließt.
Lies die Wattzahl an einigen Elektrogeräten eures Haushalts ab.

1 *Elektrogerätebau GmbH · Typ: HL 100 T · Nr. B-135693 · 230 V~ 50 Hz · Nur für Wechselstrom! · Motor 300 W*

2. Vergleiche in einem verdunkelten Zimmer die Helligkeiten normaler Glühlampen. Die Lampen sollen den Aufdruck „230 V; 25 W" bzw. „230 V; 100 W" tragen.
Wie wirkt sich die größere Wattzahl aus?

V1 In eine Handmühle und in eine elektrische Kaffeemühle füllen wir gleich viele Kaffeebohnen.
Für die elektrische Mühle zeigt ein Messgerät die „Wattzahl" (Bild 2). Je größer sie ist, desto mehr Energie fließt pro Sekunde in das Gerät.
a) Vergleiche, wie lange das Mahlen jeweils dauert.
b) Beide Male ist etwa gleich viel Energie nötig. Wie viel Watt leistet die Person mit der Handmühle?

V2 0,5 l Wasser werden mit einem 1000-Watt-Tauchsieder zum Sieden gebracht. Wievielmal so lange dauert es wohl mit einem 300-Watt-Tauchsieder? Überprüfe.

V3 (Lehrerversuch) Die Stromstärke in einer 25-Watt-Lampe beträgt ca. 0,1 A. Welche Stromstärke wird man bei einer 75-Watt-Lampe (100-Watt-Lampe) messen?

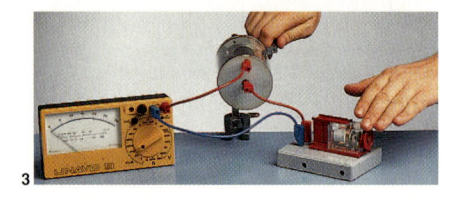

V4 Schließe an den Tischgenerator oder eine Flachbatterie nacheinander zwei Lampen (z. B. „4 V; 1 A" und „4 V; 40 mA") und einen Strommesser an. Bringe die Lampen jeweils eine Minute lang zum Leuchten.
Was fällt dir beim Kurbeln auf?
In welchem Fall wurde in der einen Minute mehr Energie umgewandelt?

V5 Ein Elektromotor wird an der Welle belastet (Bild 3). Was spürst du an der Kurbel des Generators?

Grundlagen: Energiestrom und Ladungsstrom

Um die gleiche Menge Wasser zum Sieden zu bringen, benötigt ein 300-Watt-Tauchsieder mehr als dreimal so viel Zeit wie ein 1000-Watt-Tauchsieder (Bild 4). In jeder Sekunde wird weniger als ein Drittel der Energie übertragen. Der *Energiestrom* ist also viel kleiner.

Der Energiestrom gibt an, wie viel Energie pro Sekunde übertragen wird.

$$\text{Energiestrom} = \frac{\text{Energie}}{\text{Zeit}}, \quad P = \frac{W}{t}.$$

Der Energiestrom wird in Watt (1 W) gemessen.
Große Energieströme gibt man in Kilowatt oder Megawatt an: 1 kW = 1000 W; 1 MW = 1 000 000 W.

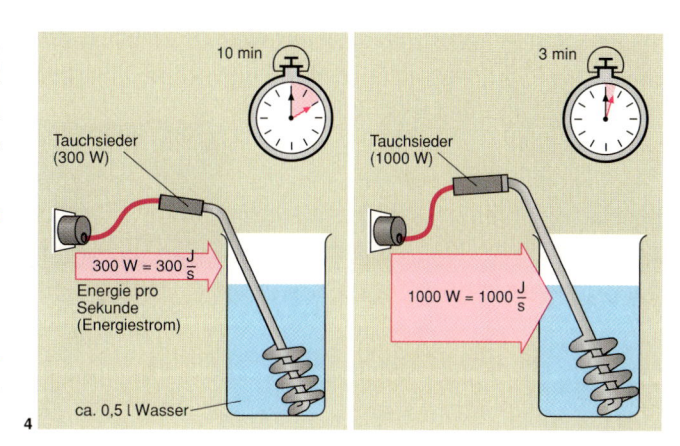

Großer Ladungsstrom – großer Energiestrom

Wenn Elektronen im Kreis fließen, wird Energie von der Quelle zum Verbraucher übertragen.

Schließt man verschiedene Geräte *an ein und dieselbe Energiequelle* an (Bilder 5–7), so stellt man fest:

Dreifache „Wattzahl" → dreifache „Amperezahl"; vierfache „Wattzahl" → vierfache „Amperezahl".

Je größer die Stromstärke ist, desto größer ist der Energiestrom (bei gleicher Energiequelle).

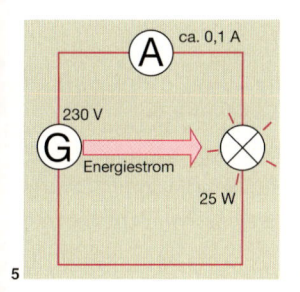

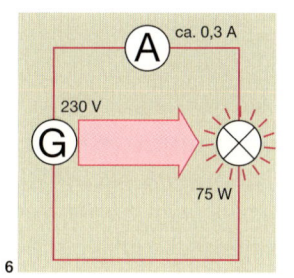

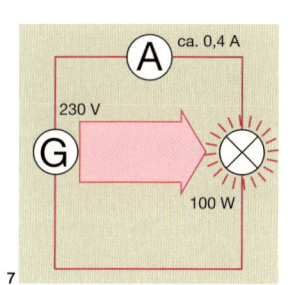

A1 „Die Schreibtischlampe benötigt einen Strom von 100 Watt." Welcher Strom ist hier gemeint?

A2 Warum ist auf den Typenschildern von Elektrogeräten immer die „Wattzahl", selten jedoch die „Amperezahl" angegeben?

Grundlagen: Leistung und Energiestrom

Die Einheit 1 Watt oder 1 Kilowatt ist dir im Alltag sicherlich schon begegnet:
○ Ein Automotor hat eine Leistung von z. B. 75 kW.
○ Ein Radfahrer leistet 100 Watt (auf ebener Straße).
○ Die Musikanlage hat eine Leistung von 60 W.
○ Auf dem Typenschild eines Wasserkochers steht, dass die Leistung 1000 Watt beträgt.

Die Leistung P (von engl. *power*) gibt an, wie viel Energie in jeder Sekunde umgewandelt wird. Damit z. B. der Wasserkocher die volle Leistung von $1000\,\text{W} = 1000\,\frac{\text{J}}{\text{s}}$ erbringt, muss auch entsprechend viel Energie pro Sekunde zufließen. Der Energiestrom beträgt dann auch 1000 Watt.

Die in jeder Sekunde umgewandelte Energie muss auch zugeführt werden. Daher ist die Leistung so groß wie der Energiestrom. Leistung und Energiestrom werden in Watt gemessen.

Energieströme für elektrische Energiewandler		Mechanische Leistungen unseres Körpers	
Fahrradlampe (6 V)	2,4 W	Spazierengehen	30 bis 40 W
Fernlicht am Auto (12 V)	60 W	Treppensteigen	75 bis 120 W
Fernsehgerät (230 V)	250 W	Dauerlauf	150 W
Bügeleisen (230 V)	1 kW	Fußballspielen	220 W
Elektroherd (400 V)	6 kW	Schwimmen, Skilanglauf	250 W

Energieversorgung im Haushalt – die Parallelschaltung

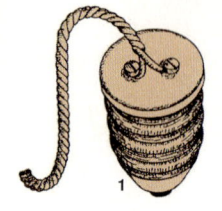

Noch vor 80 Jahren gab es in einer Küche höchstens *einen* Elektroanschluss. Das war aber in der Regel keine Steckdose, sondern die *Fassung* für eine Glühlampe. Jedes Elektrogerät war dementsprechend mit einem *Gewinde* versehen (Bild 1). Wenn man bügeln wollte, musste man erst die Glühlampe herausschrauben und dafür den Bügeleisen-„Stecker" in die Fassung hineinschrauben.

Heutzutage lassen sich in jedem Raum *mehrere elektrische Geräte gleichzeitig* anschließen (Bild 2) …

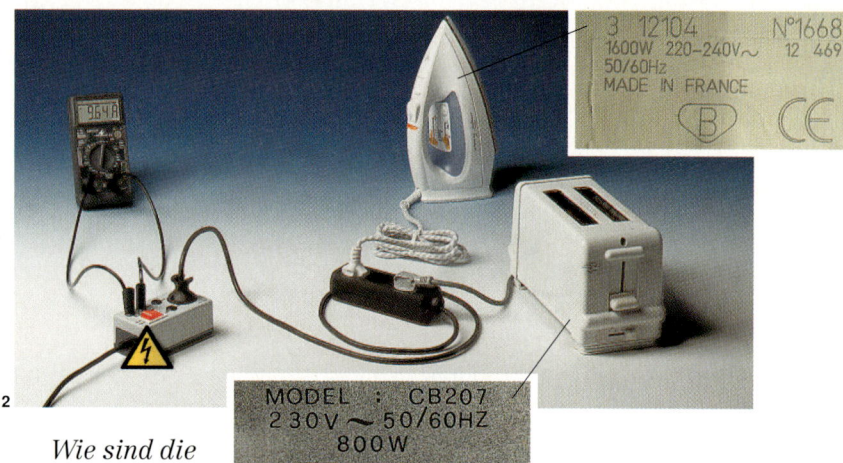

Wie sind die Elektrogeräte geschaltet, damit sie unabhängig voneinander funktionieren?

V1 *Zwei Lampen sollen so an ein Netzgerät angeschlossen werden, dass sie hell leuchten und unabhängig voneinander funktionieren. Fertige eine Schaltskizze an und baue die Schaltung auf.*

V2 *Bild 3 zeigt den Versuchsaufbau.*
a) *Schließe an den Tischgenerator (das Netzgerät) nacheinander ein, zwei, drei gleiche Glühlampen an. Miss jeweils die Stromstärke bei den einzelnen Lampen (1) und in der Zuleitung für alle Lampen (2).*
b) *Wenn du den Versuch mit dem Tischgenerator durchführst, musst du immer gleich schnell drehen. Was fällt dir beim Drehen der Generatorkurbel auf?*

V3 *(Lehrerversuch) In die Leitung einer Mehrfachsteckdose wird ein Strommesser geschaltet (Bild 2). Nacheinander werden unterschiedliche Elektrogeräte einzeln an die Steckdose angeschlossen.*
a) *Notiere die jeweilige Stromstärke.*
b) *Jetzt werden alle Elektrogeräte gleichzeitig angeschlossen. Vergleiche die Gesamtstromstärke mit den einzelnen Stromstärken.*
Wie sind die einzelnen Dosen der Mehrfachsteckdose geschaltet?

V4 *Oft befinden sich Sicherungen im Stromkreis. Wiederhole V 2. In die Zuleitung spannst du wie in Bild 4 ein Stück sehr feinen Kupferdraht (eine Faser aus einer Litze) oder feinen Stahldraht (aus einem Stahlwolleballen).*
Schließe nacheinander weitere Lampen in Parallelschaltung an …

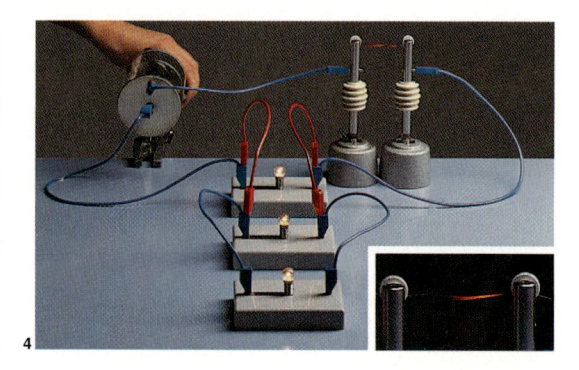

Grundlagen: Die Parallelschaltung

Mehrere Stromkreise an einer Energiequelle

An eine Energiequelle kann man mehrere Stromkreise anschließen (Parallelschaltung). In jedem Stromkreis fließt ein eigener Ladungsstrom. Man kann die Stromkreise einzeln unterbrechen.

Der Generator in Bild 5 treibt zwei Elektronenkreisläufe an. Jedes Elektron wird *entweder* durch die Lampe 1 *oder* durch die Lampe 2 „geschoben".

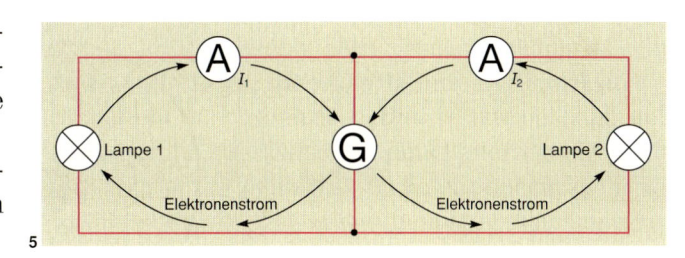

Ladungsströme bei der Parallelschaltung

Je mehr Lampen parallel geschaltet werden, desto größer wird der Ladungsstrom durch die gemeinsame Zuleitung und durch die elektrische Energiequelle (Bild 6). Denn dort fließen ja die Ladungsströme für alle Stromkreise.

Bei der Parallelschaltung addieren sich die Stromstärken: $I_{gesamt} = I_1 + I_2 + I_3$.

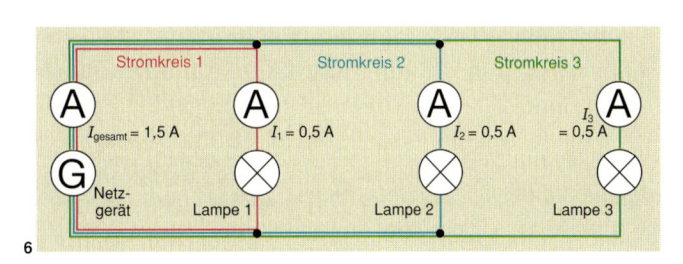

Ladungsstrom und Energiestrom

Beim Tischgenerator geht das Drehen an der Kurbel umso schwerer, je mehr Lampen parallel geschaltet werden (Bilder 7 u. 8).

Du musst immer mehr leisten, da mehr Elektronen in jeder Sekunde angetrieben werden. Dafür wird bei jeder Umdrehung auch mehr mechanische Energie in elektrische umgewandelt.

Für jede Energiequelle gilt:
doppelte Stromstärke → doppelter Energiestrom,
dreifache Stromstärke → dreifacher Energiestrom.

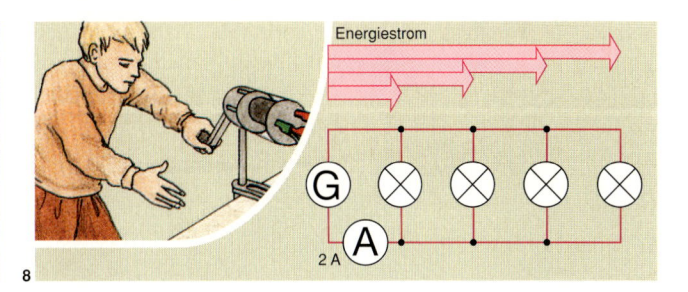

A1 *Vergleiche die Bilder 9–11.*

A2 *Zeichne die Mehrfachsteckdose (Bild 12) ins Heft und ergänze die Leiter.*

A3 *Beim Fahrradscheinwerfer betragen die Stromstärke 0,5 A und der Energiestrom 3 W. Beim Rücklicht misst man eine Stromstärke von 0,1 A. Wie groß ist der Energiestrom? Wie groß ist die Stromstärke im Dynamo?*

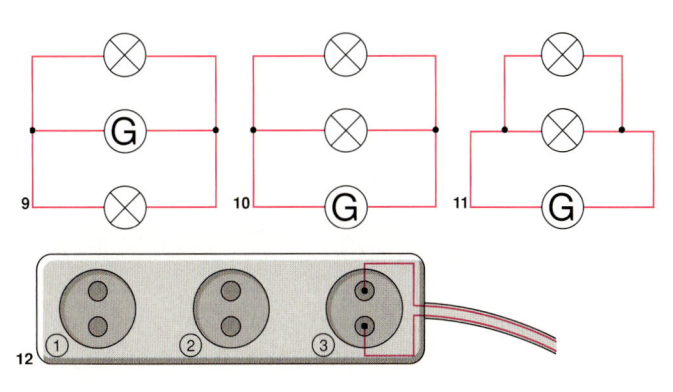

Aus dem Alltag: Parallelschaltung und Sicherung

Heute können in jedem Raum eines Haushalts viele Elektrogeräte gleichzeitig angeschlossen werden. Bild 1 zeigt die Elektrogeräte in einer Küche.

Im Haushalt sind alle Geräte parallel geschaltet. In der gemeinsamen Zuleitung für die Geräte fließt der gesamte Ladungsstrom. Der Ladungsstrom ist umso größer, je mehr Geräte in Betrieb sind, je größer also der Energiestrom ist. Ein großer Ladungsstrom kann die Zuleitungsdrähte erwärmen.

In Haushalten werden meist 1,4 mm dicke Kupferdrähte verlegt (Querschnitt: 1,5 mm^2). Bei diesen Leitern darf die Stromstärke bis 16 A betragen. Bei größeren Ladungsströmen unterbricht die **Sicherung** den Stromkreis – sonst besteht Brandgefahr.

Wenn man alle Geräte von Bild 1 einschalten würde, ergäbe sich eine Gesamtstromstärke von 5,3 A. Würde man jetzt an die freie Steckdose noch eine Waschmaschine anschließen, dann würde die Sicherung durchbrennen. Für das Erwärmen der Waschlauge und das gleichzeitige Drehen der Trommel benötigt man nämlich einen Energiestrom von 2700 W (Bild 2).

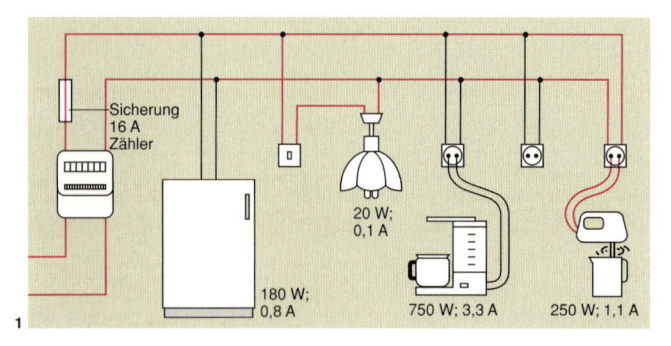

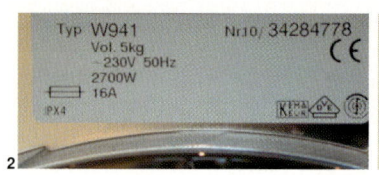

◀ Typenschild einer Waschmaschine

	Leistung	Stromstärke
Heizung	2450 W	10,7 A
Motor (Schleudern)	600 W	2,6 A
Motor (Waschen)	250 W	1,1 A
Pumpe	70 W	0,3 A

Das entspricht einer Stromstärke von fast 12 A, die noch zu den Stromstärken für die anderen Geräte hinzukommt. Insgesamt würde der zulässige Wert von 16 A überschritten.

Die Waschmaschine muss deshalb eine eigene Zuleitung haben. Sie wird über einen eigenen Stromkreis mit eigener Sicherung angeschlossen.

Bei einer **Schmelzsicherung** (Bild 3) glüht ein dünner Draht durch, wenn der Ladungsstrom zu groß wird. Die „durchgebrannte" Sicherung muss dann ausgewechselt werden. Meist verwendet man heute **Automatiksicherungen** (Bild 4). Dabei handelt es sich um Schalter, die bei einer bestimmten Stromstärke den Stromkreis unterbrechen und dann wieder per Hand eingeschaltet werden können.

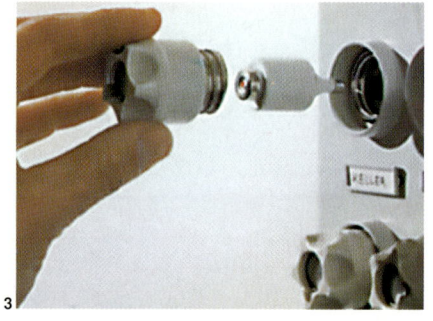

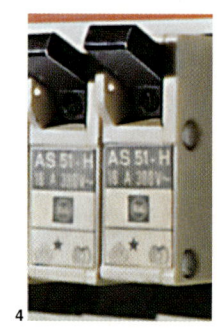

A1 Sieh im Sicherungskasten eures Haushalts nach, für welche Räume und Geräte Sicherungen vorhanden sind.
a) Wie viele Stromkreise gibt es in eurer Wohnung?
b) Warum kann man mehr Elektrogeräte gleichzeitig anschließen als Sicherungen vorhanden sind?

A2 Zwei Elektromotoren und eine Glühlampe sind parallel geschaltet (Bild 5).
a) Für welche Geräte wirkt die Sicherung?
b) Zeichne die Schaltung so, dass die Sicherung anspricht, wenn der gesamte Ladungsstrom zu groß wird. Warum ist solch eine Schaltung günstiger?

A3 Warum ist es nicht möglich, den Elektroherd, die Backröhre und eine Spülmaschine parallel mit einer gemeinsamen Sicherung anzuschließen und dann gemeinsam einzuschalten?

A4 Warum lässt sich ein Tischgenerator oder ein Fahrraddynamo umso schwerer drehen, je mehr Lampen an ihn parallel angeschlossen sind?

Zusammenfassung

Energiestrom und Ladungsstrom

In einem Stromkreis wird ständig elektrische Energie übertragen.
**Von der Energiequelle fließt
ein elektrischer *Energiestrom* zum Verbraucher.**

Von Energieströmen spricht man, wenn Energie von der Quelle zum Verbraucher *transportiert* wird.
Energieströme werden in der Einheit 1 Watt (1 W) gemessen.

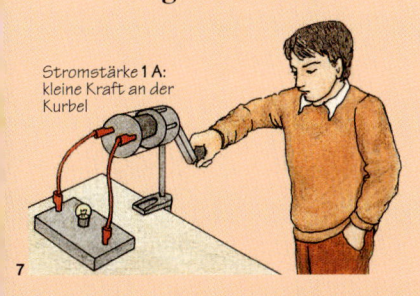

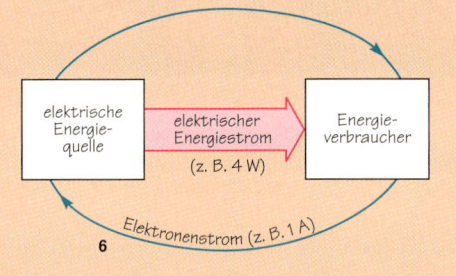

Die Leistung gibt an, wie viel Energie pro Sekunde *umgewandelt* wird.
Auch die Leistung wird in Watt gemessen.

Die elektrische Energie wird durch den Elektronenkreislauf von der Energiequelle zum Verbraucher übertragen (Bild 6).
Je größer der Ladungsstrom ist, desto größer ist der Energiestrom (Bilder 7 u. 8).

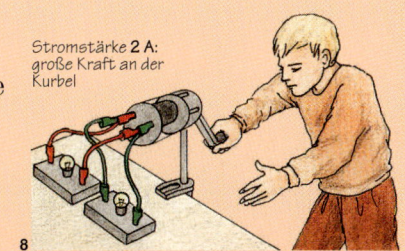

Die Parallelschaltung

Bei der *Parallelschaltung* von Verbrauchern hat jeder Verbraucher seinen eigenen Stromkreis (Bild 9).

Jedes Elektron wird von der Energiequelle *entweder* durch den einen *oder* durch den anderen Verbraucher getrieben.

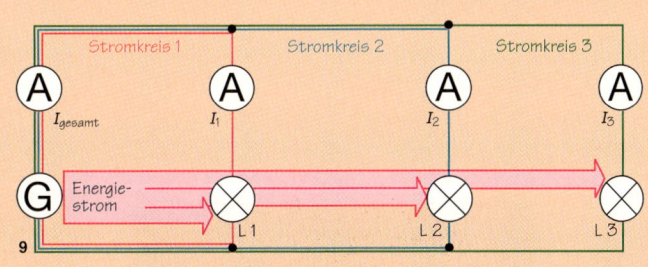

Je mehr Geräte parallel geschaltet werden, desto größer wird auch die Gesamtstromstärke:
$$I_{gesamt} = I_1 + I_2 + I_3.$$
Mehr Geräte benötigen auch einen größeren Energiestrom, da sie auch mehr Energie umwandeln.

Alles klar?

Lösungen → Anhang

1. Drei Glühlampen sind parallel geschaltet.
a) Fertige eine Schaltskizze an.
b) Die Einzel- und die Gesamtstromstärken sollen gemessen werden. Zeichne dafür die Strommesser ein.
c) Die Einzelstromstärken betragen 0,1 A, 0,2 A und 1 A. Gib die Gesamtstromstärke an.

2. Beim Auto treibt die Motorwelle die Kühlwasserpumpe und die Lichtmaschine an (Bild 10). Vergleiche mit der Parallelschaltung.

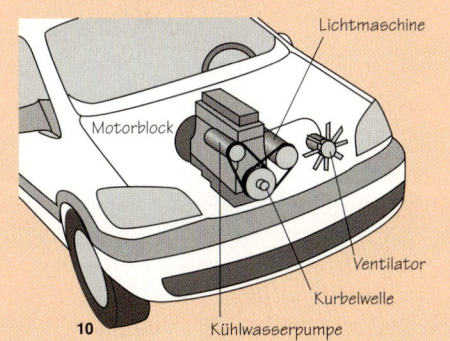

3. Beim Fernlicht eines Autoscheinwerfers beträgt der Energiestrom 55 W. Der Stromkreis ist mit einer 5-A-Sicherung abgesichert. Das Rücklicht hat einen eigenen Stromkreis, der Energiestrom beträgt 10 W.
Wie groß muss die Amperezahl der Sicherung sein?

4. Mayers haben eine Spülmaschine gekauft. Jetzt schließen sie sie an, während der Elektroherd eingeschaltet ist. Sogleich „fliegt die Sicherung raus". Erkläre

Die Spannung

Energiequellen treiben Elektronen an

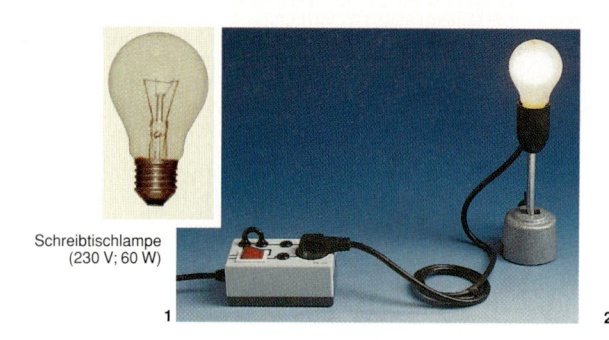

Schreibtischlampe (230 V; 60 W)

Lämpchen einer Taschenlampe (3,7 V; 1,1 W)

Für welche der beiden Glühlampen muss mehr Energie fließen? Ist wohl in der helleren Lampe auch die Stromstärke größer? Welche Rolle spielt die Spannung?

Vorbereitende Aufträge

1. Lies die „Voltzahl" von verschiedenen Energiequellen (Batterien, Netzgeräte) ab und schreibe sie dir auf.
Eine „Voltzahl" ist auch auf den Typenschildern von Elektrogeräten angegeben (Taschenlampe, Walkman, Kofferradio, Fotoapparat, Radiowecker). Lies einige dieser Voltzahlen ab.

Stimmen sie immer mit der „Voltzahl" der betreffenden Energiequelle überein?

2. Schließe an eine Monozelle eine Fahrradlampe an. Beschreibe deine Beobachtung und erkläre sie. Was würde passieren, wenn man eine Fahrradlampe an einen Eisenbahntrafo (12 Volt) anschließt?

V1 (Lehrerversuch) Die Stromstärken in der 60-W-Lampe (Bild 1) und im Glühlämpchen (Bild 2) werden gemessen. Vergleiche!
Was könnte die Ursache für die Messergebnisse sein?

V2 Du benötigst zwei Lampen, die bei gleicher Stromstärke hell leuchten. Als Energiequelle dient der Tischgenerator oder der Fahrraddynamo (Bild 3).
Drehe die Handkurbel so, dass die eine Lampe hell leuchtet. Miss dabei die Stromstärke. Betreibe dann die zweite Lampe mit der gleichen Stromstärke. Was fällt dir beim Kurbeln auf?
Welche Folge hat eine größere (geringere) Drehgeschwindigkeit an der Handkurbel für die Elektronen im Stromkreis?

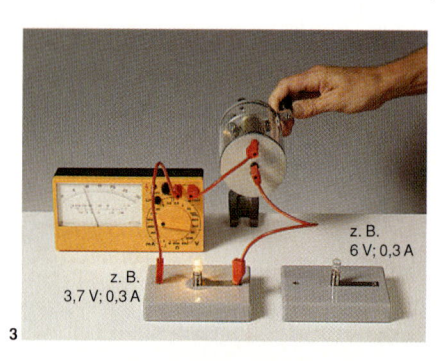

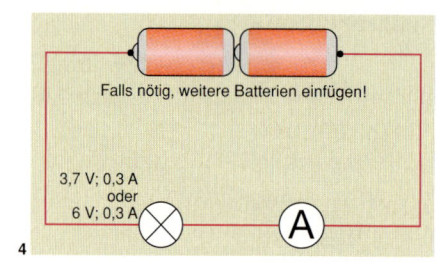

V3 Wie wird es sich auswirken, wenn die Elektronen nacheinander von mehreren Energiequellen angetrieben werden (Bild 4)?

Wir benötigen zwei Glühlampen („3,7 V; 0,3 A" und „6 V; 0,3 A") und bis zu fünf Akku- oder Batteriezellen und einen Strommesser.
a) Miss bei beiden Lampen die Stromstärke, wenn sie an eine einzige Akkuzelle angeschlossen sind.
b) Nun schalten wir zwei oder mehr Akkuzellen so, dass die Elektronen die Energiequellen nacheinander durchlaufen.
Wie viele Akkuzellen sind bei den Lampen jeweils nötig, damit ein Strom von ca. 0,3 A fließt?
Was ändert sich für die Elektronen, wenn sie nacheinander durch mehrere elektrische Energiequellen fließen?

Die Spannung

Grundlagen: Die Spannung von Energiequellen

■ Elektronen müssen angetrieben werden

Elektronen fließen nicht „von selbst", denn die Verbraucher hemmen die Elektronenbewegung. Deshalb müssen die Elektronen angetrieben werden, damit sie sich durch den Stromkreis bewegen. Das ist die Aufgabe der *elektrischen Energiequelle*.

Die Fähigkeit einer Energiequelle, die Elektronen anzutreiben, nennt man elektrische Spannung (Formelzeichen: U).

Die Einheit der Spannung ist 1 Volt (1 V).

Eine Batterie- oder Akkuzelle treibt die Elektronen mit 1,5 V an, eine Autobatterie mit 12 V. Die Spannung an einer Steckdose beträgt 230 V.

Wenn sich Elektronen nacheinander durch zwei Batteriezellen hindurchbewegen, werden sie doppelt so stark angetrieben wie bei einer einzigen.

Dass man Elektronen antreiben muss, wird mit dem Tischgenerator besonders deutlich:
○ Beim Lämpchen mit dem Aufdruck „3,7 V; 0,3 A" braucht man die Kurbel nur langsam zu drehen, um 0,3 A Stromstärke zu erreichen (Bild 5).
○ Beim Lämpchen mit dem Aufdruck „6 V; 0,3 A" muss man für den *gleichen* Ladungsstrom *schneller* drehen (Bild 6).

Auch auf den Typenschildern von Elektrogeräten findet man eine Spannungsangabe. Das Gerät ist so gebaut, dass es bei der angegebenen Spannung richtig funktioniert. *Die Spannung an der Quelle muss mit der am Gerät genannten Spannung übereinstimmen.*

■ Spannung und Energiestrom

Die 75-W-Lampe von Bild 1 leuchtet heller als das 1,1-W-Lämpchen von Bild 2. Die 75-W-Lampe gibt also in der gleichen Zeit mehr Energie an die Umgebung ab, obwohl in beiden etwa die gleiche Stromstärke gemessen wird.

Bei gleicher Stromstärke können unterschiedliche Energieströme fließen, wenn die Energiequellen unterschiedliche Spannungen haben.

Beim Generator erhöht man die Spannung, indem man schneller dreht. Im Generator bewegen sich dann Magnet und Spule schneller gegeneinander. Dadurch werden die Elektronen stärker angetrieben und der Elektronenkreislauf überträgt mehr Energie.

Je größer die Spannung ist, mit der ein bestimmter Ladungsstrom (von z. B. 1 A) angetrieben wird, desto mehr Energie wird in jeder Sekunde übertragen.

5 Bei einem 3,7-V-Lämpchen fließt der Ladungsstrom von 0,3 A schon bei langsamem Drehen.

6 Bei einem 6-V-Lämpchen fließt der Ladungsstrom von 0,3 A erst, wenn die Kurbel schnell gedreht wird.

A1 *Eine Haushaltsglühlampe, die an eine Flachbatterie angeschlossen ist, leuchtet nicht. Warum?*

A2 *Der Ladungsstrom (Elektronenstrom) durch die Lampen der Bilder 1 u. 2 ist etwa gleich groß. Warum ist der Energiestrom in Bild 1 trotzdem größer?*

A3 *Wenn Generatoren betrieben werden, bewegen sich ein Magnet und eine Spule gegeneinander.*

Was geschieht mit den Elektronen im Stromkreis, wenn eine Generatorkurbel schneller gedreht wird?

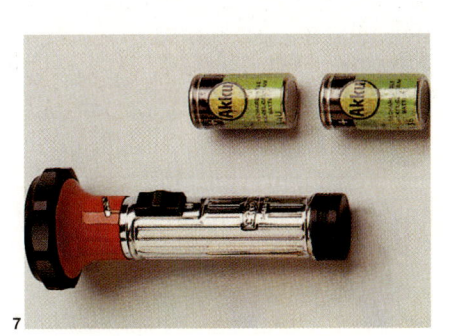

A4 *In Taschenlampen findet man meist mehrere Zellen.*
Mit welcher Spannung werden die Elektronen bei der von Bild 7 angetrieben?

A5 *Warum fließt bei dieser Schaltung (Bild 8) kein Strom?*
Wie stark werden die Elektronen insgesamt angetrieben?

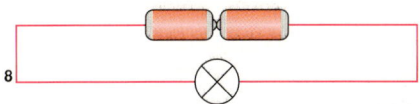

Aus der Technik: Energiequellen für viele Zwecke

Elektrische Energiequellen werden für viele verschiedene Aufgaben eingesetzt. Es gibt sie deshalb mit unterschiedlichen Spannungen und in verschiedenen Ausführungen.

Bei diesen Energiequellen wird chemische Energie in elektrische Energie umgewandelt:

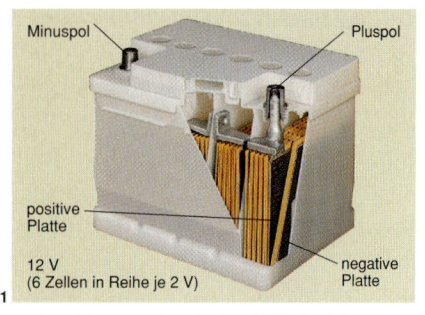

1 (Autobatterie: Minuspol, Pluspol, positive Platte, negative Platte, 12 V (6 Zellen in Reihe je 2 V))

2 (Flachbatterie 4,5 V; Monozelle 1,5 V; Mignonzelle 1,5 V; Stabbatterie 3 V; Knopfzelle 1,35 V; Babyzelle 1,5 V; Blockbatterie 9 V)

„Autobatterien" sind Bleiakkumulatoren (Bild 1) und können große Ladungsströme antreiben.

Für Verbraucher mit geringem Energiebedarf gibt es unterschiedliche *Batterien* und *Zellen* (Bild 2). Für höhere Spannungen werden sie in Reihe geschaltet.

Bei diesen Energiequellen wird mechanische Energie in elektrische Energie umgewandelt:

Dynamo. Spannung: 6 V, Leistung: 3 W.

Generator im Kraftwerk. Spannung: 27 000 V. Antrieb durch Dampfturbine. Er versorgt über 100 000 Haushalte mit elektrischer Energie. Leistung: 500 MW.

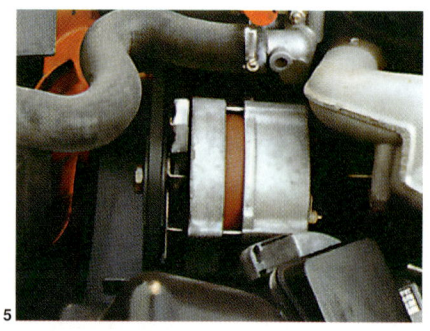

Lichtmaschine eines Autos. Antrieb über den Keilriemen; Spannung: ca. 12 V, Leistung: ca. 1 kW.

Hochspannungsquellen   *Solarzellen*

Elektrisiermaschine. Bei Spannungen von einigen 1000 Volt springen Funken (z. B. beim Kämmen). Der Ladungsstrom dauert nur Bruchteile von Sekunden, es wird wenig Energie übertragen.

Ein Blitz entsteht durch Spannungen von mehreren Millionen Volt zwischen Wolken und Erde. Stromstärke: bis 100 000 A. Dauer: ungefähr 30 millionstel Sekunden. Leistung: einige Billionen Watt.

Solarzellen erzeugen elektrische Energie aus Licht.
Spannung: 0,5 V (pro Zelle), Leistung (bei 1 m^2 Fläche): maximal 100 W, im Jahresdurchschnitt nur 10 bis 12 W.

Grundlagen: So wird die elektrische Spannung gemessen

Der Spannungsmesser wird an den beiden Punkten angeschlossen, zwischen denen man die Spannung feststellen will (z. B. an den Polen einer elektrischen Energiequelle; Bilder 9 u. 10).

Das Gerät misst dann, *wie stark* die Elektronen zwischen den beiden Messpunkten angetrieben werden.

Da alle Elektronen von der Quelle gleich stark angetrieben werden, muss nicht der gesamte Ladungsstrom durch den Spannungsmesser fließen. Es reicht aus, einen winzig kleinen Strom „abzuzweigen".

Deshalb wird der Stromkreis bei der Messung der elektrischen Spannung *nicht* unterbrochen; der Spannungsmesser wird also nicht *in* den betreffenden Stromkreis eingefügt.

Durch den Spannungsmesser fließen nur wenige Elektronen pro Sekunde.

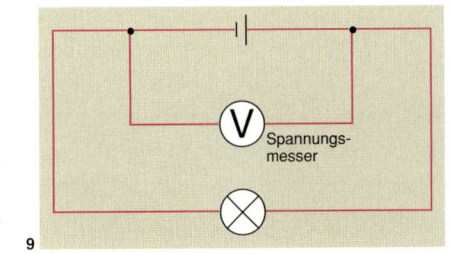

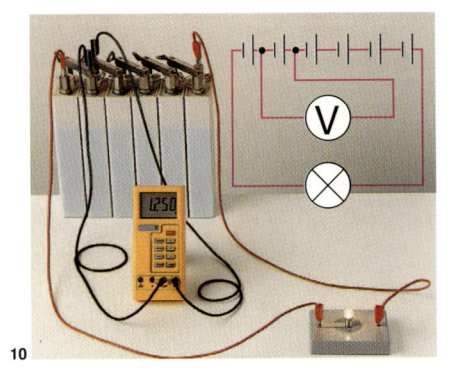

V4 *Einige Messungen:*
a) *Miss nach, ob Batterien und Zellen wirklich die angegebenen Spannungen haben.*
b) *Schließe den Spannungsmesser an ein Netzgerät (Trafo) an und überprüfe die Spannungsangaben auf dem Gerät.*

V5 *Miss die Spannung an einer beleuchteten Solarzelle. Wie kannst du die Spannung erhöhen?*

V6 a) *Miss die Spannung an einer Flachbatterie. Schließe dann zusätzlich ein Lämpchen mit dem Aufdruck „3,7 V; 0,3 A" an (Bild 9).*
b) *Wiederhole den Versuch mit einem Netzgerät. Versuche die Beobachtung zu erklären. (Tipp: Keine Energiequelle kann beliebig viele Elektronen antreiben.)*

V7 *Welche Spannungen erreichst du mit dem Tischgenerator bei normaler und bei hoher Drehzahl?*

Aus der Technik: Spannungsprüfung in besonderen Fällen

Zusatzangebot

Mit einem gewöhnlichen Spannungsmesser darfst du nie die Netzspannung an einer Steckdose überprüfen! Die Gefahr für dein Leben wäre viel zu groß.

Für diesen Zweck setzen die Elektriker *Pol-* oder *Phasenprüfer* ein (Bild 11). Bei richtiger Handhabung ist das ungefährlich.

Der Polprüfer darf nur an seinem isolierten Griff und an der Kontaktstelle hinten berührt werden. Die Spitze des Polprüfers wird dann in den Pol der Steckdose gesteckt.

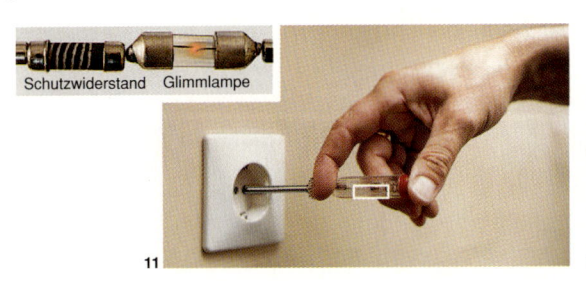

Die Glimmlampe im Polprüfer leuchtet bereits bei der völlig ungefährlichen Stromstärke von einigen hunderstel Milliampere auf. Ein besonderes Bauteil (der Schutzwiderstand) sorgt dafür, dass gefährliche Stromstärken nicht erreicht werden.

Bei sehr hohen elektrischen Spannungen (wie zwischen den beiden Metallkugeln von Bild 12) entstehen Funken. Ihre Länge kann zur Abschätzung der Spannung genutzt werden. (Eine Funkenlänge von 1 cm entspricht einer Spannung von 30 000 V.)

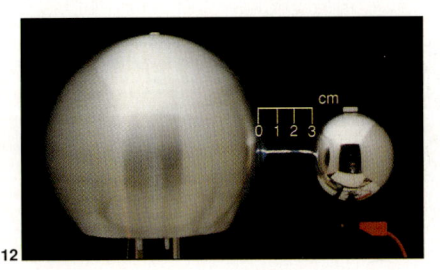

Aus dem Alltag: Gefährliche und ungefährliche Spannungen

Dreijähriges Kind überlebt Stromstoß in der Badewanne

Nürnberg (dpa) - Ein Bad mit seiner dreijährigen Tochter hat einen 30-jährigen Mann in Nürnberg das Leben gekostet.

Wie die Polizei mitteilte, war das Kind zu seinem Vater in die Wanne geklettert. Beim Spielen der beiden fiel ein am Beckenrand liegender Haartrockner ins Wasser und versetzte dem Mann einen tödlichen Stromstoß.

Das Kind habe das Unglück nur überlebt, weil es zum Zeitpunkt des Unglücks in der Badewanne stand.

Immer wieder passieren tödliche Unfälle beim Umgang mit Elektrogeräten – meist durch Unachtsamkeiten (→ den Zeitungsbericht).

Die Gefahr entsteht, wenn wir Teil eines Stromkreises sind und elektrische Ströme durch den Körper fließen. Je größer die Spannung der Energiequelle ist, desto größer ist die Stromstärke und damit die Gefahr.

Nur Spannungen unterhalb von 25 V sind in der Regel ungefährlich. Dann ist nämlich die Stromstärke in unserem Körper so gering, dass keine Schäden hervorgerufen werden.

Bei einer Spannung von 230 V besteht Lebensgefahr! (230 Volt ist die übliche Spannung im Stromnetz.)

Die Gefährdung durch diese Netzspannung vergrößert sich noch aus einem weiteren Grund: Ein Stromkreis wird schon geschlossen, wenn man Kontakt zu einem Pol der Steckdose hat (→ Kapitel *Schutzmaßnahmen im Stromnetz*).

Sollte es trotz aller Vorsichtsmaßnahmen zu einem Elektrounfall kommen, musst du folgende Regeln beachten:
- Solange der Verunglückte Kontakt mit der Leitung hat, darfst du ihn nicht berühren!
- Schalte die Sicherung aus! Im Physik- oder Technikraum ist der Not-Aus-Schalter zu betätigen.
- Rufe den Rettungs- oder Notarztwagen („Stromunfall!").
- Wiederbelebungsmaßnahmen bis zum Eintreffen des Arztes durchführen!

Aus dem Alltag: Wenn *eine* Monozelle nicht ausreicht

Eine einzige Monozelle (1,5 V) als Energiequelle reicht für einen Radiorekorder nicht aus. Meistens braucht man mehrere solcher Zellen. Viele Rekorder benötigen z. B. eine Spannung von 6 V.

Beim Einsetzen der Monozellen musst du auf die richtige Anordnung achten. Sie ist meist im Batteriefach angegeben (Bild 1). Du siehst hier, dass auf der rechten Seite eine leitende Verbindung zwischen dem Pluspol der einen Zelle und dem Minuspol der anderen Zelle besteht. Die Zellen sind *in Reihe* geschaltet (Bild 2). So werden die Elektronen nacheinander von jeder einzelnen Zelle angetrieben. Die Gesamtspannung ergibt sich bei in Reihe geschalteten Energiequellen aus der Summe der Einzelspannungen.

In Bild 3 sind die Zellen *parallel* geschaltet. Hier fließen die einzelnen Elektronen nur durch je *eine* Zelle (Spannung: 1,5 V). Die Zellen „leben" aber viermal so lange wie eine einzelne Zelle.

V8 *Schalte mehrere Monozellen in Reihe und dann parallel. Miss jeweils die Gesamtspannung.*

V9 *Entferne den Mantel von einer 4,5-V-Flachbatterie. Überprüfe, ob sich die Einzelspannungen addieren.*

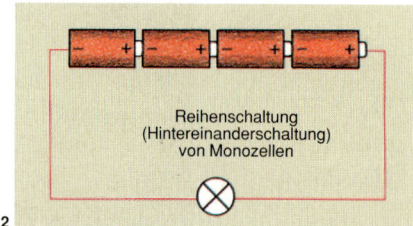

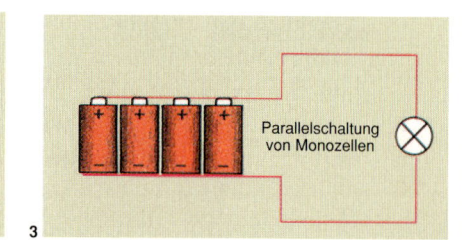

1

2 Reihenschaltung (Hintereinanderschaltung) von Monozellen

3 Parallelschaltung von Monozellen

Aus der Umwelt: Zitterfische

Manche Fischarten können für einige Tausendstelsekunden *elektrische Spannungen von mehreren hundert Volt* erzeugen. Sie nutzen die Spannung, um andere Fische zu betäuben oder zu töten. Zu diesen **Zitterfischen** gehören z. B. der *Zitterrochen* (Bild 4), der *Zitteraal* und der *elektrische Wels*.

Bei den Zitterfischen entsteht die Spannung im *elektrischen Organ*. Bei diesem Organ handelt es sich um umgewandelte Hautdrüsen oder Muskeln.

Beim Zitterrochen besteht das elektrische Organ (Bild 5) aus vielen nebeneinander liegenden Säulen; sie sind aus Tausenden von Gewebeplatten zusammengesetzt.

Die Säulen enden direkt unter der Haut. Sie ähneln in ihrem Aufbau einer voltaschen Säule oder einer Batterie mit vielen Einzelzellen. Im Gegensatz zu einer Batterie hat das elektrische Organ aber nicht ständig eine Spannung. Vielmehr entsteht die Spannung erst, wenn die Gewebeplatten vom Gehirn einen geeigneten Reiz erhalten (über die Nerven).

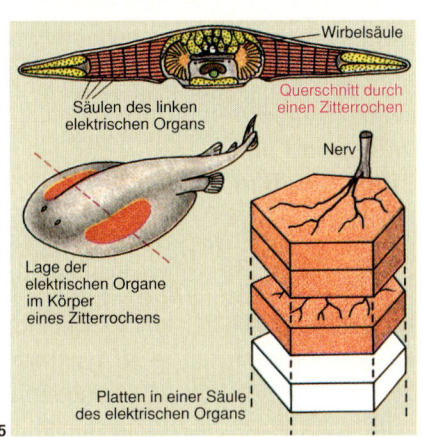

Die Zellenspannungen addieren sich wie bei einer Batterie. An den Säulenenden – also an der Körperhaut des Rochens – treten daher hohe Spannungen auf. Im Wasser rufen sie einen elektrischen Strom durch das Wasser zwischen Ober- und Unterseite des Rochens hervor.

Durch diesen Strom werden andere Fische gelähmt, sodass sie zur leichten Beute werden.

Auf diese Weise werden auch Angreifer abgeschreckt.

Aus der Umwelt: „Sehen" mit elektrischen Signalen

Zusatzangebot

Es gibt Fische, die mit einem *elektrischen Signal* sogar im Dunkeln „sehen" können. Man spricht von *schwach elektrischen Fischen*.

Im Schwanzbereich haben diese Fische ein *elektrisches Organ* (Bilder 6 u. 7). Mit diesem Organ können sie in schneller Folge kleine Spannungen erzeugen. In der Haut besitzen sie Sinneszellen, die sehr empfindlich auf elektrische Signale reagieren.

Aufgrund der Spannungen, die das elektrische Organ hervorruft, fließt ein kleiner elektrischer Strom vom Schwanz des Fisches durch das Wasser zum Kopf. Wenn ein Beutetier in die Nähe des Fisches kommt, ändert sich die elektrische Leitfähigkeit des umgebenden Wassers. Damit ändert sich auch der elektrische Strom vom Schwanz zum Kopf des Fisches. Die Hautzellen des Empfängerorgans melden diese Veränderung an das Gehirn, sodass der Fisch dann weiß, dass sich ein Beutetier genähert hat.

Schwach elektrische Fische können auch ohne ihr elektrisches Organ andere Fische orten. Die Muskelbewegungen fremder Fische rufen nämlich kleine elektrische Spannungen hervor, die die elektrischen Fische wahrnehmen. Sie entdecken Beutefische sogar, wenn diese sich in den Grund eingegraben haben.

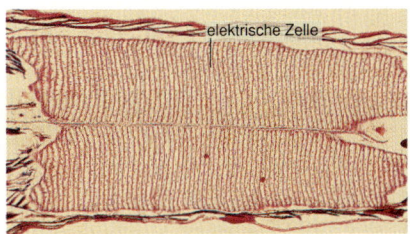

Spannungen im Stromkreis

Aus der Öffnung der Spritze in Bild 1 tritt in jeder Sekunde genauso viel Wasser aus, wie durch den Schlauch heranströmt.

Was bewirkt der Engpass bei der Spritzenöffnung?

Auch im *elektrischen* Stromkreis gibt es solche „Engpässe" …

Praktikumsversuch

V1 *Wir messen die Spannung zwischen zwei beliebigen Stellen eines Stromkreises.*
Versuchsmaterialien u. -aufbau: *Siehe Bild 2.*
Versuchsdurchführung: *Übertrage die Tabelle.*
a) *Miss die Spannungen zunächst bei geschlossenem Schalter. Notiere die Messwerte in der Tabelle.*
b) *Zwischen welchen Punkten geht es schwerer, zwischen welchen leichter, Elektronen durchzuschieben?*
c) *Öffne den Schalter und miss erneut.*

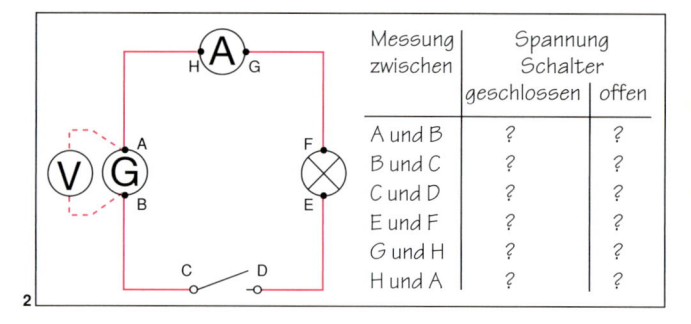

Messung zwischen	Spannung Schalter	
	geschlossen	offen
A und B	?	?
B und C	?	?
C und D	?	?
E und F	?	?
G und H	?	?
H und A	?	?

Grundlagen: Spannungen an Leitern und Verbrauchern

Spannungen kann man nicht nur an elektrischen Energiequellen messen, sondern auch zwischen den Anschlüssen eines Verbrauchers. **Die *Verbraucherspannung* ist ein Maß dafür, wie stark die Elektronen angetrieben werden müssen, damit sie durch den Verbraucher strömen.** In Verbrauchern wird nämlich der Ladungsstrom gehemmt.

Im Stromkreis von Bild 2 messen wir an der Glühlampe die gleiche Spannung wie an der Energiequelle. Dagegen ist die Spannung an den Leitern so gering, dass das Messgerät nichts anzeigt.

Du kannst dir das so erklären (Bild 3): In jeder Sekunde müssen sich gleich viele Elektronen durch den dünnen Draht bewegen wie durch die dickeren Zuleitungsdrähte. Deshalb muss die Geschwindigkeit der Elektronen im Glühdraht viel größer sein. Es geht aber viel schwerer, etwas *schnell* durch eine *dünne* Öffnung zu schieben als *langsam* durch eine *weite* (Bild 4). Die Spannung an den Verbrauchern ist deshalb groß, die an den Zuleitungsdrähten gering.

Je schwerer es ist, Elektronen von einem Messpunkt zum anderen zu schieben, desto höher ist die Spannung zwischen den Messpunkten.

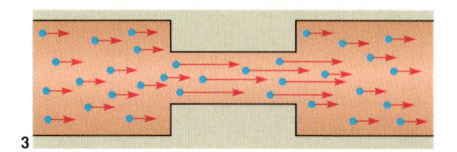

Gleiche Wasserströme – Versuche mit einer Spritze (Volumen: 10 cm³)

	Wasserstrom	Erforderliche Energie
dünne Kanüle stark drücken, Wasser strömt schnell	$1 \frac{cm^3}{s}$	viel
dicke Kanüle schwach drücken, Wasser strömt langsam	$1 \frac{cm^3}{s}$	wenig
ohne Kanüle ganz wenig drücken, Wasser strömt ganz langsam	$1 \frac{cm^3}{s}$	sehr wenig

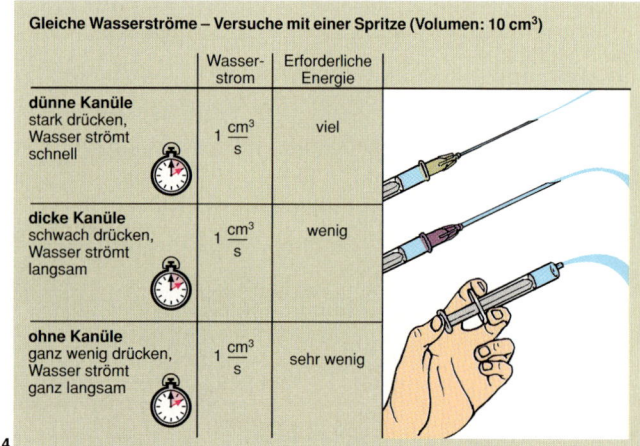

Spannungen bei Reihenschaltung

Hier leuchten fünfzig kleine Glühlämpchen. Sie sind an die Steckdose (also an eine 230-V-Quelle) angeschlossen.

Auf den Glühlämpchen ist aber jeweils 4,5 V angegeben …

V1 Wenn zwei gleiche Glühlampen leuchten, wird doppelt so viel Energie umgewandelt wie bei einer.
a) Mit dem Tischgenerator (oder Fahrraddynamo) betreiben wir zunächst nur eine einzige Lampe. Im Stromkreis befindet sich auch ein Strommesser. Drehe den Generator so, dass die Lampe normal leuchtet. Lies die Stromstärke ab.
b) Eine zweite gleiche Lampe wird nun in Reihe geschaltet. Dabei soll zunächst genauso schnell gekurbelt werden wie bisher (Bild 6). Was stellst du fest?
c) Was musst du tun, damit bei der Reihenschaltung beide Lampen wieder hell leuchten?
d) Miss die Spannung an den beiden Glühlampen. Vergleiche mit der Spannung der Energiequelle.

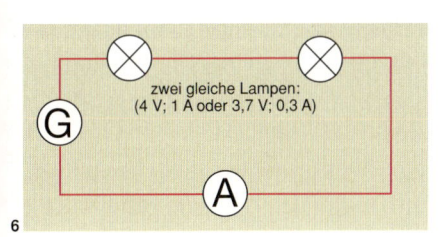

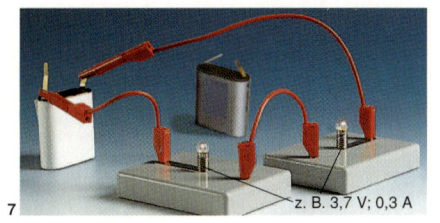

V2 Die beiden Lampen von Bild 7 leuchten nicht richtig, weil die Stromstärke (also der Ladungsstrom) zu klein ist.
Was muss man tun, damit der richtige Ladungsstrom fließt?

Praktikumsversuch

V3 Wir wollen die Reihenschaltung untersuchen. Versuchsmaterialien u. -aufbau: *Siehe Bild 8.*
Versuchsdurchführung:
a) Baue die Schaltung mit nur einer Lampe auf, achte auf die richtige Spannung. Baue dann eine zweite Lampe ein. Was fällt dir auf?
b) Miss die Stromstärke an verschiedenen Stellen. Wie groß sind die Spannungen an der Energiequelle und an den einzelnen Lampen? Vergleiche mit den Werten, die auf den Lampen stehen.
c) Wie kannst du erreichen, dass die beiden Lampen hell leuchten? (Vorsicht! Die Glühlampen könnten durchbrennen.) Achte auf die richtige Stromstärke.
d) Miss wieder die Spannungen.
e) Schalte eine dritte Lampe in Reihe. Kannst du vorhersagen, welche Spannung du einstellen musst?
f) Für jede dazugeschaltete Lampe muss die Quelle zusätzlich Energie liefern. Wie erreicht man das?
g) Ergänze die Aussage zu Energie und Spannung: Je mehr Lampen in Reihe geschaltet sind, desto …
h) Ergänzung: Baue die Schaltung von Bild 9 auf. Stelle die Spannung am Netzgerät so ein, dass die Stromstärke 0,3 A beträgt. Miss die Spannungen an der Quelle und an den Lampen. Was stellst du fest?

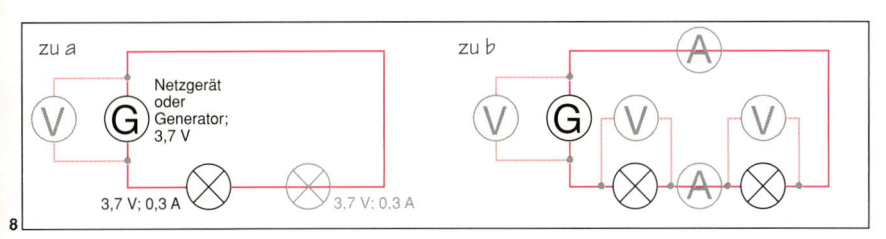

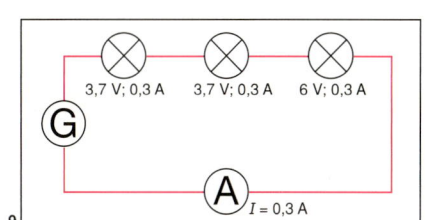

Grundlagen: Die Reihenschaltung

Spannungen bei der Reihenschaltung

In einer Reihenschaltung sind mehrere Verbraucher in einem Stromkreis angeordnet. Im ganzen Stromkreis fließt der gleiche Ladungsstrom; man misst überall die gleiche Stromstärke. Wenn eine Lampe ausfällt, gehen auch alle anderen aus.

In der Schaltung nach Bild 1 leuchten alle drei Lampen. Sie sind so gebaut, dass sie *bei der gleichen Stromstärke* richtig leuchten.

Damit dieser Ladungsstrom fließt, müssen die Elektronen zwischen den Anschlussstellen der Lampen 1 und 2 mit 3,7 V sowie der Lampe 3 mit 6 V angetrieben werden *(Verbraucherspannungen)*.

Da sich sämtliche Elektronen nacheinander durch alle drei Lampen bewegen, müssen sie insgesamt mit 3,7 V + 3,7 V + 6 V = 13,4 V angetrieben werden. Deshalb muss die Spannung der Energiequelle – die *Quellenspannung* – bei dieser Schaltung 13,4 V betragen.

Bei der Reihenschaltung verteilt sich die Quellenspannung auf die einzelnen Verbraucher.
$U_{\text{Quelle}} = U_1 + U_2 + U_3.$

In Bild 5 der Vorseite verteilt sich die Spannung von 230 V gleichmäßig auf alle 4,5-V-Lampen, deshalb brennen sie nicht durch.

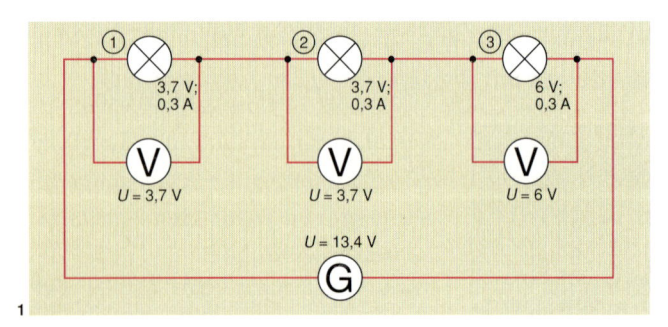

Spannung und Energiestrom

Wenn man zu einer Lampe eine zweite gleiche Lampe in Reihe schaltet (ohne die Spannung zu ändern), leuchten beide schwach. Der Ladungsstrom ist zu klein, weil die Elektronen zwei „Engstellen" (die Glühdrähte) durchströmen müssen.

Damit sich die richtige Stromstärke einstellt und beide Lampen hell leuchten, muss die Energiequelle die Elektronen stärker antreiben. Man benötigt die doppelte Spannung. Dazu muss man beim Tischgenerator schneller drehen. Dann ist der Energiestrom, der von der Quelle ausgeht, auch doppelt so groß.

**Bei gleicher Stromstärke gilt:
doppelte Spannung → doppelter Energiestrom,
dreifache Spannung → dreifacher Energiestrom.**

A1 Wie sind die Lämpchen von Bild 5 der vorherigen Doppelseite geschaltet? Was geschieht, wenn man ein Lämpchen herausdreht?
Berechne, wie groß die Spannung an jedem einzelnen Lämpchen ist.

A2 Die Lampen in den Bildern 2 u. 3 sind alle gleich und leuchten gleich hell.
a) Wie groß ist jeweils die Spannung an den Lampen 1 und 2 von Bild 2?
b) Wie groß muss die Spannung der Energiequelle von Bild 3 gewählt werden?
Was zeigt hier der Strommesser an?

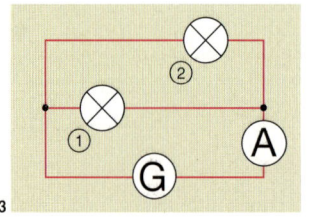

A3 In den Schaltungen der Bilder 2 u. 3 soll als Energiequelle ein Tischgenerator oder Dynamo verwendet werden. Nimm an, in beiden Schaltungen werden zunächst eine, danach zwei Lampen angeschlossen. Bei welcher Schaltung musst du schneller drehen, bei welcher geht das Drehen schwerer?

A4 Wie groß ist die Spannung, die man an der dritten Lampe von Bild 4 messen würde?

A5 In Bild 5 leuchtet nur eine der Lampen. Zeichne die Schaltung so, dass beide leuchten. Welche Spannung muss die Quelle dann haben?

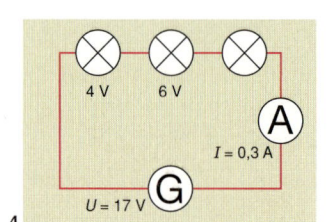

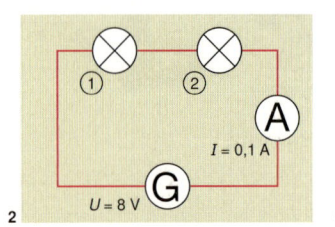

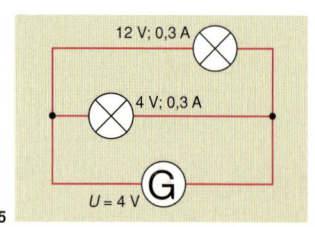

Zusammenfassung

Die elektrische Spannung

Die elektrische Spannung ist ein Maß dafür, *wie stark* die Elektronen angetrieben werden.

Die elektrische Spannung wird in der Einheit 1 Volt (1 V) angegeben.

Bei gleicher Stromstärke ist der Energiestrom umso größer, je größer die Spannung ist.

Bei Spannungen ab 25 V tritt eine Gefährdung des Menschen auf, wenn er Teil eines Stromkreises ist.

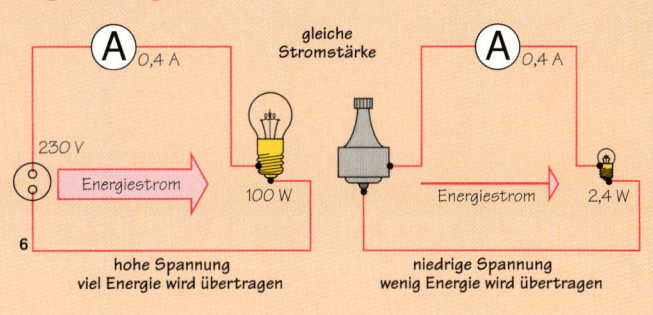

Spannungen im Stromkreis – die Reihenschaltung

Die Spannung zwischen den Anschlüssen eines Verbauchers gibt an, wie stark man die Elektronen antreiben muss, damit sie hindurchströmen. Durch Verbindungsdrähte lassen sich Elektronen leicht hindurchschieben. Daher ist dort die Spannung sehr gering; Messgeräte zeigen 0 V an.

Bei einer Reihenschaltung befinden sich die Verbraucher in einem einzigen Stromkreis. Die Elektronen müssen nacheinander durch alle Verbraucher getrieben werden.

Bei der Reihenschaltung verteilt sich die Spannung der Quelle auf die einzelnen Verbraucher:
$U_{Quelle} = U_1 + U_2 + U_3$.

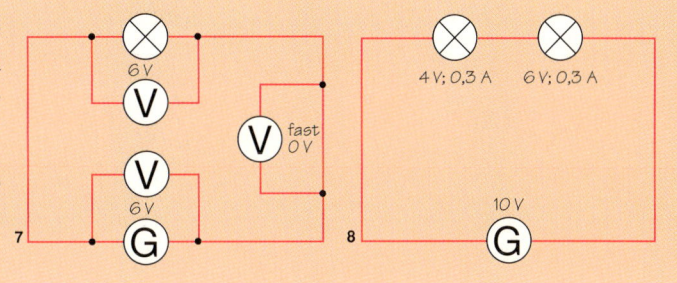

Alles klar?

Lösungen → Anhang

1. In einen Stromkreis mit einem Glühlämpchen wird ein zweites eingebaut (Reihenschaltung).
Wie schafft man es, dass beide Lämpchen hell leuchten?

2. Was versteht man unter einer elektrischen Spannung? In welcher Einheit wird sie angegeben?

3. „Die Spannung ist im ganzen Stromkreis gleich groß", behauptet Frank.
„Irrtum", sagt Katja, „das gilt nur für die Stromstärke!"
Wer von beiden hat Recht? Begründe deine Meinung.

4. Weshalb ist der Umgang mit einer 12-V-Autobatterie ungefährlich? Warum besteht aber beim Stromnetz im Haushalt Lebensgefahr?

5. In manchen Ländern beträgt die Netzspannung 110 V.
a) Wie wirkt es sich aus, wenn man einen Haartrockner, der für 230 V vorgesehen ist, dort an eine Steckdose anschließt?
b) Was passiert, wenn man im Urlaub ein Elektrogerät auf 110 V umgestellt hat und dieses Gerät wieder zu Hause anschließt?

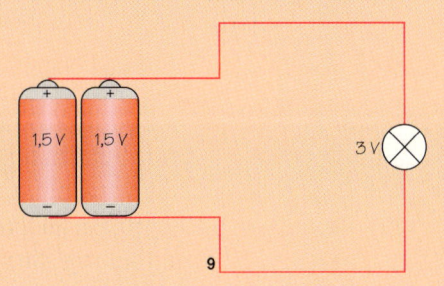

6. Leuchtet das Lämpchen in der Schaltung von Bild 9 hell?
Was würde ein Spannungsmesser zwischen den Anschlüssen des Lämpchens anzeigen?

7. Peter will Ersatzlampen für 2 Lichterketten kaufen, die direkt an die Steckdose (230 V) angeschlossen werden. Im Laden findet er Lampen mit verschiedenen Voltangaben. Er ist ratlos.
Eine Verkäuferin fragt: „Wie viele Lampen haben denn die Ketten?"
„Die Außenkette hat 100, die für innen 35 Lampen." – „Dann ist alles klar", lacht sie. Dir auch?

Elektrische Energieübertragung im Überblick

Energieübertragung – Stromstärke und Spannung

Elektrische Anlagen übertragen Energie. Sie bestehen aus einer elektrischen Energiequelle, einem Übertragungsteil und einem Verbraucher elektrischer Energie.

In der Quelle und im Verbraucher wird Energie umgewandelt. Die **Leistung** gibt an, wie viel Energie pro Sekunde *umgewandelt* wird. Die Einheit der Leistung ist 1 Watt (1 W).

Im Übertragungsteil wird Energie transportiert. Der **Energiestrom** gibt an, wie viel Energie pro Sekunde *übertragen* wird. Auch er wird in der Einheit 1 Watt gemessen.

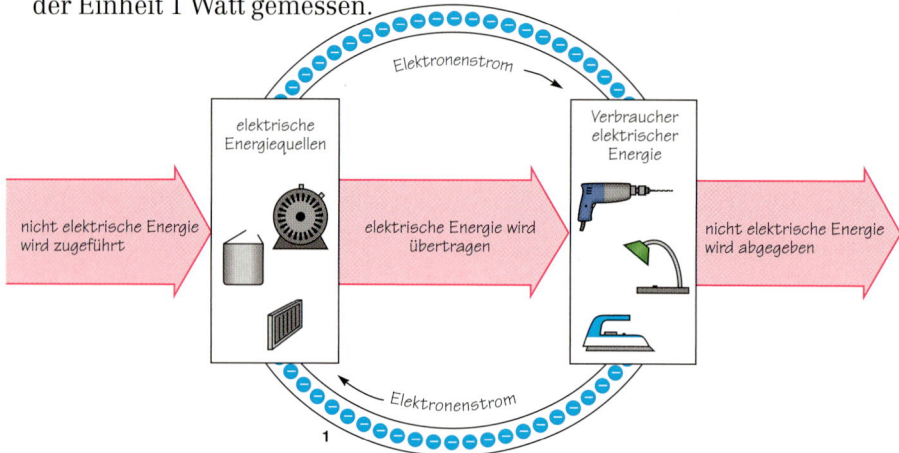

Der Energiestrom wird dadurch erzeugt, dass ein Ladungsstrom (in metallischen Leitern ein Elektronenstrom) im Kreis fließt. Der Ladungsstrom wird von der Quelle angetrieben.

Stromstärke	Spannung
Die Stromstärke I gibt an, wie viele Elektronen (wie viel Ladung) pro Sekunde an einer Stelle vorbeifließt. Die Einheit der Stromstärke ist 1 Ampere (1 A).	Die Spannung U der Energiequelle gibt an, wie stark die Quelle die Elektronen (die Ladung) antreibt. Die Einheit der Spannung ist 1 Volt (1 V).
Der Strommesser wird in Reihe geschaltet. Der Stromkreis wird also an einer Stelle unterbrochen und mit dem Strommesser wieder geschlossen. Der gesamte Ladungsstrom fließt dann durch das Messgerät.	Der Spannungsmesser wird z. B. zwischen den Polen einer Spannungsquelle angeschlossen. Der Stromkreis wird nicht unterbrochen. Die Quelle treibt alle Elektronen gleich stark an. Daher reicht es, einen kleinen Ladungsstrom für die Messung abzuzweigen.

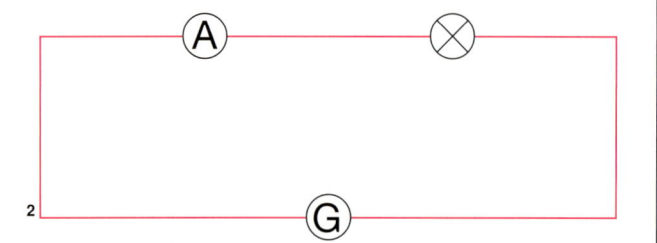

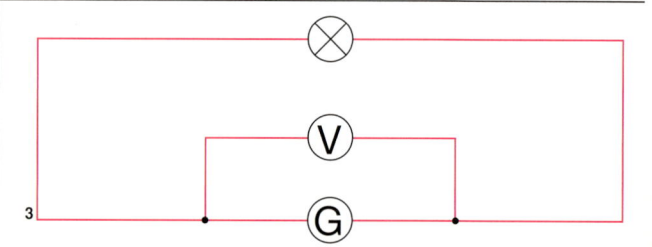

Elektrische Energieübertragung im Überblick

Parallelschaltung	**Reihenschaltung**
In der Parallelschaltung ist jedes Gerät durch einen eigenen Stromkreis mit der Energiequelle verbunden.	In der Reihenschaltung befinden sich mehrere Geräte in einem Stromkreis.

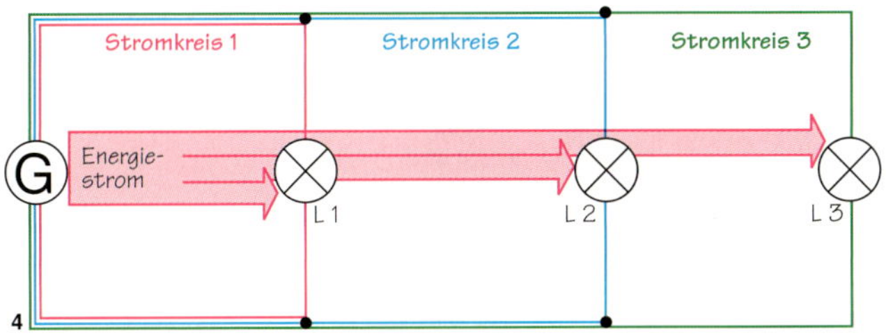

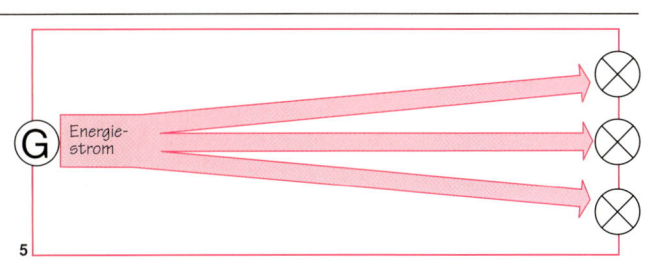

Je mehr Geräte angeschlossen sind,
desto mehr Energie ist erforderlich.
Der Energiestrom, den die Quelle abgeben muss, setzt sich
aus den Energieströmen für die einzelnen Geräte zusammen.

Wenn man zu einer Lampe eine weitere (mit gleicher Nennspannung) parallel schaltet, muss die Energiequelle den Ladungsstrom für beide Lampen antreiben.	Wenn man zu einer Lampe eine weitere Lampe (mit gleicher Nennstromstärke) in Reihe schaltet, muss man die Spannung erhöhen, damit beide Lampen hell leuchten.
Bei gleicher Energiequelle (also bei gleicher Spannung) gilt: Doppelter Energiestrom → doppelte Stromstärke, dreifacher Energiestrom → dreifache Stromstärke.	Bei gleicher Stromstärke gilt: Doppelter Energiestrom → doppelte Spannung, dreifacher Energiestrom → dreifache Spannung.
Bei parallel geschalteten Verbrauchern fließen durch die Quelle und die gemeinsamen Zuleitungen die Ladungsströme für alle Stromkreise: $I_{gesamt} = I_1 + I_2 + I_3.$	Weil bei der Reihenschaltung alle Lampen in *einen* Stromkreis eingebaut sind, fließt durch alle der gleiche Ladungsstrom. Die Stromstärke ist überall gleich: $I = I_1 = I_2 = I_3.$
In Parallelschaltungen muss jedes Elektron von der Quelle nur durch *einen* Verbraucher geschoben werden. An jedem Verbraucher steht deshalb die ganze Quellenspannung zur Verfügung: $U_{Quelle} = U_1 = U_2 = U_3.$	In Reihenschaltungen muss jedes Elektron durch alle Verbraucher geschoben werden. Die Energiequelle muss die Elektronen umso stärker antreiben, je mehr Verbraucher angeschlossen sind: $U_{Quelle} = U_1 + U_2 + U_3.$

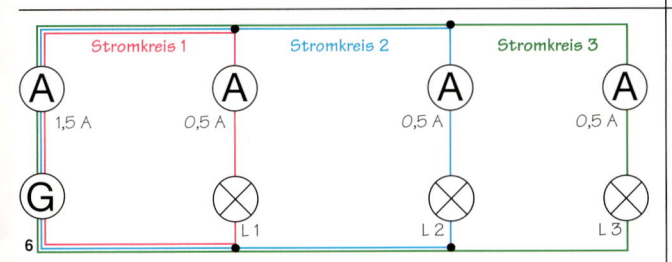

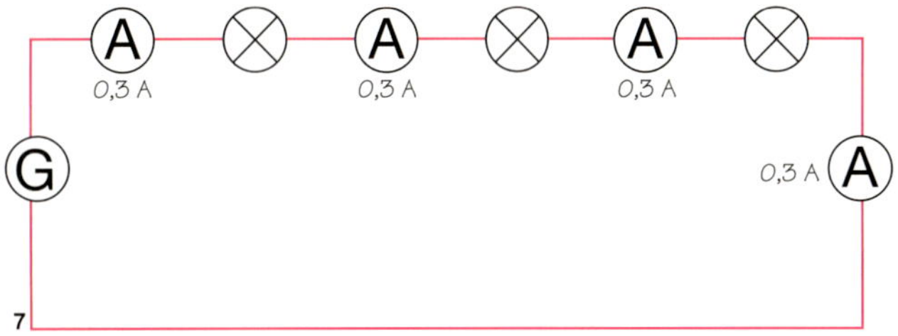

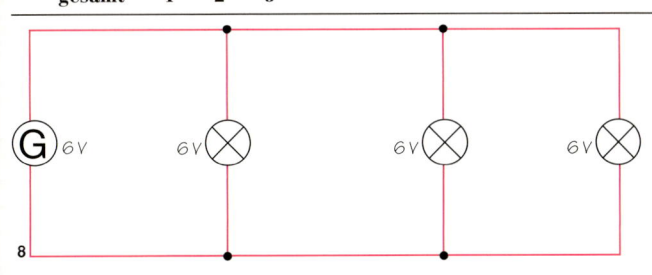

Nutzung elektrischer Wirkungen in der Technik

Wie funktioniert ein Elektromagnet?

Ein Druck auf einen Taster – und schon ertönt der Gong. Die beiden Metallplatten werden von einem Eisenbolzen angeschlagen. Dazu muss sich der Bolzen *bewegen*.

Wie kann Strom eine *Bewegung* hervorrufen?
Welche Rolle spielt dabei die Spule im Gong?

V1 Wir untersuchen die Wirkung einer Spule. Die Spule wird an eine elektrische Energiequelle angeschlossen. Der Strom durch die Spule soll etwa 2 A betragen.
Bild 2 zeigt den Versuchsaufbau: Ein Eisennagel steht senkrecht auf dem Tisch; seine Spitze zeigt zum Hohlraum der Spule.
a) Lass die Spule ganz langsam am Stativ nach unten gleiten. Was geschieht?
b) Verändere die Stromstärke und beschreibe das Ergebnis.
c) Nimm statt des Eisennagels z. B. einen Bleistift, einen dicken Kupferdraht, einen Glasstab, einen Kohlestab, einen Streifen Nickelblech ...

V2 Schalte drei unterschiedliche Spulen in einen Stromkreis (Bild 3). Die Stromstärke ist dann in allen Spulen gleich groß.
Prüfe die magnetische Wirkung mit einer Hand voll kleiner Eisennägel.
Formuliere das Ergebnis: Je mehr Windungen die Spule hat, desto ...

V3 Baue den Versuch wie in Bild 2 auf. Lege kleine Eisennägel auf den Tisch. Stelle den Abstand zwischen den Nägeln und der Spule auf etwa 1 cm ein. Regle die Stromstärke so, dass einige Nägel leicht angehoben werden. Verändere die Stromstärke danach nicht mehr.
Schiebe einen Eisenkern von oben in die Spule. Was beobachtest du? Was schließt du daraus?

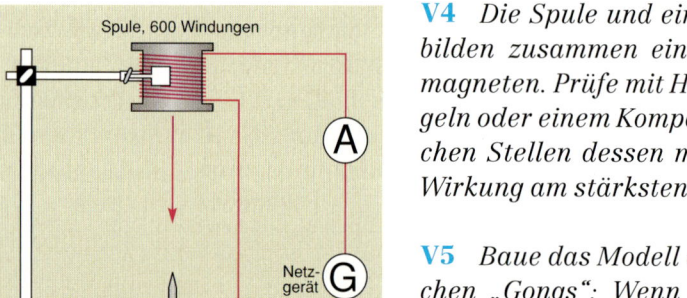

V4 Die Spule und ein Eisenkern bilden zusammen einen Elektromagneten. Prüfe mit Hilfe von Nägeln oder einem Kompass, an welchen Stellen dessen magnetische Wirkung am stärksten ist.

V5 Baue das Modell eines einfachen „Gongs": Wenn ein Taster gedrückt und dann wieder losgelassen wird, soll ein Gegenstand auf die Tischplatte klopfen.

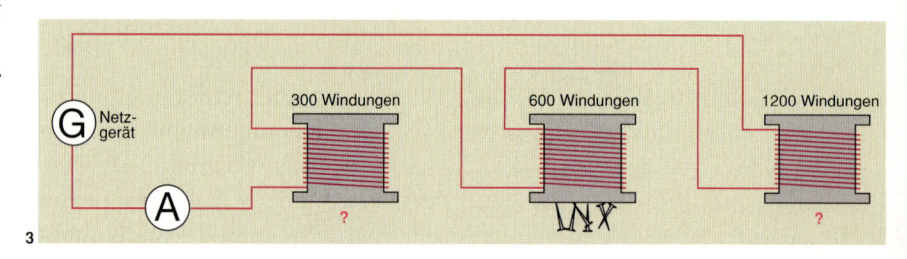

Grundlagen: Eine Spule wirkt wie ein Magnet

1820 fand der dänische Forscher *Christian Oersted* heraus:

Wenn elektrischer Strom durch einen Draht fließt, lassen sich magnetische Wirkungen beobachten.

Besonders groß sind die magnetischen Wirkungen, wenn der Strom durch einen Draht fließt, der zu einer Spule aufgewickelt ist (Bild 4).

Die Windungen der Spule wirken wie dünne Scheibenmagnete, sobald die Spule an eine Energiequelle angeschlossen ist. Die Spule können wir uns deshalb wie einen aus Scheiben zusammengesetzten Stabmagneten vorstellen (Bild 5).

Bei Spulen mit vielen *Windungen* ist der Draht in mehreren Lagen übereinander gewickelt. So ist die Spule von Bild 6 zwar genauso lang wie die von Bild 4, sie hat aber *fünfmal* so viele Windungen. Diese liegen in fünf Lagen übereinander. Wenn durch beide Spulen ein gleich großer Strom fließt, hat die Spule mit der größeren Anzahl von Windungen auch die größere magnetische Wirkung.

Eine Spule mit Eisenkern bezeichnet man als Elektromagnet. Durch den Eisenkern wird die magnetische Wirkung der Spule erheblich verstärkt.

Den Grund für die Verstärkung der magnetischen Wirkung kannst du dir leicht klarmachen:

Ein Eisennagel, den man nahe an den Nord- oder Südpol eines Magneten hält, wird selbst magnetisch. Der Nagel zieht dann seinerseits z. B. eine Büroklammer an.

Auch die Spule ist ein Magnet. Daher wird der Eisenkern in ihrem Innern zu einem Magneten. Zur Magnetwirkung der Spule kommt die Wirkung des magnetisierten Eisenkerns hinzu.

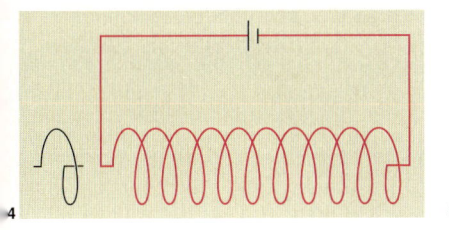

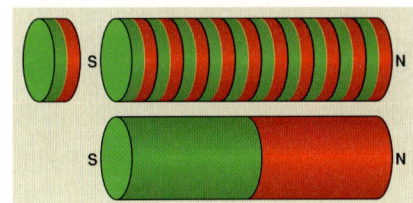

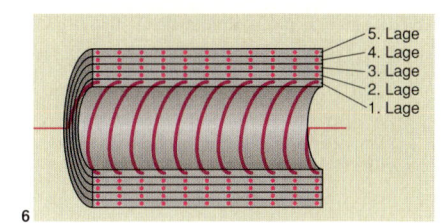

A1 Welche Eigenschaften haben Elektromagnete und Dauermagnete gemeinsam?
Worin unterscheiden sich Elektromagnete und Dauermagnete?

A2 Welches Ergebnis erwartest du bei dem **Versuch** von Bild 7?
Ziehe einen Vergleich zwischen diesem „Stabmagneten" und der Spule eines Elektromagneten.

A3 Wie kannst du die magnetische Wirkung einer Spule verstärken?

A4 Was geschieht, wenn jemand einen elektrischen Gong (Bild 1) betätigt? Die Bilder 8 u. 9 helfen dir bei der Antwort. Ergänze:

a) „Der Taster wird gedrückt. → Der Stromkreis ist geschlossen. → Durch die Windungen der Spule fließt ein elektrischer Strom. → …"

b) „Der Taster wird losgelassen. → …"

A5 Zwei gleiche Spulen sind in Reihe geschaltet. Eine hat einen Kern aus Eisen, die andere einen aus Kupfer. Wo ist die magnetische Wirkung größer? Begründe deine Antwort.

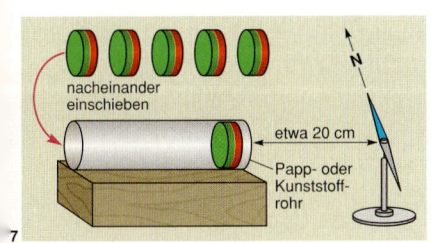

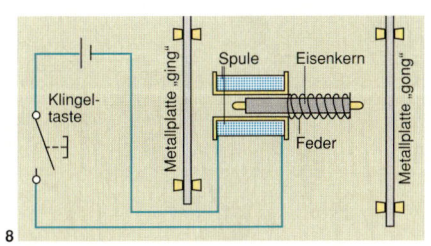

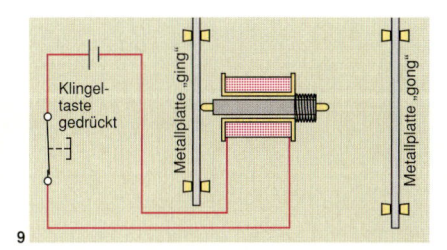

Aus der Technikgeschichte: Lasthebemagnete früher und heute

Die Entdeckung des Elektromagnetismus durch *Oersted* führte bald zum Bau erster **Elektromagnete** (Bild 1): Als Kern nahm man eine U-förmig gebogene Eisenstange. Sie wurde mit Kupferdraht umwickelt. Dazwischen lag nur eine Isolierung aus Papier. Zwei Gefäße mit Quecksilber dienten als Kontakt zwischen Spulendraht und Batterie.

Ein solcher Elektromagnet konnte nur Lasten von ein paar Kilogramm Gewicht halten, denn der Draht war in wenigen Windungen auf den Kern gewickelt worden. Die Drahtwindungen durften sich ja gegenseitig nicht berühren.

Gerne hätte man noch mehr Drahtwindungen auf dem Kern untergebracht, um die Wirkung des Elektromagneten zu verstärken. Damit die Windungen eng nebeneinander liegen konnten, brauchte man eine gute *Isolierung* – und die gab es nicht.

Im Jahr 1829 war sie gefunden: Der amerikanische Physiker *Henry* isolierte einen 250 m langen Draht mit Seide. Er konnte damit einen Elektromagneten bauen, der eine Last von 1000 kg tragen konnte (Bild 2).

Bild 3 zeigt einen modernen **Lasthebemagneten**, wie er heute auf Schrottplätzen eingesetzt wird.

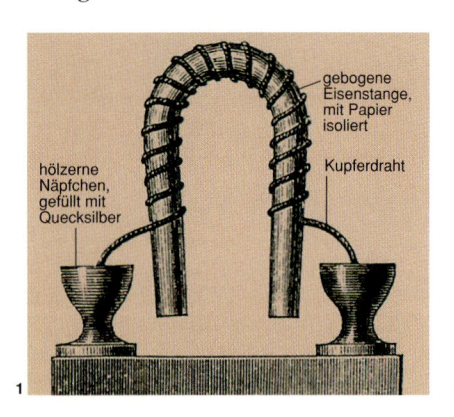

1 *gebogene Eisenstange, mit Papier isoliert; Kupferdraht; hölzerne Näpfchen, gefüllt mit Quecksilber*

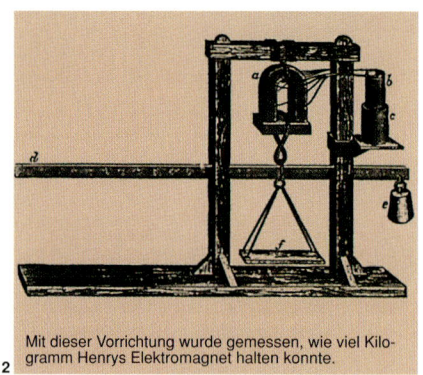

2 *Mit dieser Vorrichtung wurde gemessen, wie viel Kilogramm Henrys Elektromagnet halten konnte.*

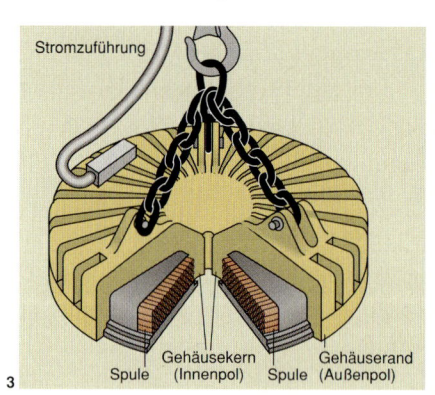

3 *Stromzuführung; Spule (Innenpol); Gehäusekern; Spule (Außenpol); Gehäuserand*

Aus der Technikgeschichte: Die elektrische Klingel

Hier siehst du den Aufbau einer alten elektrischen Klingel (Bild 4). Das wichtigste Bauteil dieser Klingel ist ein Elektromagnet.

Immer wenn der Klingelknopf gedrückt wird, bewegt sich der Klöppel rasch hin und her.

Dafür sorgt ein raffinierter Schaltungstrick (Bild 4): Wenn nämlich der Elektromagnet das Eisenblech des Klöppels anzieht, wird automatisch der Stromkreis unterbrochen. Es erfolgt also eine *Selbstunterbrechung*.

V6 *Führe den Versuch von Bild 5 durch. Beschreibe anschließend die Selbstunterbrechung der Klingelschaltung: Der Taster wird gedrückt. → Der Stromkreis ist geschlossen. → Die Spule wird magnetisch. → Das Eisenblech …*

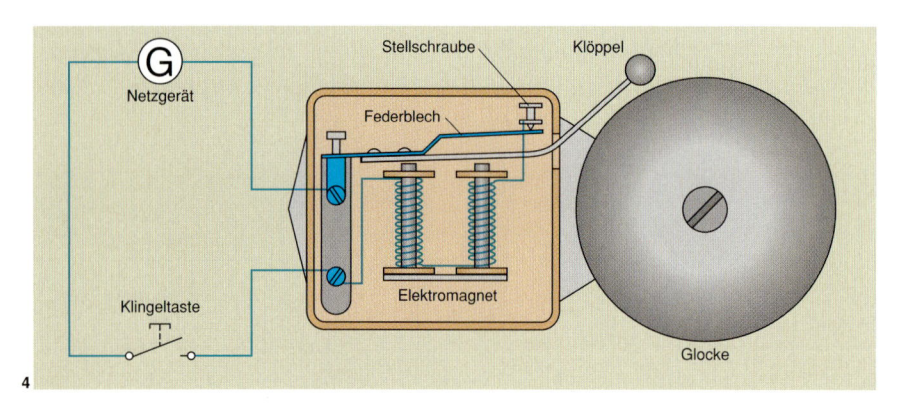

4 *Netzgerät; Klingeltaste; Stellschraube; Federblech; Klöppel; Elektromagnet; Glocke*

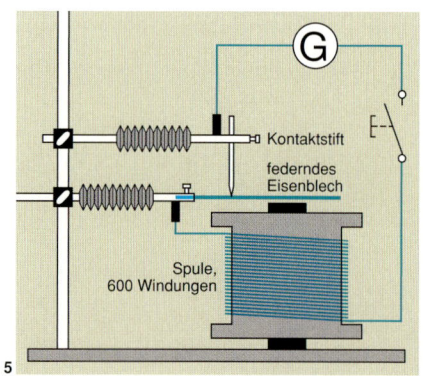

5 *Kontaktstift; federndes Eisenblech; Spule, 600 Windungen*

Aus der Technik: Der Lautsprecher

Lautsprecher und Kopfhörer wandeln Stromschwankungen in Schall um. Im Ausgangsstromkreis eines Verstärkers fließt ein *Wechselstrom*: In jeder Sekunde fließt der Elektronenstrom bis zu 20 000-mal in die eine und in die andere Richtung – entsprechend den Schallschwingungen. Genauso oft ändert sich dabei die Polung der **Spule** des Lautsprechers. Der Lautsprecher enthält außerdem einen starken Dauermagneten.

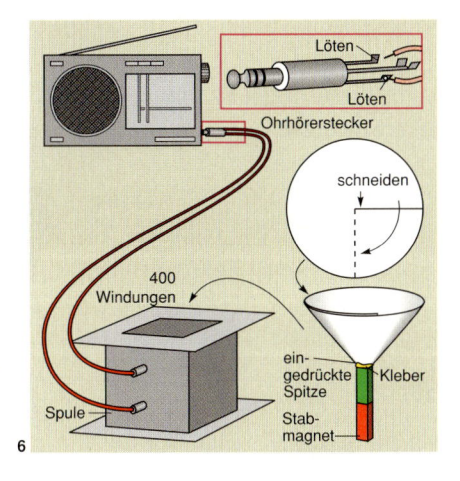

Spule und Magnet ziehen sich gegenseitig an oder sie stoßen sich ab. An die Spule oder den Dauermagneten ist ein Trichter aus Pappe geklebt. Der führt Schwingungen aus und erzeugt den Schall.

V7 *Schließe an den Kopfhörerausgang eines Radios eine Spule an. Kannst du etwas hören? Klebe einen Dauermagneten an einen Papiertrichter (Bild 6). Halte den Dauermagneten in die Spule.*

Aus der Technik: Das Relais

Ein **Relais** (sprich: relä; Bild 7) ist ein elektromagnetischer Schalter, der gleichzeitig in zwei Stromkreise eingebaut ist. Jeder Kreis hat seine eigene Energiequelle und eigene Leitungen (Bild 8).

Wenn der *Steuerstromkreis* geschlossen oder unterbrochen wird, schaltet das Relais mit Hilfe eines Elektromagneten den zweiten Stromkreis, den *Arbeitsstromkreis*. Die Stromstärke im Arbeitsstromkreis ist in der Regel viel größer als im Steuerstromkreis.

Durch die Anordnung der Schaltkontakte im Relais kann man erreichen, dass der zweite Stromkreis dann geschlossen wird, wenn man den ersten öffnet. Solche Schaltungen werden z. B. in Alarmanlagen genutzt. Der Auslöser der Anlage liegt dabei im Steuerstromkreis, die Sirene im Arbeitsstromkreis.

V8 *Wie ein Relais funktioniert, zeigt der Versuch von Bild 8.*
a) *Was geschieht, wenn der blau gezeichnete Stromkreis geschlossen wird? Stelle eine Wirkungskette auf.*
b) *Erkläre die Begriffe Steuerstromkreis und Arbeitsstromkreis.*
c) *Statt der Kontakte 3 u. 4 können auch die Kontakte 4 u. 5 benutzt werden. Was ändert sich dann?*

V9 *Wichtiges Bauteil bei vielen Alarmanlagen ist ein* **Reedschalter** *(Bild 9). Er hält einen Stromkreis nur dann geschlossen, wenn sich in seiner Nähe ein Dauermagnet befindet.*
Baue in einem Versuch nach Bild 9 eine Alarmanlage, die das Öffnen eines Fensters oder einer Tür melden kann. Beschreibe, wie die Anlage funktioniert.

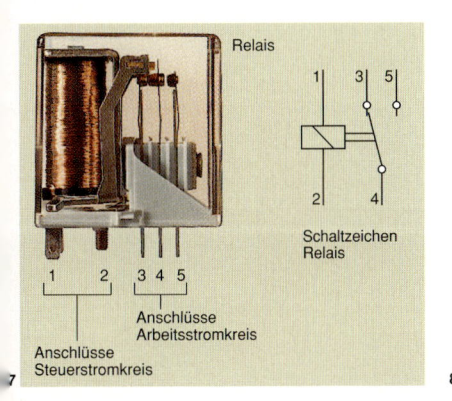

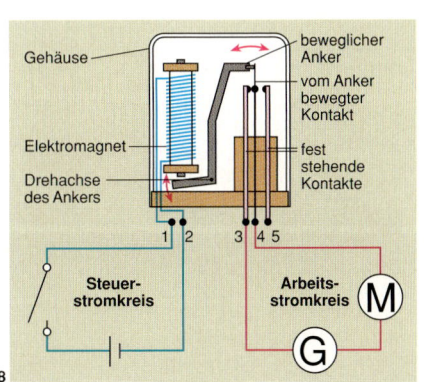

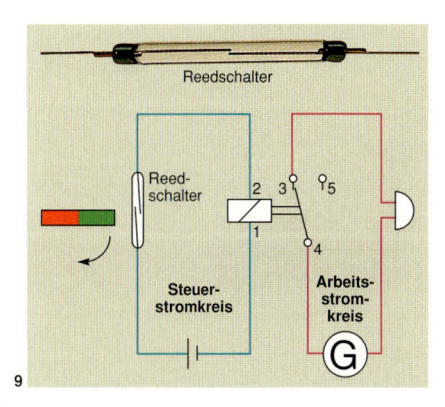

Der Elektromotor

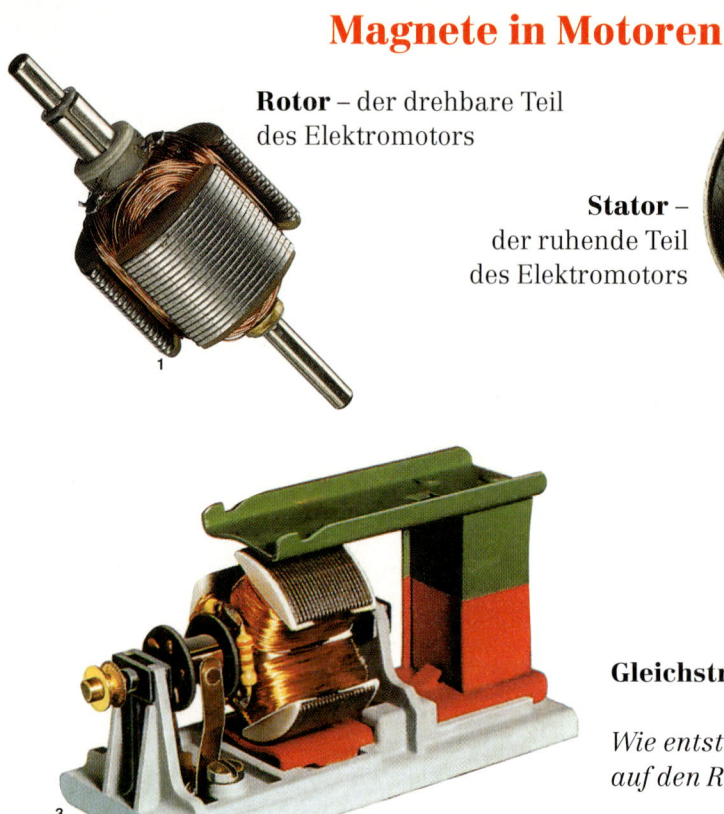

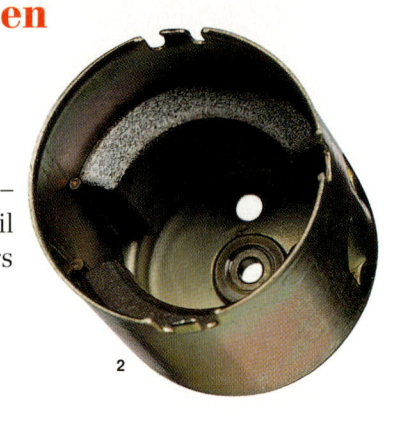

Magnete in Motoren

Rotor – der drehbare Teil des Elektromotors

Stator – der ruhende Teil des Elektromotors

Gleichstrommotor

Wie entsteht die Drehwirkung auf den Rotor des Elektromotors?

V1 Wir bauen einen einfachen Elektromotor (Bild 4). Als Rotor dient eine Kompassnadel oder ein Stabmagnet. Als Stator verwenden wir eine Spule mit Eisenkern. Gelingt es dir, die Kompassnadel (bzw. den Magneten) zum Drehen zu bringen?
Beschreibe, wie du es geschafft hast.

V2 Damit sich bei einem richtigen Elektromotor der Rotor dreht, muss niemand ständig den Schalter betätigen. Praktisch wäre es, wenn der Rotor selbst den Strom bei jeder Drehung ein- bzw. ausschalten würde – und zwar genau im richtigen Augenblick …
a) Du kannst den Dauermagneten als „Schalter" verwenden (Bild 5). Probiere es aus.
b) Überlege dir, welchen Nachteil dieser Motor hat.

V3 Hier stellt eine Spule den Rotor dar (Bild 6). Ein Bügelmagnet ist der Stator.
a) Wo befinden sich bei dieser Spule die Pole?
b) Wie kommt es zur Bewegung der Spule?

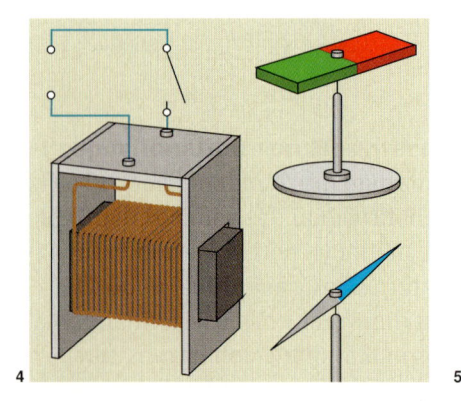

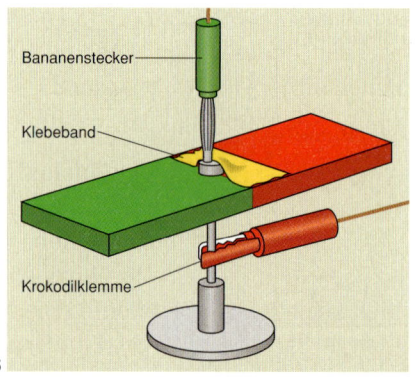

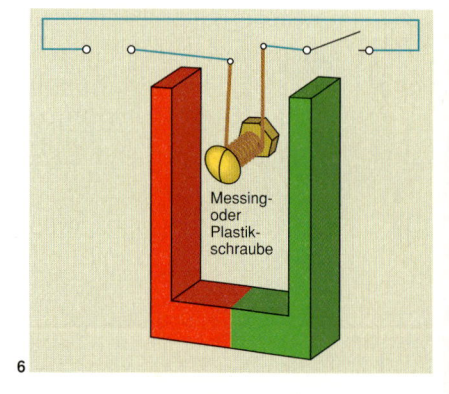

c) Die Spule dreht sich nur ein wenig – auch wenn der Strom für längere Zeit eingeschaltet ist. Gib dafür eine Erklärung.

d) Wie könnte man erreichen, dass sich die Spule richtig im Kreis dreht? Versuche es.

V4 Der Motor von Bild 7 wird an eine Batterie oder an ein Netzgerät (4 bis 5 V) angeschlossen und der Rotor „angeworfen".
Suche die Magnetpole des Rotors. Tipp: Nimm den Dauermagneten ab, sodass der Rotor stehen bleibt. Dann kannst du ihn in Ruhe untersuchen.

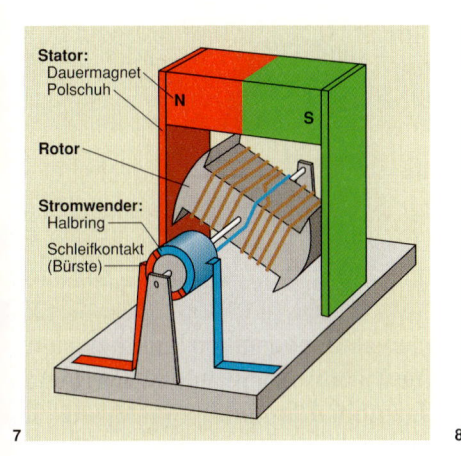

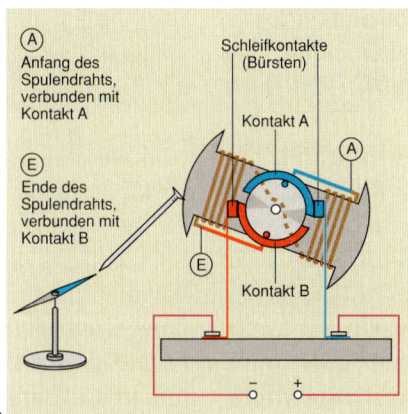

V5 Jetzt können wir untersuchen, warum sich der Rotor bei diesem Motor ständig dreht und nicht – wie in Versuch 3 – schon nach einer halben Umdrehung stehen bleibt.

a) Nachdem der Dauermagnet entfernt ist, wird die Spule langsam gedreht. Auf diese Weise kannst du die Magnetpole des Rotors überprüfen (Bild 8).
Was beobachtest du?

b) Erkläre, warum man die Kontakte A und B zusammen mit den Bürsten als „Stromwender" bezeichnet.

c) Wie steht der Rotor, wenn seine Pole vertauscht werden? Steht er senkrecht oder waagerecht?

d) Erkläre jetzt, warum sich der Rotor immer weiterdreht.

V6 Ein Elektromotor (Spielzeugmotor) kann Lasten hochziehen. Beobachte den Motor, wenn er ohne Last läuft (Leerlauf) und wenn er eine Last hochzieht.
Wiederhole den Versuch. Miss dabei die Stromstärke bei belastetem und bei unbelastetem Motor.

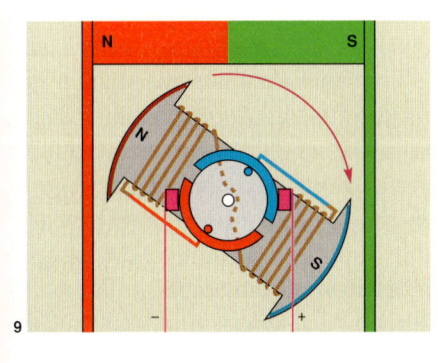

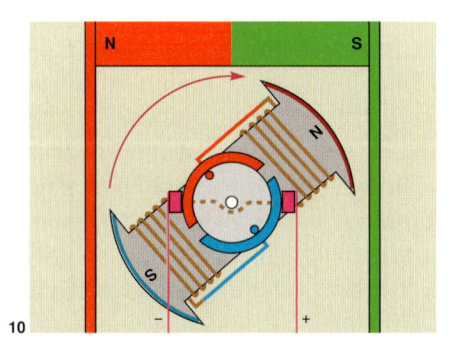

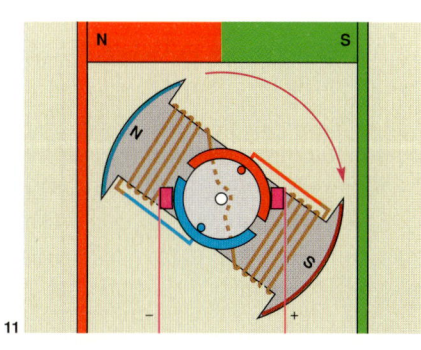

A1 In den Bilder 9–11 siehst du den Rotor eines Elektromotors in verschiedenen Stellungen. Erkläre, warum er sich jeweils weiterdreht.

A2 Bild 12 zeigt das Modell eines Elektromotors.
a) Nenne die wichtigsten Teile und ihre Aufgaben.
b) Wieso kommt der Motor ohne Dauermagnet aus?
c) Falls der Bausatz zur Verfügung steht: Baue den Motor auf und probiere ihn aus.

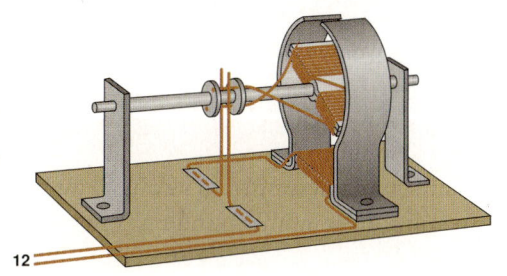

A3 Ein Motor dreht sich zuerst im Leerlauf. Dann muss er z. B. eine Last hochheben. Vergleiche die Ladungsströme, die jeweils durch den Motor fließen.

Aus der Technikgeschichte: Elektrischer Antrieb für Fahrzeuge

Zur Auswahl

Eine Kutsche ohne Pferde und die Eisenbahn ohne Dampflokomotive – davon träumten Erfinder im 19. Jahrhundert. Als Antrieb kamen in Frage:
○ der Elektromotor von *Jacobi* (erfunden 1834),
○ der Gasmotor von *Nikolaus August Otto* (1876)
○ oder der Ölmotor von *Rudolf Diesel* (1893).

Moritz Hermann Jacobi baute zunächst ein Schiff mit Batterie- und Elektroantrieb. Das erste **Elektroauto** fuhr dann *Johann Philipp Wagner* 1842 und erst Jahrzehnte später saß *Karl Benz* am Steuer des ersten Autos mit Ottomotor (1886).

Damals gab es in Berlin längst eine **elektrische Straßenbahn** (Bild 1). *Werner von Siemens* hatte sie 1881 eingeweiht. Die Behörden erlaubten nur 20 km/h als Höchstgeschwindigkeit.

Sechs Jahre später fuhr dann in Berlin bereits eine U-Bahn. Bei den Schienenfahrzeugen ist es bis zum heutigen Tag beim *Elektromotor* als Antrieb geblieben.

Und bei den „Kutschen"? Auch hier lag zunächst der Elektroantrieb vorn. Schon 1899 fuhr ein solches Fahrzeug erstmals schneller als 100 km/h. Auch der Kaiser liebte das Elektromobil mehr als die „Stinkekarren". Fast alle Taxis fuhren um 1900 in Berlin mit dem leisen und einfach zu bedienenden Elektromotor. Ein weiterer Vorteil: Man musste diese Fahrzeuge nicht erst ankurbeln. Coupé-Modelle (Bild 2) waren vor allem bei wohlhabenden Damen sehr beliebt.

Später setzten sich aber bei den Straßenfahrzeugen die *Verbrennungsmotoren* wegen ihrer größeren Reichweite durch. Elektroantriebe gerieten fast in Vergessenheit – bis 80 Jahre später Abgase und Lärm in den Innenstädten zu einem Problem wurden.

Inzwischen experimentieren Autohersteller wieder mit *Elektromobilen* (Bilder 3 u. 4). Künftig werden sie möglicherweise von Brennstoffzellen angetrieben. In ihnen wird chemische Energie direkt in elektrische Energie umgewandelt – dabei entsteht aus Wasserstoff (oder Methanol) und Sauerstoff nichts als Wasser.

„Tanken" per Elektrokabel – bei einem Elektromobil 3

Batterien eines Elektromobils – unten im Kofferraum

Zusammenfassung

Bau und Funktionsweise des Elektromotors

Die wichtigsten Teile eines Gleichstrommotors sind
- ein fest stehender Dauer- oder Elektromagnet, der *Stator*,
- ein drehbarer Elektromagnet, der *Rotor* und
- ein *Stromwender (Kommutator)*.

Die Drehung kommt durch Abstoßung und Anziehung der Magnetpole von Stator und Rotor zustande. Der Stromwender kehrt bei jeder Drehung die Stromrichtung in der Rotorspule im „richtigen Takt" um und vertauscht so Nord- und Südpol des Rotors.

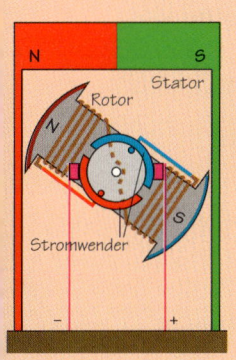

Gleichnamige Pole von Rotor und Stator stoßen sich gegenseitig ab. Der Rotor dreht sich.

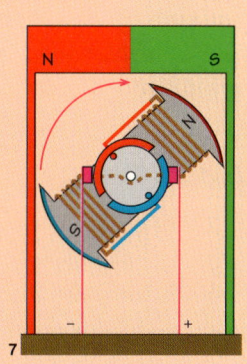

Ungleichnamige Pole von Rotor und Stator ziehen einander an. Die Drehung würde aufhören, wenn sich ungleichnamige Pole gegenüberstünden.

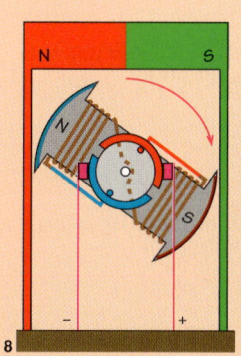

Der Stromwender kehrt die Stromrichtung in der Rotorspule um. Aus dem *Nordpol* des Rotors wird so ein *Südpol* und aus dem *Südpol* ein *Nordpol*. Die Drehung geht damit weiter.

### *Alles klar?* 	Lösungen → Anhang

1. Mit einem Elektromotor in einem Kran kann man Lasten heben. Welche Kräfte ermöglichen das?

2. Oliver plagt sich mit einem Versuch herum: Ein Stabmagnet ist auf einer Nadelspitze drehbar gelagert. Der Magnet soll sich dort eine Zeit lang im Kreis drehen. Neben dem drehbaren Magneten liegt eine Spule mit Eisenkern. Die Spule ist an eine Energiequelle angeschlossen.
Oliver versucht immer wieder den Magneten „anzuwerfen". Er bleibt aber jedes Mal nach kurzer Zeit stehen. Wo steckt der Fehler?

3. Bei fast allen Elektromotoren ist der Stator ein Elektromagnet. Bild 9 zeigt eine Möglichkeit, Rotor- und Statorspule an die Spannungsquelle anzuschließen. Es gibt noch eine weitere Möglichkeit. Welche?

4. Die in den Versuchen 2 u. 4 benutzten Motoren liefen manchmal nicht von alleine an. Sie mussten angeworfen werden.
a) Warum?
b) Wenn der Rotor dreigeteilt ist, läuft er von selbst an. Erkläre das Anlaufen mit Hilfe von Bild 10 für verschiedene Stellungen des Rotors.

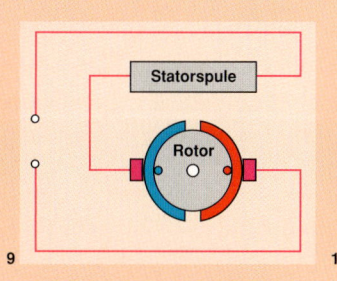

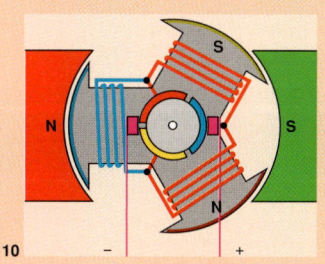

Der elektrische Widerstand

Energieumwandlung in Heiz- und Glühdrähten

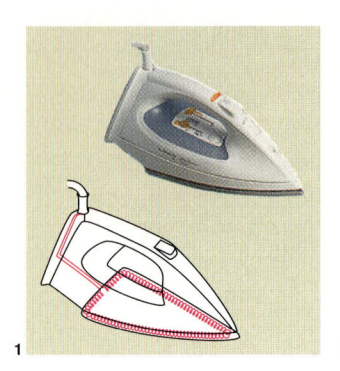

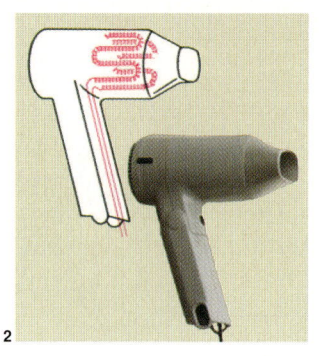

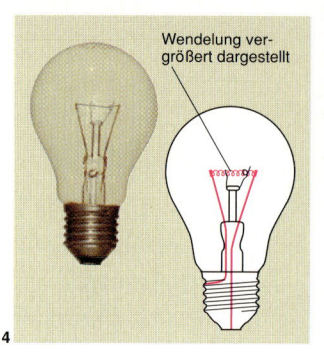

Viele Haushaltsgeräte enthalten Heizdrähte.
In ihnen wird elektrische Energie in thermische Energie (Wärme) umgewandelt.
In Glühlampen wird der Glühdraht so heiß, dass er auch noch sichtbares Licht ausstrahlt.
Wie kommt es, dass sich die Heizdrähte stark erwärmen, die Anschlussleitungen aber nicht?

Vorbereitende Aufträge

1. Schau dich in eurem Haushalt um:
a) Notiere alle Geräte, in denen du Heiz- oder Glühdrähte vermutest.
b) Bei manchen Geräten kann man die Heizdrähte sehen. Was fällt dir an ihnen im Vergleich zu den Leitern in den Anschlusskabeln auf?

2. Zerschlage den Glaskolben einer Haushaltsglühlampe vorsichtig in einem Tuch. Sieh dir den Glühdraht mit einer Lupe an.
Ziehe ein Bruchstück des gewendelten Glühdrahts mit einer Pinzette vorsichtig in die Länge. Um wie viel ist der gestreckte Glühdraht länger?

V1 Als Heizdraht verwenden wir Konstantandraht von 50 cm Länge und 0,2 mm Durchmesser. (Konstantan ist eine Legierung aus Kupfer und Nickel.)
a) Schließe den Heizdraht über zwei isolierte Zuleitungen an die Quelle (6 V) an. Werden auch die Zuleitungen warm?
b) Verwende nun als Zuleitung Kupferdrähte ohne Isolierung. Verbinde ihre Enden mit dem Konstantandraht. Wickle die Zuleitung und dann den Konstantandraht um den Temperaturfühler (Bild 5).
Suche eine Erklärung für deine Beobachtung.

V2 Wir untersuchen die Wirkung des Elektronenstroms in Drähten aus verschiedenem Material.
Damit jeweils der gleiche Elektronenstrom durch sämtliche Drähte fließt, schalten wir sie in Reihe (Bild 6).
a) Schalte die Energiequelle ein und beobachte die Wachskugeln.
Welcher der Drähte wird am heißesten?
b) Miss an jedem Draht die elektrische Spannung.
c) Warum sollen die Drähte bei diesem Versuch den gleichen Durchmesser haben und gleich lang sein?

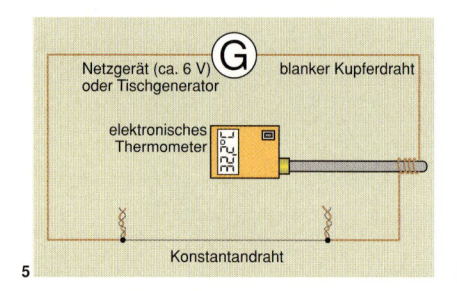

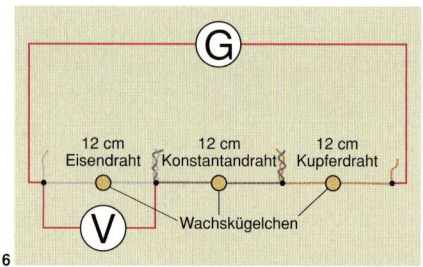

V3 Wickle zunächst 0,5 m Eisendraht (Durchmesser 0,2 mm) auf eine Kugelschreibermine. Es entsteht eine Wendel.

a) Baue deine Wendel in einen Stromkreis ein. Was beobachtest du, wenn du die Wendel bis zur Rotglut erhitzt (Bild 7)? Was bedeutet das für den Zusammenhang zwischen Leitfähigkeit und Temperatur des Eisendrahts?

b) Wickle nun eine Wendel aus einem gleich dicken und langen Konstantandraht. Baue statt der Glühlampe einen Strommesser in den Stromkreis ein.
Erhitze die Wendel aus Konstantan. Welchen Unterschied zu Versuchsteil a stellst du fest?

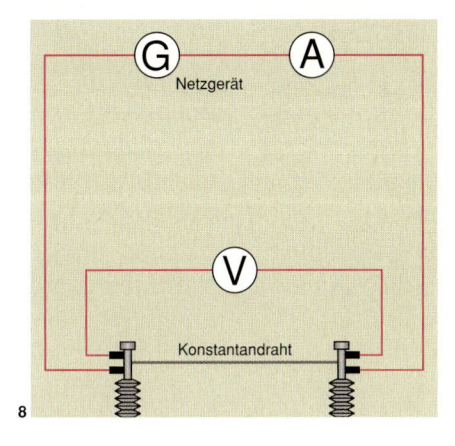

7

8

V4 Welchen Einfluss haben die Abmessungen des Drahts darauf, wie gut ein Draht leitet?
Wir können das mit einer Versuchsanordnung nach Bild 8 untersuchen.
Die Spannung am Draht wird jeweils so lange erhöht, bis die Stromstärke $I = 1$ A erreicht ist.

a) Setze zunächst ein 50 cm langes Stück Konstantandraht mit einem Durchmesser von 0,2 mm in den Stromkreis ein.

b) Überlege: Wie musst du vorgehen, um den Einfluss der Drahtlänge zu untersuchen?

c) Untersuche in gleicher Weise auch Drähte mit größerem Durchmesser.

Grundlagen: Wie der elektrische Widerstand entsteht

Wie stark ein bestimmter Elektronenstrom einen Draht erwärmt, hängt vom Material des Drahts ab. Der gleiche Elektronenstrom erwärmt einen gleich dicken und gleich langen Draht aus Kupfer viel weniger als einen aus Konstantan. An dem Draht, der sich am stärksten erwärmt, ist auch die Spannung am größten (bei gleicher Stromstärke).

An der Höhe der Spannung erkennen wir, wie schwer es ist, einen bestimmten Elektronenstrom durch einen Leiter zu treiben: Je höher die Spannung ist, desto mehr Energie muss aufgebracht werden (Bilder 9 u. 10).

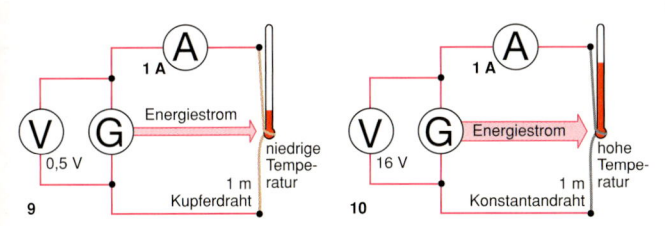

9

10

Je stärker ein Leiter die Elektronenbewegung hemmt, desto höher muss die elektrische Spannung sein, um den Elektronenstrom durch den Leiter zu treiben.

Die Eigenschaft eines Leiters, die Ladungsbewegung zu behindern, bezeichnet man als elektrischen Widerstand.

Während sich die Elektronen im Metall bewegen, stoßen sie immer wieder mit Atomen (Atomrümpfen) zusammen. Durch die Stöße geben die Elektronen Energie an die Atome ab, die zunehmend auf ihren Plätzen hin und her schwingen. Im Draht wird also Energie in *thermische Energie* (Wärme) umgewandelt.

In reinen Metallen sind die Atome (Atomrümpfe) regelmäßig angeordnet. Die Elektronen stoßen selten mit Atomen zusammen (Bild 11). Du kannst das mit

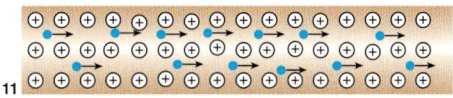

11

Leiter aus einem reinen Metall (Kupfer)
Wenige Zusammenstöße → niedrige Temperatur.

• Elektronen   ⊕ Atome, denen Elektronen fehlen (Atomrümpfe)

dem Laufen durch einen Obstgarten vergleichen, in dem die Bäume in regelmäßigen Reihen stehen.

In einer Mischung (Legierung) sind die Atome weniger regelmäßig geordnet. Für die Elektronen gleicht die Bewegung jetzt dem Lauf durch ein Dickicht. Sie stoßen häufig auf Atome (Bild 12). Dabei geben sie jedes Mal Energie ab. Der Draht wird heiß.

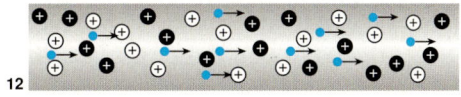

12

Leiter aus einer Legierung von zwei Metallen (Konstantan)
Viele Zusammenstöße → hohe Temperatur.

129

Grundlagen: Leiterabmessungen und Widerstand

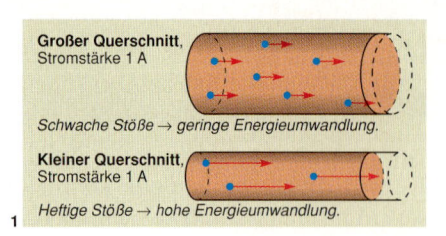

Ein Elektronenstrom von 1 A fließt durch einen *dicken* Draht. Die Elektronen bewegen sich dabei langsamer, als wenn sie (bei gleicher Stromstärke) einen *dünnen* Draht durchlaufen müssten (Bild 1).

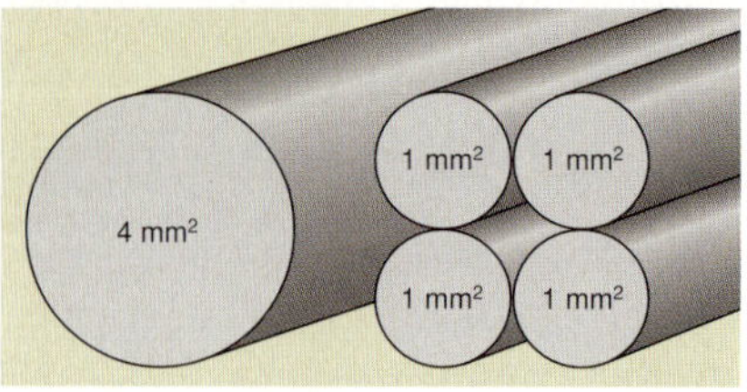

Bei der höheren Geschwindigkeit im dünnen Draht stoßen die Elektronen heftiger an die Atome als bei dem geringeren Tempo im dicken Draht. Daher geben sie auch mehr Energie ab.

Die Elektronen werden also im dünnen Draht stärker gehemmt als im dicken.

Der Widerstand ist umso größer, je kleiner die Querschnittsfläche des Leitungsdrahts ist.

Bild 2 zeigt, wie Querschnittsfläche und Durchmesser eines Leitungsdrahts zusammenhängen: Bei doppeltem Durchmesser wächst die Querschnittsfläche auf das 4fache. Der Widerstand sinkt also auf ein Viertel.

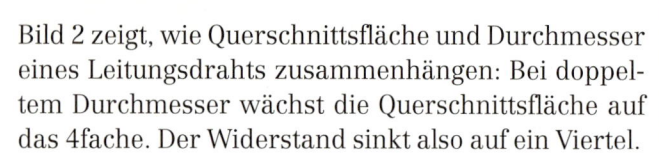

Natürlich geht es schwerer, Elektronen durch einen *langen* Draht zu schieben als durch einen *kurzen* (bei gleichem Durchmesser und Material). Im Draht wird ja die Elektronenbewegung auf jedem Zentimeter seiner Länge gehemmt.

Der Widerstand eines Leiters wächst mit seiner Länge.

A1 *Vergleiche den Wasserstromkreis von Bild 3 mit einem elektrischen Stromkreis. Welchem Teil des elektrischen Stromkreises entspricht die Holzwolle?*

A2 *Warum hat ein dünner Draht einen größeren Widerstand als ein dicker (Bild 1)? Warum erwärmt sich der dünne Draht stärker (bei gleicher Stromstärke)?*

A3 *Nimm an, die Glühdrähte von zwei Haushaltsglühlampen (75 W bzw. 100 W) seien gleich lang. In welcher der Lampen ist der Draht dicker? Welcher Draht hat den größeren Widerstand? Begründe.*

A4 *Für die Anschlusskabel von Haushaltsgeräten nimmt man unterschiedlich dicke Kupferdrähte: In den Kabeln für Lampen, Kühlschränke, Fernseher, Staubsauger usw. sind die Leiter 1 mm dick, in denen für den Elektroherd dagegen beinahe 2 mm. Erkläre.*

A5 *In Bild 4 ist die elektrische Leitfähigkeit einiger Materialien dargestellt. Welche Metalle kommen für Leitungen infrage, die besonders gut leiten sollen? Welche Materialien eignen sich für Heizdrähte?*

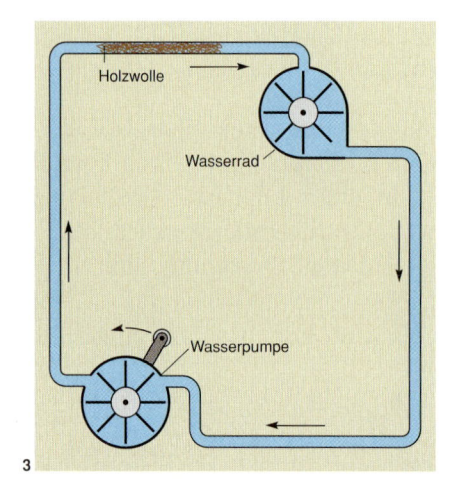

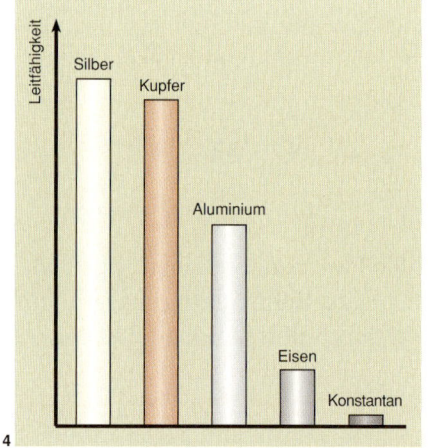

Wir berechnen den elektrischen Widerstand

Praktikumsversuch

V1 Wir untersuchen an unterschiedlichen Drähten, wie Stromstärke und Spannung zusammenhängen.

Versuchsmaterialien: Konstantandraht (1,0 m, ⌀ 0,2 mm), Konstantandraht (0,75 m, ⌀ 0,1 mm), 2 Isolierstäbe mit Fuß, 1 Glühlampe (4 V; 0,1 A) mit Fassung, Netzgerät, Strommesser, Spannungsmesser, 6 Verbindungskabel
Versuchsaufbau: Siehe Bild 5.
Versuchsdurchführung:

a) Baue die Drähte nacheinander in den Stromkreis ein.
Erhöhe die Spannung U zwischen 0 V und 5 V (in Schritten von 0,5 V) und miss jeweils die Stromstärke I. Notiere die Messwerte in einer Tabelle (→ Muster).

U in V	0,5	1,0	1,5
I in A	?	?	?
$\frac{U}{I}$ in $\frac{V}{A}$	?	?	?

b) Nimm jetzt statt der Drähte das Glühlämpchen.
c) Trage die Messwerte für alle drei Messreihen in ein Diagramm ein.
d) Berechne den Quotienten $\frac{U}{I}$ für jede der drei Wertetabellen. Trage ihn in die Tabelle ein.

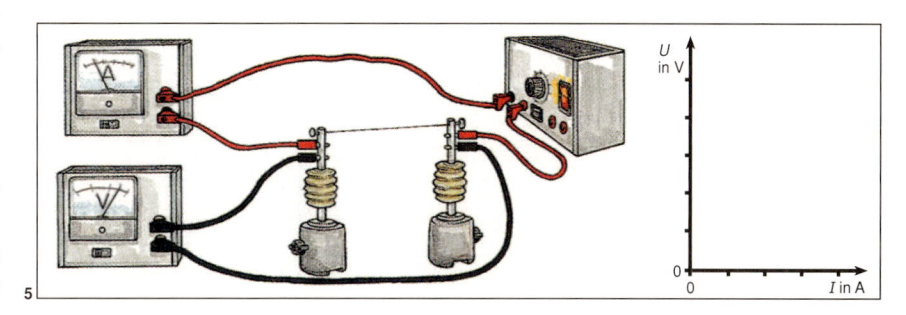

5

Aus der Geschichte: Georg Simon Ohm

Georg Simon Ohm (Bild 6) war Lehrer an einem Kölner Gymnasium. Zwischen 1822 und 1825 untersuchte er die Leitfähigkeit von Flüssigkeiten und Metallen. Damals war noch unbekannt, in welcher Weise die „elektrische Wirkung" von den Eigenschaften der Energiequelle und denen des Leiters abhängt. „Stromstärke" und „Spannung" waren noch unklare Begriffe.

Ohm setzte Energiequellen ein, von denen er mehrere in Reihe schaltete. Auf diese Weise konnte er mit unterschiedlichen Spannungen experimentieren. Er erwartete, dass z. B. bei doppelter Spannung auch die Stromstärke doppelt so groß ist.

In seinen Experimenten konnte Ohm diese Vermutung lange Zeit nicht bestätigen. Er hatte mit vielen Schwierigkeiten zu kämpfen. Die Spannung seiner ersten Energiequellen sank während der Messung und die Messwerte änderten sich mit der Temperatur der Leiter.

Trotz der Misserfolge gab Ohm nicht auf. Er glaubte fest an seine Idee vom Zusammenhang zwischen Spannung und Stromstärke.

Nach vielen Jahren des Experimentierens konnte Ohm schließlich im Jahr 1826 zeigen, dass das vermutete Gesetz tatsächlich gilt:

Stromstärke und Spannung ändern sich in gleichem Maß, sie sind proportional zu einander – aber nur wenn die Temperatur des Leiters gleich bleibt (ohmsches Gesetz).

Durch Ohms Arbeit wurden die Begriffe „Strom", „Spannung" und „Widerstand" geklärt. Die Anerkennung seiner Arbeit durch die Wissenschaft ließ jedoch lange auf sich warten:

Erst 1849 erhielt er eine von ihm angestrebte Stelle an einer bayerischen Forschungseinrichtung.

Und 1852 – erst zwei Jahre vor seinem Tod – wurde er Professor an der Universität München.

6

Der elektrische Widerstand

Grundlagen: Wie man den Widerstand eines Leiters berechnet

So kann man Drähte miteinander vergleichen: Man untersucht, wie groß bei jedem Draht die Spannung sein muss, damit die Stromstärke genau 1 A erreicht.

Je schlechter der Draht leitet, desto höher muss die Spannung sein, um einen Elektronenstrom von $I = 1$ A durch den Draht zu treiben. Diese Spannung verrät etwas über den elektrischen Widerstand.

Der elektrische Widerstand gibt an, bei welcher Spannung die Stromstärke 1 A betragen würde.

3 Ω bedeutet: Man braucht 3 V Spannung für 1 A.
10 Ω bedeutet: Man braucht 10 V Spannung für 1 A.
Diese Rechnung ist aber nur sinnvoll, solange sich der Widerstand des Leiters nicht ändert.

So berechnet man den elektrischen Widerstand R:

$$\text{Widerstand} = \frac{\text{Spannung}}{\text{Stromstärke}}, \quad R = \frac{U}{I}.$$

Die Einheit des Widerstands ist 1 Ohm (1 Ω).

$$1\,\Omega = 1\,\frac{V}{A}; \quad 1000\,\Omega = 1\,k\Omega\,(1\text{ Kiloohm}).$$

Sie ist nach dem Physiker *Georg Simon Ohm* benannt.

Rechenbeispiel:
Die Stromstärke in einer Kaffeemaschine (230 V) beträgt $I = 3{,}7$ A. Der Widerstand der Kaffeemaschine beträgt:

$$R = \frac{U}{I}; \quad R = \frac{230\,V}{3{,}7\,A} = 62\,\frac{V}{A} = 62\,\Omega.$$

A1 *Verschiedene Drähte wurden an ein Netzgerät angeschlossen. Dann wurden Stromstärke und Spannung gemessen.*

Draht Nr.	1	2	3	4
U in V	1,0	4,0	5,0	6,0
I in A	0,5	1,0	0,1	0,27

Berechne die elektrischen Widerstände der Drähte.

A2 *Wenn eine Haushaltsglühlampe (100 W) an eine Energiequelle mit U = 10 V angeschlossen wird, leuchtet sie nicht auf. Trotzdem kann man eine Stromstärke von 95 mA messen.*
a) *Berechne den Widerstand des Glühdrahts im kalten Zustand.*
b) *Wenn die Lampe an 230 V angeschlossen wird, misst man die Stromstärke 435 mA. Was kannst du über den Widerstand des heißen Glühdrahts im Vergleich zum kalten Glühdraht aussagen?*

A3 *Wenn ein Leiter einen elektrischen Widerstand von 1 Ω besitzt, braucht man 1 V, damit ein Strom der Stromstärke 1 A fließt.*
a) *Wie hoch müsste die Spannung bei einem Widerstand von 1000 Ω (1 kΩ) sein, wenn die Stromstärke ebenfalls 1 A betragen soll?*
b) *Wie groß ist der Ladungsstrom, wenn die elektrische Spannung an diesem Widerstand nur 1 V beträgt?*

Aus der Technik: Der Widerstand als Bauteil

Wenn man in der Elektrotechnik von einem „Widerstand" spricht, meint man meist einen *Gegenstand* oder ein *Bauteil*, das in den Stromkreis eingebaut wird (und nicht die Eigenschaft eines Leiters, die Elektronenbewegung zu hemmen).

Das Bauteil Widerstand soll die elektrische Stromstärke in einem Stromkreis begrenzen. Solche Widerstände sind in allen elektronischen Stromkreisen zu finden.

Festwiderstände (Bild 1) sind meistens zylinderförmige Bauteile mit farbigen Ringen. Die Farbringe geben Auskunft darüber, wie viel Ohm der Widerstand besitzt (→ Farbcode im Anhang). Außerdem gibt es *veränderbare Widerstände* (Bild 2).

Schaltzeichen für Festwiderstände

Drehwiderstand Der zeigerartige Schleifkontakt wird vom Drehknopf bewegt.

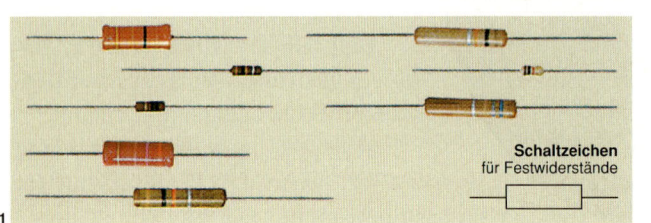

Spindeltriebwiderstand Der Schieber wird von einer Schraube (Spindel) bewegt, wenn man diese mit einem Schraubendreher dreht.

Schaltzeichen für veränderbare Widerstände mit Schleifkontakt

Zusammenfassung

Energieumwandlung in Heiz- und Glühdrähten – der Widerstand

Bei unterschiedlichen Drähten braucht man verschieden hohe Spannungen, um einen Elektronenstrom von 1 A durch sie hindurchzutreiben. Je höher diese Spannung ist, desto mehr Energie wird dabei zugeführt. Sie wird im Draht in thermische Energie (Wärme) umgewandelt.

Die Eigenschaft elektrischer Leiter, Elektronen in ihrer Bewegung zu hemmen, nennt man elektrischen Widerstand.

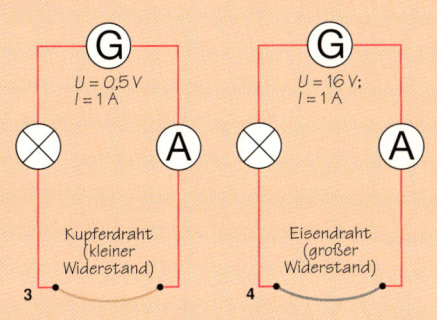

Ein Eisendraht hat einen größeren elektrischen Widerstand als ein gleich langer und gleich dicker Kupferdraht (Bilder 3 u. 4).

Das Zustandekommen des Widerstands erklären wir so: Die Elektronen stoßen auf ihrem Weg durch den Leiter auf Atome. Dabei geben sie Energie an den Leiter ab. Dieser erwärmt sich.

Der Widerstand eines Drahtes aus einem bestimmten Material ist umso größer,
○ **je geringer sein Querschnitt ist (bei gleicher Länge),**
○ **je länger der Draht ist (bei gleichem Querschnitt).**

So wird der elektrische Widerstand berechnet

Der elektrische Widerstand R gibt an, welche Spannung für einen Strom von 1 A nötig ist.

Der Widerstand ist definiert als Quotient aus Spannung und Stromstärke.

$$\text{Widerstand} = \frac{\text{Spannung}}{\text{Stromstärke}},$$

$$R = \frac{U}{I}.$$

Die Einheit des elektrischen Widerstands ist 1 Ohm (1 Ω). Es gilt:

$$1\,\Omega = 1\,\frac{V}{A}.$$

Der elektrische Widerstand eines Leiters kann sich mit seiner Temperatur verändern.

Alles klar?

1. Wovon hängt der elektrische Widerstand eines Drahts ab?

2. „Ein dickes Kabel kann den gleichen Widerstand haben wie ein dünnes." Was meinst du dazu?

3. Wenn sich Elektronen durch ein Metall bewegen, stoßen sie auf Atome und geben Energie ab.
a) Welche Folge hat das für den Leiter?
b) Warum werden die Elektronen auf ihrem Weg durch einen Draht nicht immer langsamer? (Bedenke: Die Stromstärke ist im ganzen Draht gleich groß.)

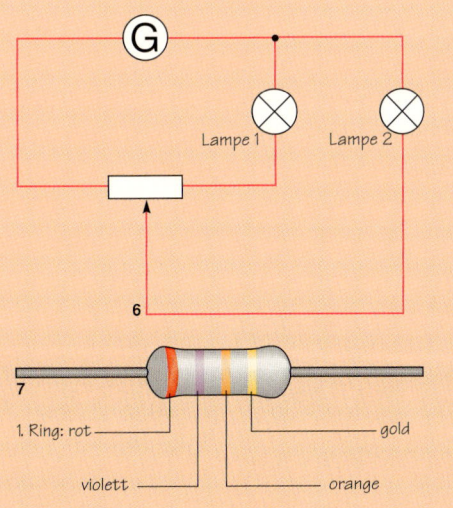

4. Bild 6 zeigt einen Stromkreis, in den ein veränderbarer Widerstand eingebaut wurde.
Was geschieht, wenn der Schieber nach links (rechts) bewegt wird?

5. Das Bauteil in Bild 7 nennt man einen „Festwiderstand".
Wie viel Ohm hat dieser Widerstand? (→ Farbcode im Anhang.)

Lösungen → Anhang

Schutzmaßnahmen im Stromnetz

Die Erdung und ihre Gefahren

Keine Chance dem Elektrounfall!

1. Von der Badewanne aus keine Haartrockner oder Radios benutzen! Weder Nachttischlampen noch Heizgeräte gehören ins Bad. Auch (Kabel-)Telefone in der Badewanne sind gefährlich.
2. Elektrogeräte nicht so stellen, dass sie ins Wasser fallen können! Angeschlossene Elektrogeräte nie mit feuchtem Tuch säubern!
3. Elektrogeräte nicht gleichzeitig mit Wasserhähnen, Heizungsrohren oder der Spüle anfassen!
4. Stecker anfassen und nicht an der Leitung aus der Steckdose ziehen!
5. Leitungen nicht durch Türritzen hindurchquetschen oder unter Teppiche legen!
6. Kein Elektrogerät anschließen, dessen Gehäuse oder Leitung beschädigt ist!
7. Elektrogeräte nur vom Fachmann reparieren lassen!
8. Beim Wechseln von Glühlampen Stecker ziehen oder Sicherung abschalten!
9. Wenn Kleinkinder in einer Wohnung sind: Steckdosen durch Einsatz sichern!
10. Mit Elektrogeräten nicht barfuß auf einem Steinfußboden oder im Garten hantieren!
11. In der Nähe von Hochspannungsmasten oder Oberleitungen keine Drachen steigen lassen!
12. Abstand von der Oberleitung und von herabhängenden Freileitungen halten! Nicht auf Eisenbahnwagen klettern oder Masten besteigen!

V1 Bei einem Elektrounfall spielt oft die **Erdung** eine Rolle.

a) *Ein Batteriepol wird über den menschlichen Körper und einen Strommesser mit der Wasserleitung verbunden (Bild 1). Sie stellt eine gut leitende Verbindung zur Erde dar.*
Ob der elektrische Strom zur Erde „abfließt"?

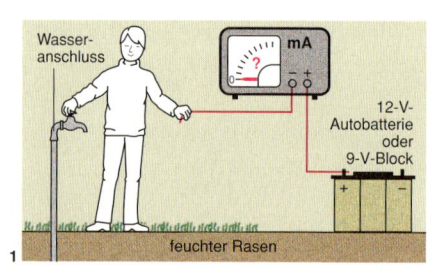

b) *Halte den Draht nun direkt an die Wasserleitung.*

c) *Wir erden einen Batteriepol über eine in den Erdboden gesteckte Stange (oder über den Blitzableiter). Schlägt der Strommesser aus, wenn der andere Pol über den Körper Kontakt mit der Wasserleitung hat?*

d) *Reicht es dabei aus, wenn eine Hand anstelle der Wasserleitung den Erdboden berührt?*

Grundlagen: Von der Erdung des Stromnetzes

Wenn man einen Batteriepol über die Wasserleitung mit der Erde verbindet, fließt kein Ladungsstrom „zur Erde ab". Er fließt nur, wenn ein geschlossener Stromkreis vorhanden ist. Es muss also eine leitende Verbindung zwischen den Polen der Batterie geben.

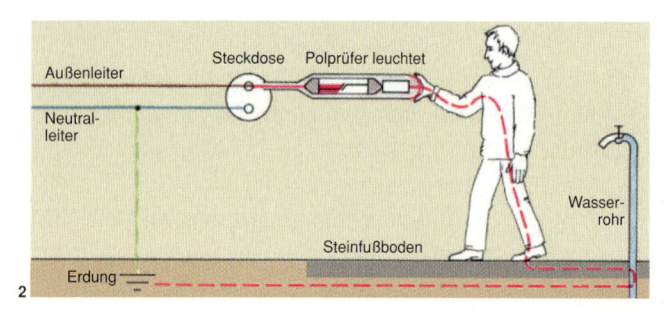

Dass die Erde bei elektrischen Schaltungen eine Rolle spielt, hat folgenden Grund:

Im Stromnetz ist einer der beiden Leiter, die vom Elektrizitätswerk zur Steckdose führen, geerdet. Er hat an vielen Stellen eine leitende Verbindung zum Erdreich. Der geerdete Leiter heißt Neutralleiter, der nicht geerdete Außenleiter.

Welcher der beiden Pole einer Steckdose mit dem Außenleiter verbunden ist, zeigt ein *Lehrerversuch* mit einem Polprüfer: Am Außenleiter leuchtet die Glimmlampe auf, am Neutralleiter nicht.

Bild 2 zeigt die Gefahr, die mit der Erdung verbunden ist: Schon bei Berührung des Außenleiters wird ein Stromkreis über den Menschen geschlossen!

Der „Trick" mit dem dreiadrigen Kabel

Für den Stromkreis des Bügeleisens genügen zwei Leiter. Welche Aufgabe hat der dritte Leiter (Bild 3)?

Grundlagen: Der Schutzleiter und seine Aufgabe

Viele Elektrogeräte besitzen ein Metallgehäuse. Von solchen Geräten geht eine besondere Gefahr aus – der Außenleiter kann durch einen Defekt Kontakt mit dem Gehäuse bekommen. So kann z. B. beim Bügeleisen der Außenleiter das Gehäuse berühren, wenn die Isolierung schadhaft ist. Dann spricht man von einem **Körperschluss**, weil der Metall*körper* des Bügeleisens an den Außenleiter an*geschlossen* ist.

Was bei einem Körperschluss geschieht, hängt davon ab, ob das Gerät wie vorgeschrieben durch einen **Schutzleiter** gesichert ist oder nicht:

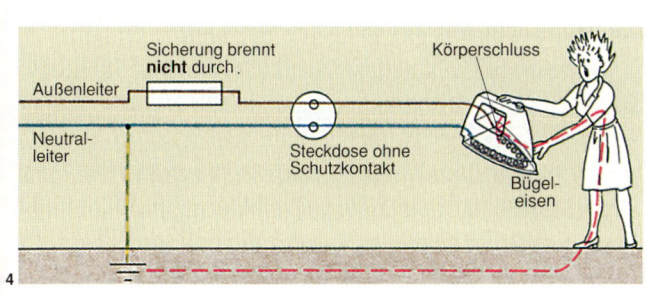

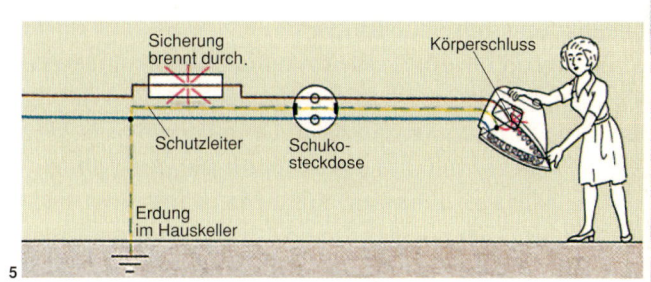

Fall 1: Gerät ohne Schutzleiter

Wenn eine Person das Metallgehäuse berührt (Bild 4), schließt sie mit ihrem Körper einen Stromkreis. Der Außenleiter ist nämlich über ihren Körper und die Erde mit dem Neutralleiter verbunden.

Es fließt ein elektrischer Strom über den Körper der Person. Verkrampfungen und Verletzungen können die Folge sein. Wenn die Person gleichzeitig die Wasserleitung berührt oder der Fußboden gut leitet, kann der elektrische Strom sogar tödlich sein.

Fall 2: Gerät mit Schutzleiter

Der **Schutzleiter** ist an das Metallgehäuse angeschlossen. Außerdem ist er am Hausanschluss mit dem Neutralleiter verbunden und geerdet (Bild 5). Der Außenleiter hat also über das Gehäuse des defekten Geräts und den Schutzleiter *direkten* Kontakt mit dem Neutralleiter. Es liegt ein **Kurzschluss** vor.

Daher unterbricht die **Sicherung** den Stromkreis – innerhalb von 0,2 s. Das Gehäuse hat keinen Kontakt mehr zum Außenleiter. Die Gefahr ist beseitigt.

A1 *Wieso sind Elektrounfälle besonders schlimm, wenn eine Hand Kontakt mit dem Außenleiter und eine mit der Wasserleitung hat?*

A2 *Welche Aufgabe hat die Sicherung (Bild 3, ganz unten rechts)?*

Warum wird die Sicherung nicht in den Neutralleiter eingebaut?

A3 *Manche Geräte werden ohne Schutzleiter an die Steckdose angeschlossen. Welche sind das? Wieso sind sie nicht gefährlich?*

A4 *Wenn man einen Schutzkontaktstecker (Schukostecker) in die Steckdose steckt, wird zuerst der Kontakt für den Schutzleiter hergestellt. Wodurch erreicht man das?*

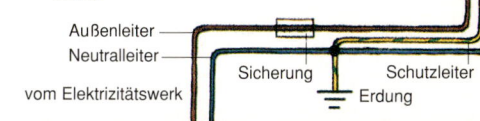

Gefährliche Ströme und was man dagegen tut

Aus der Medizin: Wie elektrische Ströme auf den Menschen wirken

Der menschliche Körper leitet den elektrischen Strom – allerdings schlechter als ein Metalldraht. Wenn also z. B. zwischen Händen und Füßen eine Spannung herrscht, fließt ein Ladungsstrom durch den Körper.

Dadurch können Verkrampfungen von Muskeln hervorgerufen und die Funktion des Herzmuskels gestört werden. Bei großen Stromstärken spielt auch noch die Wärmewirkung eine Rolle: Es kommt zu schweren Verbrennungen, die oft tödlich sind.

Ob ein elektrischer Strom tödlich ist, hängt ab von dem *Weg*, den der Strom im Körper nimmt, von der *Stromstärke* und von der *Einwirkungsdauer.*

Wenn sich das Herz oder der Kopf im Stromkreis befindet, sind die Auswirkungen besonders schlimm.

Stromstärke und Einwirkungsdauer bestimmen gemeinsam die Wirkungen. Man unterscheidet vier Gefährdungsbereiche (Bild 1).

Wie groß bei einem Elektrounfall die Stromstärke ist, hängt nicht nur von der Spannung ab. Wichtig sind auch die Widerstände im Unfallstromkreis, der *Körperwiderstand* und die *Übergangswiderstände.*

Der Körperwiderstand beim Menschen liegt zwischen 650 Ω (Hand–Hand) und 1300 Ω (Hand–Fuß).

Vor allem von den Übergangswiderständen hängt es ab, ob ein Unfall mit Netzspannung tödlich verläuft oder nicht. Wichtig sind die Widerstände der vom Verunglückten getragenen Schuhe und des Bodenbelags am Unfallort. So haben Steinfußböden geringere Widerstände als mit Teppichen bedeckte Fußböden oder Holzböden.

Auch die Größe der Berührungsfläche und die Beschaffenheit der Haut ist dabei wichtig. Trockene Haut hat einen höheren Widerstand als feuchte Haut. Bei Elektrounfällen verbrennt und verkohlt häufig die Haut an den Kontaktstellen, der Hautwiderstand spielt dann keine Rolle mehr.

Schnelle Hilfeleistung ist bei einem Elektrounfall von entscheidender Bedeutung:

Wenn der Verunglückte noch Teil des Stromkreises ist, darf er auf gar keinen Fall berührt werden.

Der Stromkreis muss durch Ziehen des Steckers, Abschalten der Sicherung oder durch Betätigen des Not-Aus-Schalters unterbrochen werden.

Bei Atemstillstand muss man sofort mit Wiederbelebungsmaßnahmen beginnen (Atemspende, Herzdruckmassage) und den Notarzt herbeirufen.

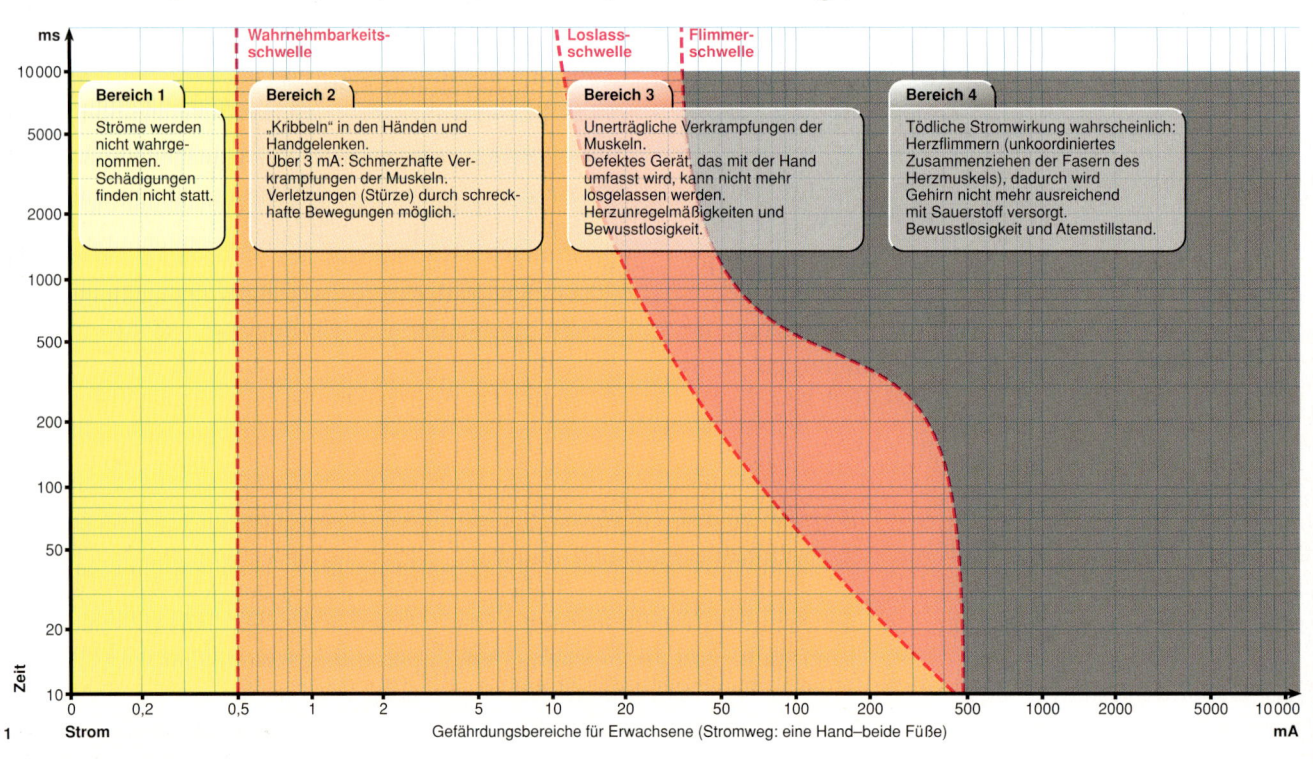

1 Gefährdungsbereiche für Erwachsene (Stromweg: eine Hand–beide Füße)

Bereich 1: Ströme werden nicht wahrgenommen. Schädigungen finden nicht statt.

Bereich 2: „Kribbeln" in den Händen und Handgelenken. Über 3 mA: Schmerzhafte Verkrampfungen der Muskeln. Verletzungen (Stürze) durch schreckhafte Bewegungen möglich.

Bereich 3: Unerträgliche Verkrampfungen der Muskeln. Defektes Gerät, das mit der Hand umfasst wird, kann nicht mehr losgelassen werden. Herzunregelmäßigkeiten und Bewusstlosigkeit.

Bereich 4: Tödliche Stromwirkung wahrscheinlich: Herzflimmern (unkoordiniertes Zusammenziehen der Fasern des Herzmuskels), dadurch wird Gehirn nicht mehr ausreichend mit Sauerstoff versorgt. Bewusstlosigkeit und Atemstillstand.

Schwellen: Wahrnehmbarkeitsschwelle, Loslassschwelle, Flimmerschwelle

Aus der Technik: Der Fehlerstrom-Schutzschalter

Zusatzangebot

Der *Schutzleiter* ist ein wichtiger Schutz vor Elektrounfällen. Wenn der Außenleiter Kontakt mit dem Metallgehäuse eines Geräts hat, ruft er einen Kurzschluss hervor. Die Sicherung unterbricht dann den Stromkreis und beseitigt die Gefahr.

In manchen Fällen bietet der Schutzleiter aber keinen Schutz, nämlich dann …
○ wenn ein Kleinkind eine Nadel in die Steckdose steckt;
○ wenn man bei brüchiger Isolierung einen blanken Draht berührt;
○ wenn man ein elektrisches Gerät berührt, dessen Schutzisolierung fehlerhaft ist;
○ wenn der Widerstand der Schadstelle so groß ist, dass die Sicherung trotz Schutzleiter nicht auslöst.

In solchen Fällen kommt es dadurch zu einem Elektrounfall, dass der Außenleiter direkt berührt wird. Über den menschlichen Körper und die Erde besteht dann eine leitende Verbindung zum Neutralleiter und es fließt ein Strom, der tödlich sein kann.

Durch die Sicherung wird der Stromkreis nicht unterbrochen. Die Stromstärken liegen in der Größenordnung von 0,2 A.

Mit Hilfe eines **Fehlerstrom-Schutzschalters** (*FI-Schalter*) können solche lebensgefährlichen Unfälle vermieden werden. Diese Schutzschalter werden im Sicherungskasten installiert. Es ist aber auch möglich, einzelne Steckdosen mit einem Schutzschalter zu versehen (Bilder 2 u. 3).

Das Funktionsprinzip eines Fehlerstrom-Schutzschalters kannst du dir am Beispiel einer Warmwasserheizung klarmachen (Bilder 4 u. 5): Der Wasserstrom in den Rohren ist vor und hinter dem Heizkörper gleich. In jeder Sekunde fließt durch das eine Rohr genauso viel Wasser in den Heizkörper hinein wie durch das andere hinausfließt. Wenn der Heizkörper aber ein Leck hat, sind die Wasserströme in den Rohren unterschiedlich groß.

Ähnlich ist es beim elektrischen Strom: Wenn ein Mensch den Außenleiter berührt, entsteht ein „Fehlerstromkreis". Ein Teil des Stroms – der „Fehlerstrom" – fließt durch den Menschen hindurch, z. B. über Fußböden und Rohrleitungen. Der Elektronenstrom im Außenleiter ist dann größer als der im Neutralleiter (Bild 6).

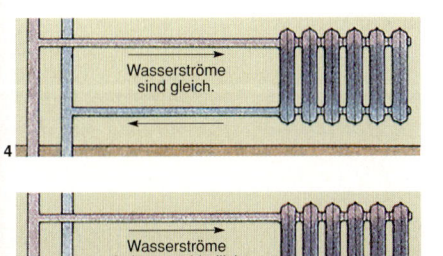

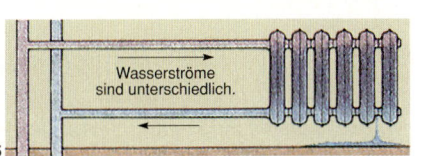

In solchen Fällen wird der Fehlerstrom-Schutzschalter wirksam: In ihm werden die Elektronenströme in Außen- und Neutralleiter miteinander verglichen. Wenn sie sich um mehr als 30 mA voneinander unterscheiden, wird der gesamte Stromkreis in nur 0,03 s unterbrochen. Innerhalb dieser kurzen Zeitspanne tritt noch kein Herzflimmern auf. Unmittelbare Gesundheitsschäden sind nicht zu befürchten.

Wenigstens die Steckdosen in Badezimmern und Schwimmbädern sowie die für Gärten sollten mit einem Fehlerstrom-Schutzschalter gesichert sein.

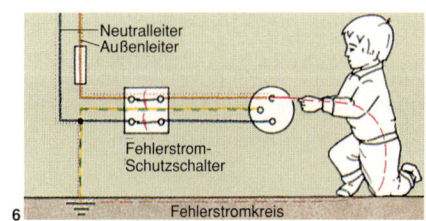

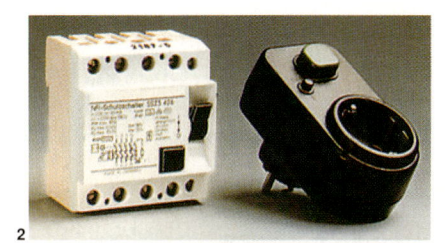

Aus Alltag und Technik: Schutzklassen von Elektrogeräten

Zusatzangebot

Tag für Tag gehen wir mit einer Vielzahl von Elektrogeräten um – mit Radio und Fernseher, Elektroherd und Kaffeemaschine, mit Glühlampen und vielleicht sogar mit einer elektrischen Zahnbürste oder Munddusche.

Wichtig ist, dass diese Geräte den Sicherheitsvorschriften entsprechend konstruiert wurden. Dafür bürgt das VDE-Zeichen auf den Geräten.

Elektrogeräte müssen so gebaut sein, dass ein Mensch nicht an die Teile herankommt, die unter Spannung stehen. Daher sind alle Leiter des Stromkreises isoliert oder mit Abdeckungen versehen.

Nun kann es aber passieren, dass die Isolierung ausfällt. Im Lauf der Zeit kann z. B. der Kabelmantel brüchig werden. In diesem Fall muss eine zweite Stufe des Berührungsschutzes wirksam werden. Dafür gibt es mehrere Möglichkeiten:

1. Das Gerät ist von einem Metallgehäuse umgeben, das über einen *Schutzleiter* geerdet ist. Ein solches Gerät gehört zur **Schutzklasse I**. An der Anschlussstelle des Schutzleiters wird sie durch das nebenstehende Zeichen angezeigt.

2. Viele Haushaltsgeräte gehören zur **Schutzklasse II**. Sie besitzen eine zusätzliche Isolierung *(Schutzisolierung)*, die oft das Gerät umschließt. Häufig dient die stabile Kunststoffwand des Geräts als zweite Isolierung. Auf dem Typenschild solcher Geräte findest du das rechts stehende Zeichen. Geräte der Schutzklasse II werden über einen zweipoligen Stecker *(Eurostecker, ohne Schutzleiter)* angeschlossen.

3. Geräte der **Schutzklasse III** werden mit so *niedrigen Spannungen* betrieben, dass keine gefährlichen Ströme im Körper fließen können. Das folgende Zeichen kennzeichnet Geräte dieser Schutzklasse. In diese Klasse gehören z. B. elektrische Spielsachen. Ihre Spannung ist auf 25 V begrenzt.

In Schülerversuchen können Drähte und Klemmen nicht immer isoliert sein. Solche Versuche dürfen deshalb mit höchstens 25 V durchgeführt werden.

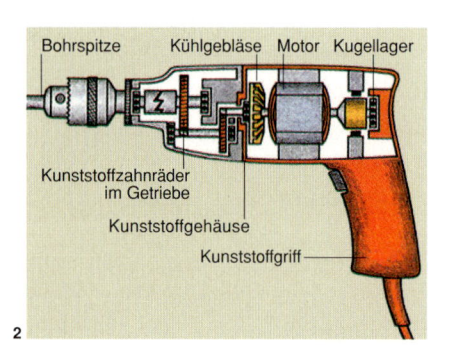

1. *Erläutere die Wirkungsweise eines Schutzleiters bei Elektrogeräten.*

2. *In Bild 1 siehst du einen Eurostecker. Du erkennst, dass er keinen Schutzkontakt besitzt. Welche Geräte dürfen mit einem solchen Eurostecker ausgestattet sein? Warum ist bei diesen Geräten kein Schutzleiter nötig?*

3. *Manche Bohrmaschinen (Bild 2) haben trotz vieler Metallteile keinen Schutzleiter. Wodurch ist man trotzdem geschützt?*

4. *Sieh dir noch einmal die Regeln zur Verhütung von Elektrounfällen an (zu Beginn dieses Kapitels). Gib an, welche dieser Regeln für das Hantieren in der Schulküche wichtig sind.*

5. *Erläutere die Funktionsweise des Fehlerstrom-Schutzschalters.*
In welchen Fällen ist er wichtiger als der Schutzleiter? Begründe deine Antwort. (Tipp: Denke an die Übergangswiderstände.)

6. *Bei Elektrounfällen im Haushalt beträgt die Spannung gegen die Erde 230 V. Berechne die Stromstärke für den Stromweg Hände–Füße (Körperwiderstand: 650 Ω) bei Übergangswiderständen von 100 Ω bzw. 10 000 Ω.*
Welche Auswirkungen hätten diese Ströme auf einen Menschen (Einwirkungsdauer: 1 s)?

7. *Elektrische Zahnbürsten dürfen nur mit einer Spannung von höchstens 6 V betrieben werden, elektrisches Spielzeug höchsten mit 25 V. Man spricht von Schutzkleinspannung.*
Begründe mit einer Rechnung, warum dies tatsächlich eine Schutzmaßnahme darstellt.

Zusammenfassung

Elektrischer Strom kann gefährlich sein

Zu den beiden Polen einer Steckdose führen zwei Drähte, der *Außenleiter* und der *Neutralleiter*. Der Neutralleiter ist an verschiedenen Stellen des Stromnetzes *geerdet*, also mit Rohrleitungen und anderen Leitern verbunden, die ins Erdreich eingegraben sind.

Der menschliche Körper ist ein Leiter. Deshalb kommt es zu einem Elektrounfall, wenn eine Person einen Außenleiter berührt. Die Person ist dann Teil eines geschlossenen Stromkreises.

Dieser Stromkreis verläuft über den Außenleiter, den Menschen, die „Erde" und z. B. über die Erdung am Hausanschluss hin zum Neutralleiter (Bild 3).

Elektrounfälle sind lebensgefährlich. Ob einer tödlich verläuft, hängt ab von der *Stromstärke*, dem *Stromweg im Körper* sowie von der *Einwirkungsdauer* des Stroms.

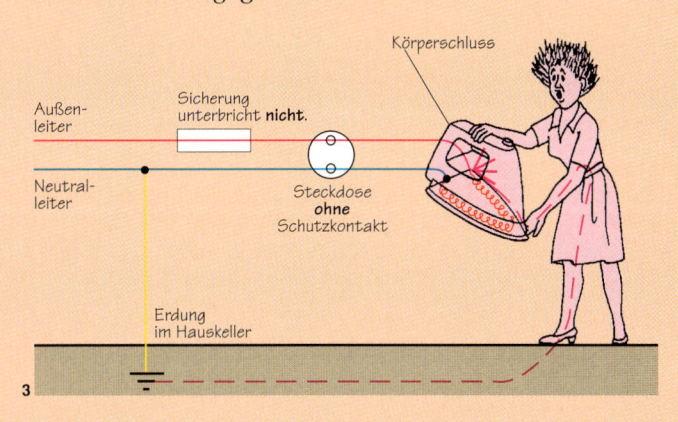

Der Schutzleiter

Durch den gelbgrünen **Schutzleiter** werden Metallgehäuse von Elektrogeräten geerdet. So erhalten sie eine leitende Verbindung zum Neutralleiter.

Wenn das Metallgehäuse Kontakt mit dem Außenleiter bekommt *(Körperschluss)*, entsteht über den Schutzleiter ein geschlossener Stromkreis. In diesem befinden sich gut leitende Teile, die Stromstärke ist groß. Sofort unterbricht die *Sicherung* den Stromkreis (Bild 4). **Bei einem Körperschluss sorgt also der Schutzleiter dafür, dass die Sicherung den Stromkreis unterbricht.**

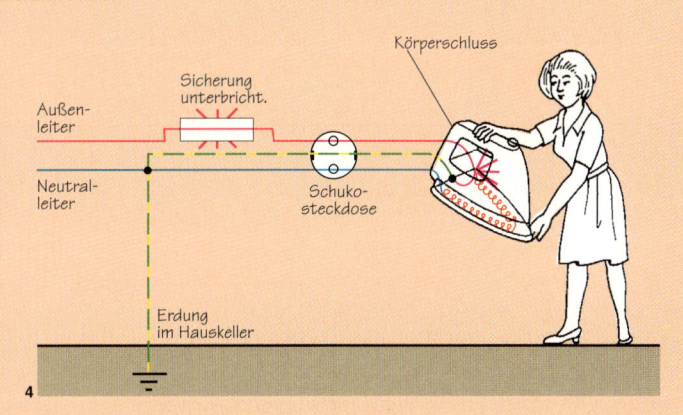

Der Fehlerstrom-Schutzschalter

Der Fehlerstrom-Schutzschalter vergleicht, ob die Elektronenströme im Außen- und im Neutralleiter gleich sind (Bild 5). Fließt ein „Fehlerstrom" über die Erde, ist die Stromstärke im Neutralleiter kleiner als im Außenleiter. Der Fehlerstrom-Schutzschalter unterbricht dann den Stromkreis sofort (Bild 6).

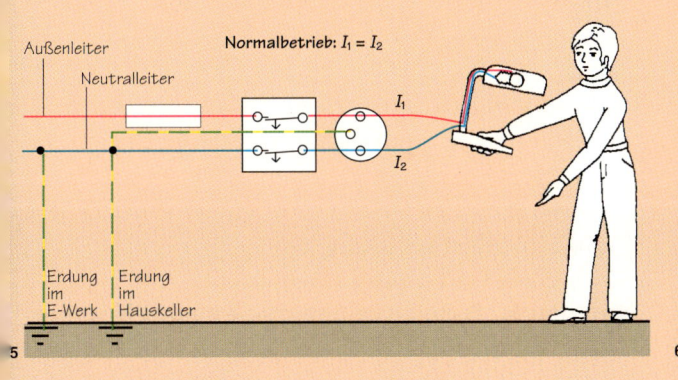

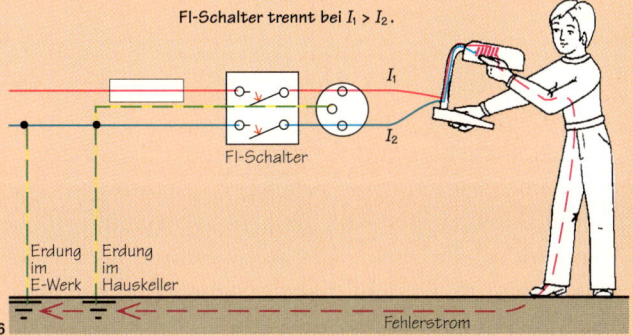

Berufsinformation: Mechatroniker/in

Mechatroniker/in – ein wenig bekannter Beruf

Herr Maier von der Firma Druckmaschinen KG erhält einen Anruf von einem guten Kunden, einer großen Druckerei: „Unsere neue Druckmaschine streikt, am besten schicken Sie uns sofort einen Mechaniker und einen Elektroniker. Unser Meister weiß nämlich nicht, ob der Fehler in der Elektronik oder der Mechanik liegt." – „Da schicke ich Ihnen unsere neue Mechatronikerin, sie hat vor einem halben Jahr ihre Prüfung mit Glanz bestanden." – „Mecha...?" – „Ja, Sie haben richtig gehört, Mechatronikerin. Das ist eine Zusammensetzung aus den Wörter Mechanik und Elektronik. Sie beherrscht beides und wird Ihnen sicher helfen können." – „Hauptsache, es geht schnell. Unsere Produktion stoppt nämlich."

1 Ausbildung: Installieren einer elektrischen Steuerung

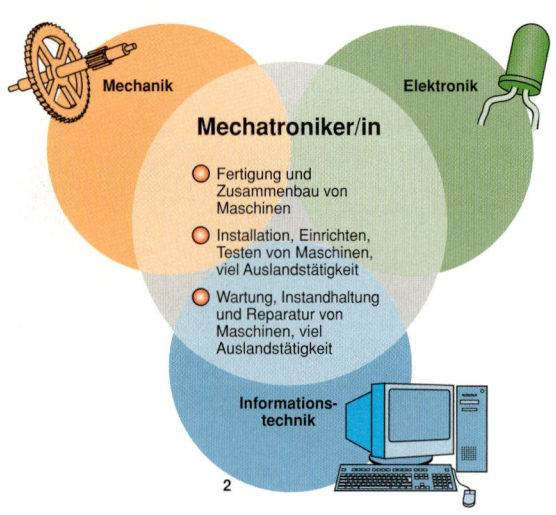

2 Mechatroniker/in: Mechanik, Elektronik, Informationstechnik
- Fertigung und Zusammenbau von Maschinen
- Installation, Einrichten, Testen von Maschinen, viel Auslandstätigkeit
- Wartung, Instandhaltung und Reparatur von Maschinen, viel Auslandstätigkeit

Berufsbild

- Montieren und Installieren vorgefertigter mechanischer, pneumatischer, hydraulischer und elektronischer Bauteile
- Aufstellen fertiger Maschinen und Anlagen bei Kunden, auch im Ausland
- Einstellen von Maschinen mit Hilfe von Messgeräten und Computerprogrammen und Prüfen der Funktionsfähigkeit
- Warten von Maschinen und Anlagen: Öl, Kühlmittel und Schmiermittel nachfüllen, Dichtungen und Filter austauschen, Einstellarbeiten ausführen
- Instandsetzen, d.h., Fehler erkennen und eingrenzen, defekte Teile austauschen und die Maschine wieder richtig einstellen

Typische Tätigkeiten

- Umgang mit technischen Anlagen und Geräten
- Benutzung von Werkzeugen, Messgeräten und Maschinen
- Lesen von Plänen und Zeichnungen
- Montieren und Einstellen von Maschinen
- Messen und Prüfen von Bauteilen
- Besprechungen mit Mitarbeitern in den Betrieben der Kunden

Geforderte Eigenschaften

- Interesse an Technik: Aufgabe und Sinn von technischen Einrichtungen begreifen
- Physikalisch-technische Denkfähigkeit: Funktion von komplizierten Maschinen auf der Grundlage der physikalischen Prinzipien durchschauen können
- Abstraktes Denkvermögen: Umsetzen von Schaltplänen und Computerprogrammen in technische Abläufe
- Handwerkliches Geschick: Montieren, Verkabeln und Einstellen von Bauteilen
- Fähigkeit, im Team zu arbeiten
- Fähigkeit, technische Inhalte sprachlich auszudrücken

Berufsinformation: Mechatroniker/in

3 Arbeit an Großgeräten: Mechatroniker müssen die Turbine nicht nur montieren, sondern auch ihre Software programmieren können.

Ausbildung

Die Ausbildung dauert $3\frac{1}{2}$ Jahre und findet in Industriebetrieben statt (Maschinenbau, Elektroindustrie, Autoindustrie, Autozulieferer …). Der Anteil von Mädchen ist zurzeit mit rund 5 % noch gering.

Ein wichtiger Bestandteil der Abschlussprüfung ist die Erledigung einer konkreten praktischen Aufgabe, z. B. die Bearbeitung eines Kundenauftrags.

Gute Leistungen in den mathematisch-naturwissenschaftlichen Fächern, Computer- und Sprachkenntnisse (Englisch) sind von Vorteil.

Berufsaussichten

Mechatroniker werden vermutlich in Zukunft in großer Zahl gebraucht, da es schon heute kaum noch Maschinen gibt, die nicht elektronische und mechanische Bauteile enthalten. Ein weiterer Vorteil ist, dass eine frühe Spezialisierung vermieden wird. Nach der Ausbildung kann der Schwerpunkt – je nach Interessenlage – mehr auf elektronische oder mehr auf mechanische Probleme gelegt werden.

Weiterbildungsmöglichkeiten

○ Industriemeister/in
○ Techniker/in

Mit Hochschulzugangsberechtigung bieten sich z. B. folgende Studiengänge an:

○ Maschinenbau,
○ Produktionstechnik,
○ Fertigungs- und Betriebstechnik.

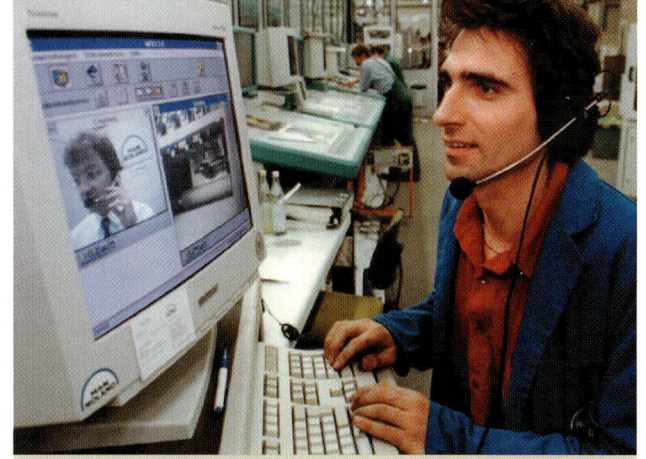

4 Einsatz moderner Informationstechnik: Fernwartung einer Druckmaschine

5 Ausbildung: Ein Mechatroniker im 2. Lehrjahr arbeitet im Ausbildungslabor an der Modernisierung einer Werkzeugmaschinensteuerung.

Lernen an Stationen

Selbstständig experimentieren – ohne Zeitdruck

Gruppenversuche kennt ihr vermutlich schon. Meist führen alle Gruppen das gleiche Experiment durch. Vorher habt ihr gemeinsam mit eurer Lehrkraft erarbeitet oder verabredet, welche Geräte ihr braucht und worauf ihr bei der Durchführung achten müsst.

Das Arbeiten an Lernstationen läuft anders ab: An den einzelnen Stationen bearbeitet jede Gruppe eine andere Aufgabe zum gleichen Thema.

Die Gruppen durchlaufen die verschiedenen Stationen nacheinander.

Etwas Vergleichbares kennt ihr sicherlich aus dem Sportunterricht – das Zirkeltraining.

Das Lernen an Stationen macht mehr Spaß,
○ weil ihr selbstständiger arbeitet,
○ weil ihr das Arbeitstempo selbst bestimmt.

Ihr könnt an Lernstationen neue Themen kennen lernen oder eure Kenntnisse vertiefen und überprüfen.

Arbeitsaufträge für einige Stationen sind auf den folgenden Seiten als Muster zusammengestellt. Sie dürfen für den Unterricht kopiert werden.

Spielregeln für die Arbeit an Lernstationen

1. Die Versuche an den Lernstationen werden vorher im Unterricht nicht im Detail besprochen.
2. Für die Experimente werden oft ganz unterschiedliche Geräte benötigt. Entweder hat euer Lehrer das Material an den Stationen bereits ausgelegt oder ihr müsst die Stationen erst selbst aufbauen.
3. Für alle Stationen liegt die Aufgabenstellung schriftlich vor. Ihr müsst die Anweisungen genau durchlesen und beachten.
4. Jede Gruppe wertet auf einem „Ergebnisblatt" die Versuche aus (Muster auf der rechten Seite).
5. Nicht alle Lernstationen sind im Physikraum aufgebaut, manchmal finden die Versuche auf dem Flur oder Schulhof statt. Keine Gruppe darf dabei durch Lärmen die Arbeit anderer Gruppen oder den Unterricht in anderen Klassen stören.
6. Nach der Arbeit an einer Station wechselt die Gruppe selbstständig zu einer freien Station. Da die an den einzelnen Stationen benötigte Zeit unterschiedlich ist, kann es zu Wartezeiten kommen.
7. Verabredet wird vorher nur, welche Gruppe mit welcher Lernstation anfängt.
8. Nicht an allen Stationen werden Versuche durchgeführt, an manchen arbeitet ihr mit Informationstexten aus Büchern oder dem Computer.
9. Jede Gruppe darf höchstens vier Teilnehmer haben. In diesem Team arbeitet ihr an den Stationen völlig selbstständig und in eigener Verantwortung. Erinnert euch gegenseitig an die „Spielregeln", falls es nötig sein sollte.
10. Der Lehrer besucht die einzelnen Lernstationen, er berät euch und hilft bei Problemen.

Beispiel: Lernstationen zur Geschwindigkeit

In den Versuchen auf der folgenden Doppelseite geht es um *Geschwindigkeiten*. Wie schnell läufst du, wie schnell fährst du Rad? Welche Geschwindigkeiten haben geworfene Bälle und gestoßene Kugeln, Spielzeugautos und Modelleisenbahnen.

Diese Versuche eignen sich als Lernstationen, …
○ weil sie keine komplizierten Mess- oder Experimentiergeräte benötigen und
○ weil auch außerhalb des Physikraums Messungen ausgeführt werden sollen.

Versuche zur Geschwindigkeit   *Dieses Ergebnisblatt gehört:* ....

Lernstation	*Weg*	*Zeit*	*Geschwindigkeit*
Wie schnell läufst du?	...... m	...... s	....
Wie schnell fährst du Rad?	...... m	...... s	....
Wie schnell fliegt ein Ball?	...... m	...... s	....
Wie schnell rollt eine Kugel (1)?	...... m	...... s	....
Wie schnell fahren Spielzeugautos?	...... m	...... s	....
Wie schnell fällt ein Ball?	...... m	...... s	....
Wie schnell fährt die Modelleisenbahn?	...... m	...... s	....
Wie schnell rollt eine Kugel (2)?	...... m	...... s	....

Beispiel: Lernstationen zur Leistung

In Versuchen kannst du die *mechanische Leistung deines eigenen Körpers* ermitteln. Dabei geht es um Messungen bei sportlichen Betätigungen: *Klettern, Klimmzüge oder Liegestütze machen, Hanteln stemmen* … (s. übernächste Doppelseite).

Am besten führt ihr zunächst den im Kapitel „Die Leistung" beschriebenen *Praktikumsversuch „Stühle besteigen"* gemeinsam im Physikraum durch.

Dann wisst ihr, worauf es bei der Bestimmung eurer Leistung ankommt. Und ihr könnt bei der Gelegenheit gleich gemeinsam erarbeiten, wie man die mechanische Leistung P aus den Werten für die Kraft F, den Weg s und die Zeit t berechnet.

Außerdem müsst ihr für einige Versuche euer Gewicht kennen. Im Physikraum steht bestimmt eine Personenwaage bereit …

Versuche zur Leistung   *Dieses Ergebnisblatt gehört:* ....

Lernstation	*Masse* m *in* kg	*Kraft* F *in* N	*Weg* s *in* m	*Hubarbeit* $W = F \cdot s$ *in* J	*Zeit* t *in* s	*Leistung* $P = \dfrac{W}{t}$ *in* W
Stühle hochsteigen	......	......	......	......	......	......
Treppen steigen	......	......	......	......	......	......
Last hochziehen	......	......	......	......	......	......
Gewichtheben	......	......	......	......	......	......
Liegestütze	......	......	......	......	......	......
Klimmzüge	......	......	......	......	......	......

LERNSTATION 1 — Wie schnell läufst du?

Versuchsmaterialien:
2 Stoppuhren (oder Armbanduhren mit Stoppfunktion), Maßband

Versuchsvorbereitung:
Der Versuch wird auf dem Schulhof oder dem Sportplatz durchgeführt. Die erste Gruppe misst eine 50-m-Strecke ab und legt Start und Ziel fest.

Versuchsdurchführung:
Zwei Gruppenmitglieder laufen, zwei stoppen die Zeit. Der Start erfolgt auf Kommando einer Zeitnehmerin oder eines Zeitnehmers.

Versuchsauswertung:
Tragt die Messwerte (Wege, Zeiten) in die Tabelle ein. Gebt die Geschwindigkeit an.

LERNSTATION 2 — Wie schnell fährst du Rad?

Versuchsmaterialien:
2 Stoppuhren, Maßband, Fahrrad

Versuchsvorbereitung:
Der Versuch wird auf dem Schulhof oder dem Sportplatz durchgeführt. Die erste Gruppe misst eine 100-m-Strecke ab und legt Start und Ziel fest. (Auf Auslauf achten!)

Versuchsdurchführung:
Ein oder zwei Gruppenmitglieder durchfahren die Strecke. Die anderen stoppen die Zeit. Der Start erfolgt auf Kommando einer Zeitnehmerin oder eines Zeitnehmers.

Versuchsauswertung:
Tragt die Messwerte (Wege, Zeiten) in die Tabelle ein. Gebt die Geschwindigkeit an.

LERNSTATION 3 — Wie schnell fliegt ein Ball?

Versuchsmaterialien:
2 Stoppuhren, Maßband, Fußball, Handball oder Tennisball (mit Schläger)

Versuchsvorbereitung:
Der Versuch wird auf dem Schulhof (an einer Mauer) oder in der Turnhalle durchgeführt. Die erste Gruppe legt 20 m vor der Wand die Startlinie fest.

Versuchsdurchführung:
Der Ball wird mit Anlauf von der Startlinie aus geworfen, geschossen oder geschlagen. Zwei Schüler stoppen die Zeit.

Versuchsauswertung:
Bildet den Mittelwert der gestoppten Zeiten. Tragt die Messwerte in die Tabelle ein. Gebt die Geschwindigkeit an.

LERNSTATION 4 — Wie schnell rollt eine Kugel?

Versuchsmaterialien:
Stoppuhren, Maßband, Holzkugel (zum Kegeln) oder Eisenkugeln (vom Kugelstoßen)

Versuchsvorbereitung:
Führt den Versuch auf dem Schulhof durch. Wand durch Matte (aus Turnhalle) schützen! Die erste Gruppe misst eine Strecke von 20 m aus und legt eine Start- und eine Ziellinie fest.

Versuchsdurchführung:
Die Kugel wird wie beim Kegeln mit Anlauf flach gerollt. Zwei bis drei Schüler stoppen die Zeit.

Versuchsauswertung:
Bildet den Mittelwert der gestoppten Zeiten. Tragt die Messwerte in die Tabelle ein. Gebt die Geschwindigkeit an.

Wie schnell fahren Spielzeugautos?

LERNSTATION 5

Versuchsmaterialien:
Stoppuhren, Maßband, Spielzeugauto mit Feder- oder Elektroantrieb

Versuchsvorbereitung:
Der Versuch wird im Klassenzimmer oder auf dem Flur durchgeführt. Die erste Gruppe misst eine Strecke von 5 m ab und markiert Start und Ziel.

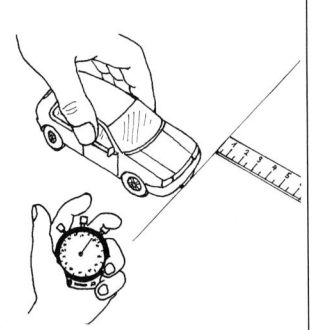

Versuchsdurchführung:
Das Auto durchfährt die Messstrecke. Mehrere Gruppenmitglieder messen die Zeit.

Versuchsauswertung:
Bildet den Mittelwert der gestoppten Zeiten. Tragt die Messwerte in die Tabelle ein. Gebt die Geschwindigkeit an.

Wie schnell fällt ein Ball?

LERNSTATION 6

Versuchsmaterialien:
Stoppuhren, Bindfaden mit kleinem Wägestück, Maßband, Tennis- oder Schlagball

Versuchsvorbereitung:
Der Versuch wird im Treppenhaus oder an einem Fenster zum Schulhof durchgeführt. Die erste Gruppe misst mit dem Bindfaden die Fallhöhe und schreibt sie für die folgenden Gruppen auf ein Blatt.

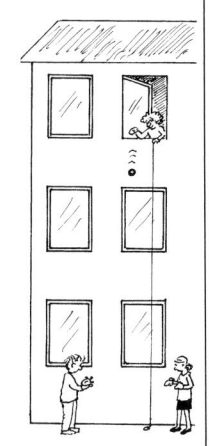

Versuchsdurchführung:
Der Ball wird fallen gelassen. Mehrere Gruppenmitglieder messen die Zeit bis zum Aufprall.

Versuchsauswertung:
Bildet den Mittelwert der gestoppten Zeiten. Tragt die Messwerte in die Tabelle ein. Gebt die (Durchschnitts-)Geschwindigkeit an.

Wie schnell ist eine Modelleisenbahn?

LERNSTATION 7

Versuchsmaterialien:
Stoppuhren, Maßband, Eisenbahn mit Schienenoval (evtl. Autorennbahn)

Versuchsvorbereitung:
Die erste Gruppe misst die Länge der Schienen und schreibt sie für die folgenden Gruppen auf ein großes Blatt. Start und Ziel werden markiert.

Versuchsdurchführung:
Das Eisenbahn durchfährt 5 Runden. Mehrere Gruppenmitglieder messen die Zeit.

Versuchsauswertung:
Bildet den Mittelwert der gestoppten Zeiten. Tragt die Messwerte in die Tabelle ein. Gebt die Geschwindigkeit an.

Wie schnell rollt eine Kugel?

LERNSTATION 8

Versuchsmaterialien:
Stoppuhren, Maßband, ca. 2 m lange schiefe Ebene (Aluschiene oder Brett auf 5 cm hohem Klotz), Stahlkugel

Versuchsvorbereitung:
Die erste Gruppe misst die genaue Länge der schiefen Ebene und schreibt sie für die folgenden Gruppen auf ein großes Blatt.

Versuchsdurchführung:
Ein Gruppenmitglied lässt die Kugel hinunterrollen, die anderen messen die Zeit bis zum Verlassen der schiefen Ebene.

Versuchsauswertung:
Bildet den Mittelwert der gestoppten Zeiten. Tragt die Messwerte in die Tabelle ein. Gebt die (Durchschnitts-)Geschwindigkeit an. Beschreibt die Bewegung.

Lernen an Stationen – Beispiel: Leistung

LERNSTATION 1
Was leistet ein Mensch beim Treppensteigen?

Versuchsmaterialien:
Maßband (oder Zollstock), Stoppuhr oder Armbanduhr mit Sekundenanzeige, Personenwaage

Versuchsvorbereitung:
Der Versuch wird im Treppenhaus durchgeführt. Messt die senkrechte Höhe der Treppe vom Erdgeschoss bis ins 2. Stockwerk. Vergesst nicht die Dicke der Geschossdecken.

Versuchsdurchführung:
Ein Gruppenmitglied läuft möglichst schnell die Treppe hinauf, die anderen stoppen die Zeit.

Versuchsauswertung:
Tragt die Messwerte für F, s und t in die Tabelle ein. Berechnet die beim Treppensteigen verrichtete Hubarbeit. Wie groß ist die Leistung?

LERNSTATION 2
Was leistet ein Mensch beim Hochziehen einer Last?

Versuchsmaterialien:
Maßband, Stoppuhr, Waage, Seil, mit Wasser gefüllter Kanister (z. B. von Reinigungsmitteln)

Versuchsvorbereitung:
Der Versuch wird im Treppenhaus durchgeführt. Messt die senkrechte Höhe vom Erdgeschoss bis ins x-te Stockwerk. Bestimmt die Kraft, die zum Heben des Kanisters nötig ist.

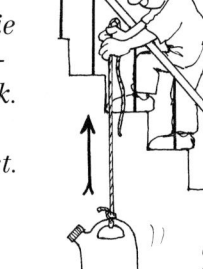

Versuchsdurchführung:
Ein Gruppenmitglied zieht den Kanister möglichst schnell nach oben, die anderen stoppen die Zeit.

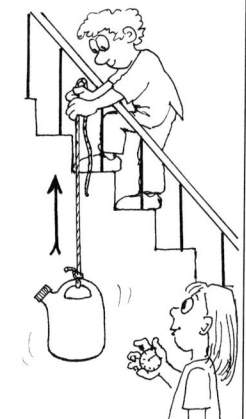

Versuchsauswertung:
Tragt die Messwerte für F, s und t in die Tabelle ein. Berechnet die beim Hochziehen der Last verrichtete Arbeit. Wie groß ist die Leistung?

LERNSTATION 3
Was leistet ein Mensch beim Gewichtheben?

Versuchsmaterialien:
Zollstock, Stoppuhr, Waage, Hantel

Versuchsvorbereitung:
Bestimmt die Gewichtskraft der Hantel und bei jedem Gruppenmitglied die jeweilige Hubhöhe (Arm hängend – Arm gestreckt).

Versuchsdurchführung:
Ein Gruppenmitglied stemmt die Hantel so oft wie möglich, die anderen zählen mit und stoppen die Zeit.

Versuchsauswertung:
Trage die Messwerte für F, s und t in die Tabelle ein. Berechne die beim Hantelstemmen verrichtete Hubarbeit. Wie groß ist die Leistung?

LERNSTATION 4
Was leistet ein Mensch beim Radfahren?

Informationsmaterialien:
Text auf Seite 54 in diesem Buch

Hinweis:
Die Leistung eines Radfahrers lässt sich aus der Tretkraft und der Geschwindigkeit berechnen, mit der er die Pedale an den Tretkurbeln bewegt:
Leistung = Tretkraft · Tretgeschwindigkeit.

Aufgabe:
Löse auf der Rückseite des Ergebniszettels die Aufgabe 3 von Seite 54.

Was leistet ein Mensch bei Liegestützen?

LERNSTATION 5

Versuchsmaterialien:
Personenwaage, Zollstock, Stoppuhr

Versuchsvorbereitung:
Messt zunächst bei jedem Gruppenmitglied, mit welcher Kraft es sich beim Liegestütz mit beiden Händen auf der Personenwaage abstützt. Bestimmt an der Schulter die Hubhöhe.

Versuchsdurchführung:
Ein Gruppenmitglied macht Liegestütze, die anderen zählen mit und stoppen die Zeit.

Versuchsauswertung:
Tragt die Messwerte für F, s und t in die Tabelle ein. Berechnet die bei den Liegestützen verrichtete Hubarbeit. Wie groß ist die Leistung?

Wer war James Watt?

LERNSTATION 6

Informationsmaterialien:
Lexikon, Aufgabe 4 im Buch auf Seite 54, Computer mit CD-ROM „Große Erfinder", Internet ...

Hinweis zu Watts Versuch zur Bestimmung der Pferdestärke:
Um einen Körper mit der Masse 1 kg zu heben, muss eine Kraft von rund 10 N ausgeübt werden. Ganz genau sind es 9,806 65 N.

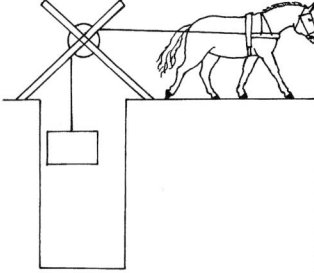

Aufgabe:
Beantworte auf der Rückseite des Ergebniszettels in kurzer Form die Fragen 4 a–c von Seite 54.

Was leistet ein Mensch bei Klimmzügen?

LERNSTATION 7

Versuchsmaterialien:
Zollstock, Stoppuhr, Reckstange in der Turnhalle oder ein „Türreck"

Versuchsvorbereitung:
Bestimmt bei jedem Gruppenmitglied durch Messen an der Schulter die Hubhöhe beim Klimmzug (hängend den Boden nicht berühren, evtl. die Beine anwinkeln).

Versuchsdurchführung:
Jeder macht viele Klimmzüge, die anderen zählen mit und stoppen die Zeit.

Versuchsauswertung:
Trage die Messwerte für F, s und t in die Tabelle ein. Berechne die bei den Klimmzügen verrichtete Hubarbeit. Wie groß ist deine Leistung?

Was leistet ein Mensch auf dem Fahrrad-Ergometer?

LERNSTATION 8

Informationsmaterialien:
Text auf Seite 53 in diesem Buch.

Hinweis:
Die Leistung eines Radfahrers lässt sich aus seiner Tretkraft und der Tretgeschwindigkeit berechnen. Dieses Verfahren wird auch beim Fahrrad-Ergometer benutzt, dessen Computer die Leistung in Watt direkt anzeigt.

Aufgabe:
Löse auf der Rückseite des Ergebniszettels die Aufgaben 8 und 9 von Seite 53.

Anhang

Dichte fester Stoffe (bei 20 °C)

Stoff	Dichte in $\frac{g}{cm^3}$
Aluminium	2,70
Balsaholz	0,1
Beton	1,5 bis 2,4
Blei	11,3
Butter	0,86
Eis (0 °C)	0,9
Eisen	7,87
Glas	ca. 2,6
Gold	19,3
Granit	ca. 2,7
Gummi	0.9 bis 1,0
Holz	0,4 bis 0,8
Kohlenstoff, Graphit	2,25
Diamant	3,52
Kork	0,2 bis 0,4
Kunststoff (PVC)	ca. 1,4
Kupfer	8,96
Marmor	ca. 2,8
Messing	ca. 8,5
Nickel	8,90
Platin	21,5
Plexiglas	1,2
Sand	ca. 1,5
Stahl	7,8 bis 7,9
Stearin	ca. 0,9
Silber	10,5
Styropor®	0,015
Zink	7,13
Zinn	7,28

Dichte flüssiger Stoffe (bei 20 °C)

Stoff	Dichte in $\frac{g}{cm^3}$
Alkohol (Ethanol)	0,79
Benzin	ca. 0,7
Glycerin	1,26
Milch	1,03
Quecksilber	13,55
Salzwasser	ca. 1,03
Schwefelsäure, konzentriert	1,83
Terpentinöl	0,86
Wasser (4 °C)	1,00

Farbcode für Festwiderstände

	1. Ring	2. Ring	3. Ring	4. Ring
schwarz	0	0		
braun	1	1	0	± 1 %
rot	2	2	00	± 2 %
orange	3	3	000	
gelb	4	4	0000	
grün	5	5	00000	
blau	6	6	000000	
violett	7	7	0000000	
grau	8	8		
weiß	9	9		
golden				± 5 %
silbrig				± 10 %

Fehlt der 4. Ring: ± 20 %

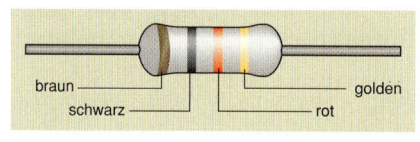

Beispiel:
Der Widerstand beträgt 1000 Ω ± 5 % Fertigungsgenauigkeit (4. Ring). Dieser Festwiderstand kann also 950 Ω bis 1050 Ω haben.

Einige Schaltzeichen

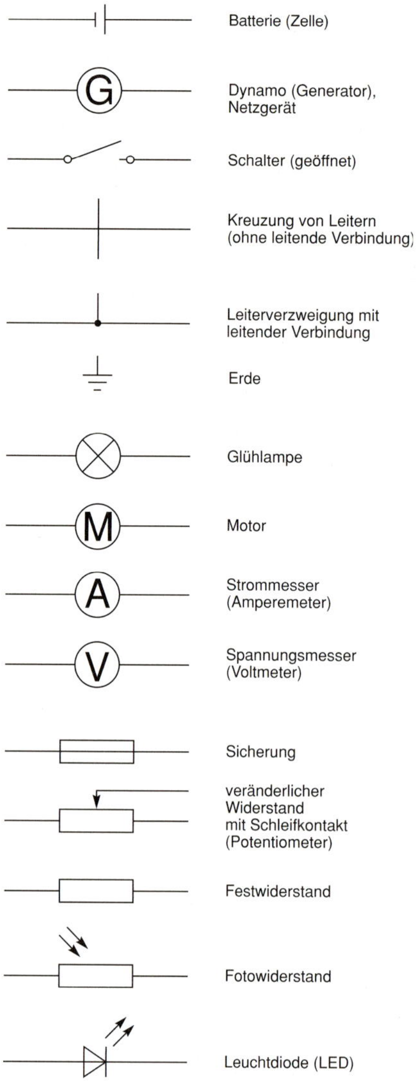

- Batterie (Zelle)
- Dynamo (Generator), Netzgerät
- Schalter (geöffnet)
- Kreuzung von Leitern (ohne leitende Verbindung)
- Leiterverzweigung mit leitender Verbindung
- Erde
- Glühlampe
- Motor
- Strommesser (Amperemeter)
- Spannungsmesser (Voltmeter)
- Sicherung
- veränderlicher Widerstand mit Schleifkontakt (Potentiometer)
- Festwiderstand
- Fotowiderstand
- Leuchtdiode (LED)

Dichte von Gasen (bei 0 °C und 1013 hPa)

Stoff	Dichte in $\frac{g}{l}$
Butan	ca. 2,73
Erdgas	ca. 0,7
Helium	ca. 0,18
Luft	ca. 1,29
Methan	ca. 0,72
Propan	ca. 2,01
Wasserstoff	ca. 0,09

Einige Stromstärken

Blitz	ca. 300 000	A
Motor einer E-Lok	bis 200	A
Anlasser eines Autos	ca. 90	A
Heizstrahler	9	A
Staubsauger	4,6	A
Bügeleisen	4,6	A
Toaster	1,8	A
Glühlampe (100 Watt)	0,5	A
Kühlschrank	0,5	A

Einige Spannungen

Monozelle	1,5	V
Autobatterie	12	V
Flachbatterie	4,5	V
Steckdose	230	V
Spielzeugeisenbahn	bis 24	V
Haushaltsgeräte	230	V
Straßenbahn	500	V
Elektro-Lok	15 000	V

Auswahl physikalischer Größen und ihrer Einheiten

Größe	Formelzeichen	Einheit		Weitere Einheiten		Beziehung
Länge	l	Meter	m	Seemeile	sm	$1\,\text{sm} = 1852\,\text{m}$
Fläche	A	Quadratmeter	m^2	Ar Hektar	a ha	$1\,\text{a} = 100\,\text{m}^2$ $1\,\text{ha} = 100\,\text{a} = 10^4\,\text{m}^2$
Volumen	V	Kubikmeter	m^3	Liter	l	$1\,\text{l} = 1\,\text{dm}^3 = 10^{-3}\,\text{m}^3$
Masse	m	Kilogramm	kg	Gramm Tonne	g t	$1\,\text{g} = 10^{-3}\,\text{kg}$ $1\,\text{t} = 10^3\,\text{kg}$
Dichte	ϱ		$\dfrac{\text{kg}}{\text{m}^3}$		$\dfrac{\text{g}}{\text{cm}^3}$	$1\,\dfrac{\text{kg}}{\text{m}^3} = 10^{-3}\,\dfrac{\text{g}}{\text{cm}^3}$
Kraft Gewichtskraft	F F_G	Newton	N			
Arbeit, Energie	W, E	Joule	J			$1\,\text{J} = 1\,\text{Nm}$
Leistung	P	Watt	W			$1\,\text{W} = 1\,\dfrac{\text{J}}{\text{s}} = 1\,\text{VA}$
Zeit	t	Sekunde	s	Minute Stunde	min h	$1\,\text{min} = 60\,\text{s}$ $1\,\text{h} = 60\,\text{min} = 3600\,\text{s}$
Geschwindigkeit	v		$\dfrac{\text{m}}{\text{s}}$		$\dfrac{\text{km}}{\text{h}}$	$1\,\dfrac{\text{km}}{\text{h}} = \dfrac{1\,\text{m}}{3{,}6\,\text{s}}$
Ladung	Q	Coulomb	C			$1\,\text{C} = 1\,\text{As}$
Stromstärke	I	Ampere	A			
Spannung	U	Volt	V			$1\,\text{V} = 1\,\dfrac{\text{W}}{\text{A}}$
Widerstand	R	Ohm	Ω			$1\,\Omega = 1\,\dfrac{\text{V}}{\text{A}}$
Temperatur	T ϑ	Kelvin Grad Celsius	K °C			$0\,\text{K} \mathrel{\hat{=}} -273{,}15\,°\text{C}$ $0\,°\text{C} \mathrel{\hat{=}} 273{,}15\,°\text{C}$

Vielfache und Teile von Einheiten

Vorsatz	Giga-	Mega-	Kilo-	Hekto-	Deka-	Dezi-	Zenti-	Milli-	Mikro-	Nano-	Piko-
Vorsatzzeichen	G	M	k	h	D	d	c	m	μ	n	p
Faktor	10^9	10^6	10^3	10^2	10^1	10^{-1}	10^{-2}	10^{-3}	10^{-6}	10^{-9}	10^{-12}

Verzeichnis der Bild- und Textquellen

Archiv für Kunst und Geschichte, Berlin: 88.5; Audi, Ingolstadt: 126.4; Bavaria, Gauting: 10.3 u. 5, 13.7, 80.1, 94.1-3; Bayerische Staatsgemäldesammlungen – Neue Pinakothek, München: 88.4; Birker, Viernheim: 52.4; DaimlerChrysler, Stuttgart: 44.4, 52.3; Delta Verlag, Stuttgart: 15.9; Deutsche Müllerschule, Braunschweig: 84.2; Deutsches Museum, München: 40.3, 41.4 u. 5, 48.3, 84.1, 89.8, 90.1 u. 2, 96.1, 110.6, 126.2, 131.6; dpa, Frankfurt/Main: 4.1, 9.6 u. 7, 34.2, 53.5, 60.1 u. 2, 110.7, 141.3-5; E.ON Kernkraft, Kernkraftwerk Würgassen, Beverungen: 72.7; Engelhardt, Stuttgart: 15.9; eso, Tettnang: 58.1; Historia-Photo, Hamburg: 48.2; Hoppecke, Brilon: 110.1; Huber, Garmisch-Partenkirchen: 94.5; IFA, München: 13.5 u. 6, 68.3, 89.9; Illmann, Nümbrecht: 6.3, 41.6; Irmer, München: 19.8 u. 10; Kirschbaum, Berlin: 113.6 u. 7; Koenig & Bauer, Würzburg: 140.1; KWU, Erlangen: 110.4; Leybold Didactic, Hürth: 100.3; Mannesmann Demag, Duisburg: 31.8; Mauritius, Mittenwald: 4.6, 43.15, 44.3, 47.7; Menck, Ellerau: 47.6; Miele, Gütersloh: 71.9 u. 10; Möhrle, Berlin: 55.6; Opel, Rüsselsheim: 126.3; Pfletschinger/Angermayer, Holzkirchen: 26.6; RWE, Essen: 81.11; Siemens, München: 73.11, 83.5; Silvestris, Kastl: 13.4, 74.3, 110.8, 113.4; USIS, Bonn: 10.1 u. 2; VW, Wolfsburg: 46.1; Wilhelm-Foerster-Sternwarte, Berlin: 10.4 u. 6; Zefa, Düsseldorf: 26.1; Zentralbild, Berlin: 36.7, 57.4. Alle anderen Fotos: Cornelsen, Berlin

Titelbild: Focus, Hamburg

Lösungen der Alles-klar-Fragen

Zu Seite 15:
1. Kräfte erkennt man an ihren Wirkungen. Beispiele: Gewichtskraft verbiegt ein Brett im Regal; die Kraft, die von einem Motor ausgeübt wird, beschleunigt ein Mofa; Reibungskraft bringt einen Schlitten zum Stehen.
2. Reibungskräfte zwischen Reifen und Straße, zwischen Luft und Karosserie bringen das Auto zum Stehen.
3. Der Kraftpfeil für Gewichtskraft ist 6 cm lang und nach unten gerichtet, sein Angriffspunkt liegt in der Kugel. Der Kraftpfeil für die Rückstellkraft ist genauso lang, nach unten gerichtet und greift ebenfalls in der Kugel an.
4. Bei 1 N (4 N bzw. 5 N) würde die Feder um etwa 1,5 cm (6 cm bzw. 7,5 cm) länger werden.
5. Auf den Stein wirken zwei Kräfte: die Gewichtskraft und die Kraft, die Obelix auf ihn ausübt. Die Kräfte sind gleich groß und entgegengesetzt gerichtet. Daher ist der Stein im Kräftegleichgewicht.
6. a) Auf die Kiste wirkt die Gewichtskraft, die von der Erde ausgeübt wird, und eine entgegengerichtete Kraft, die der Tisch ausübt. (Die Tischplatte verformt sich etwas und übt eine Art Rückstellkraft aus.)
b) Auf den Hund wirkt die „Haltekraft" der Leine und die Antriebskraft, die die Erde auf ihn nach dem Wechselwirkungsprinzip ausübt.
c) Auf den Traktor wirkt eine Antriebskraft, die die Fahrbahn nach dem Wechselwirkungsprinzip ausübt, und bremsende Reibungskräfte, ausgeübt von der Luft und von der Fahrbahn.
7. a) Im Weltraum ist keine Luft, die eine Reibungskraft ausübt.
b) Ein Flugzeug fliegt nicht im luftleeren Raum. Es wird durch Reibung mit der Luft dauernd abgebremst, muss also angetrieben werden.

Zu Seite 33:
1. Die Last sollte möglichst weit vorne aufliegen, da dann der Lastarm am kleinsten ist.
2. Das Wägestück wird verschoben und damit der Kraftarm verändert. Je weiter es nach außen geschoben wird, desto schwerer ist die Last.
Die Gewichtskraft auf den Kartoffelsack beträgt 120 N. Seine Masse beträgt also 12 kg.
3. Lösungen: 1. Zeile: $F_2 = 4$ N, 2. Zeile: $F_2 = 5$ N, 3. Zeile: $a_2 = 6$ cm, 4. Zeile: $a_2 = 3$ cm.
4. Der Bauer befestigt die Rolle am Traktor. Dann bindet er das Seilende am Baum fest, führt das Seil um die Rolle herum und befestigt das andere Seilende am Traktor. Auf diese Weise wird nur die halbe Kraft benötigt, um den Anhänger zu ziehen.
5. Bild 11: $F = 5$ N, Bild 12: $F = 5$ N, Bild 13: $F = 2,5$ N, Bild 14: $F = 3,3$ N.

Zu Seite 43:
1. Arbeit wird verrichtet, wenn ein Körper einen Weg zurücklegt und wenn dabei eine Kraft in Richtung des Weges wirkt.
2. a) Beim Kugelstoßen übt der Sportler eine Kraft auf die Kugel aus und beschleunigt sie. Dabei übt er eine Kraft auf die Kugel in Richtung des Weges aus.
Beim Schmieden wird Arbeit verrichtet, denn auf den Hammer wirken Kräfte in Richtung seines Weges (Gewichtskraft und vom Schmied ausgeübte Kraft). Wenn die Springerin auf das Trampolin fällt, wird dieses gespannt; die Springerin übt so eine Kraft auf das Trampolin aus, das in Bewegungsrichtung verformt wird.
b) Es wird Beschleunigungsarbeit, Verformungsarbeit und Spannarbeit verrichtet.
3. Mit einem Kraftmesser misst man die Kraft (in N) und mit einem geeigneten Längenmessgerät den zurückgelegten Weg (in m). Das Produkt aus Kraft und Weg ergibt dann die Arbeit.
4. 1 Joule Arbeit ist erforderlich, um einen Körper mit 100 g Masse (z. B. eine Tafel Schokolade) 1 m hochzuheben.

5. Die Arbeit ist in beiden Fällen gleich. In Beispiel 2 spart der Arbeiter zwar Kraft, die Kraft muss aber über einen längeren Weg wirken.
6. a) Die am eigenen Körper verrichtete Arbeit berechnet man aus der Gewichtskraft und der Hubhöhe: $W = F_G \cdot h$.
Beispiel: Bei einer Körpermasse von 50 kg beträgt die Gewichtskraft $F_G = 500$ N. Wenn man um $h = 3$ m nach oben steigt, verrichtet man eine Arbeit von $W = 500$ N $\cdot$ 3 m $= 1500$ J.
b) Die Steigung der Treppe hat keinen Einfluss auf die Arbeit. Wenn man eine weniger steile Treppe (schiefe Ebene) benutzt, spart man Kraft auf einem längeren Weg. Die Arbeit bleibt gleich.
c) Beispiel: $W = (F_G + 250$ N$) \cdot h = 750$ N $\cdot$ 3 m $= 2250$ J.
7. Die verrichtete Arbeit ist gleich, wenn beide Jungen gleich schwer sind. Mit der Treppe spart man gegenüber der Leiter keine Arbeit.
8. Die Kette läuft schräg, dadurch verschleißen Zahnräder und Kette recht schnell. Nicht alle möglichen Gänge eines Fahrrads sollten genutzt werden.
9. Serpentinen stellen schiefe Ebenen dar. Der Aufstieg dauert länger, es ist aber eine geringere Kraft erforderlich.
10. a) Zum Heben des Fasses ist eine Kraft von 600 N erforderlich. Man muss beim Arbeiten eine Energie von 600 J übertragen.
b) Durch die Rampe wird die Kraft verringert. Der Weg wird aber länger.
c) Zum Hochrollen auf der Rampe ist eine Kraft von 150 N erforderlich.

Zu Seite 49:
1. Höhenenergie: hochgezogener Rammbär; Bewegungsenergie: fallender Stein; Spannenergie: gespannte Feder.
2. Eine gespannte Feder, die losgelassen wird, kann z. B. ein Spielzeugauto beschleunigen; d. h., sie verrichtet Arbeit an dem Gegenstand.
3. Die Energie der Sonne bildet die Grundlage aller Lebensvorgänge. Die Knollen der Kartoffel wachsen zwar unter der Erde, die Pflanze benötigt aber für die Fotosynthese Sonnenenergie. Kühe, die Milch und Fleisch produzieren, fressen Gras, in dem bereits Sonnenenergie „steckt".
4. a) Wenn ein Apfel auf die Wippe fällt, löst er die Sperre für das Wägestück; es trifft die Wippe, die den Apfel auf den Balkon schleudert.
b) Die Maschine besitzt zwei Energiequellen, die jeweils Höhenenergie haben: den Apfel und das Wägestück.
c) Die Maschine arbeitet von dem Moment an, an dem der Apfel auf die Wippe fällt und dieser in Richtung Balkon geschleudert wird.
5. Bei Teilbild 4 ist die Höhenenergie am größten, bei Teilbild 2 die Spannenergie. Bei den Teilbildern 1, 5 u. 6 nimmt die Bewegungsenergie zu.
6. a) Die thermische Energie, die (in den Zylindern) bei der Verbrennung entsteht, wird sofort in Bewegungsenergie umgewandelt (durch die Kolben).
b) Antrieb von Kurbelwelle, Schwungscheibe, Öl- und Kühlwasserpumpe, Lichtmaschine, ..., Erzeugung von Elektrizität, Heizung des Innenraums.

Zu Seite 55:
1. „Je mehr Zeit für eine bestimmte mechanische Arbeit benötigt wird, desto geringer ist die Leistung."
2. a) Das Auto mit der größeren Motorleistung erreicht die geringere Höchstgeschwindigkeit.
b) Das kann am unterschiedlichen Luftwiderstand liegen oder daran, dass die Fahrzeuge verschiedene Massen haben.
3. Der Traktor erbringt große Kräfte bei geringer Geschwindigkeit, der Pkw erreicht mit geringen Kräften große Geschwindigkeiten. Bei der Kraftübertragung spielt das Getriebe eine Rolle.
4. Kraft zum Heben des Kindes: $F = 90$ N; Hubweg: $s = 1,5$ m. Verrichtete Hubarbeit: $W = F \cdot s = 90$ N $\cdot$ 1,5 m $= 135$ Nm. Diese Arbeit wird in der Zeit $t = 1$ s verrichtet. Die Leistung beträgt demnach

$P = \dfrac{W}{t} = \dfrac{135\,\text{Nm}}{1\,\text{s}} = 135\,\dfrac{\text{Nm}}{\text{s}} = 135\,\text{W}$.

5. Um die Leistung zu bestimmen, muss man folgende Größen messen: Hubhöhe des Eimers, Gewichtskraft auf den Eimer und die Dauer des Hubvorgangs.
Man misst die Gewichtskraft F_G, die auf die Last wirkt, den Hubweg h und die Zeit t, die das Anheben dauert. Die beim Anheben verrichtete Arbeit ergibt sich aus $W = F_G \cdot h$. Der Flaschenzug verringert diese Arbeit bekanntlich nicht. Dividiert man die Arbeit durch die Zeit t, erhält man die mechanische Leistung des Motors: $P = W/t$.

Zu Seite 61:
1.

Weg		Zeit		Geschwindigkeit
Schüler	100 m	15 s		6,7 m/s
Radfahrer	100 m	12 s		8,3 m/s
Fußball	20 m	1,2 s		17 m/s
Modellauto	3,0 m	3,6 s		0,83 m/s

2. a) Wagen 1 (steilere Gerade) war schneller als Wagen 2.
b) Wagen 1 fuhr 6 m in 1,5 s, 12 m in 3,0 s, 18 m in 4,5 s und 24 m in 6,0 s. Wagen 2 fuhr 3 m in 1,5 s, 6 m in 3,0 s, 9 m in 4,5 s und 12 m in 6,0 s.
c) Wagen 1 benötigte für 2 m 0,5 s, für 5 m 1,25 s, für 7 m 1,75 s und für 10 m 2,5 s. Wagen 1 brauchte jeweils die doppelte Zeit, also für 2 m 1,0 s, für 5 m 2,5 s, für 7 m 3,5 s und für 10 m 5,0 s.
d) Die Geschwindigkeit von Wagen 1 beträgt v_1 = 4,0 m/s = 14,4 km/h, die von Wagen 2 v_2 = 2,0 m/s = 7,2 km/h.

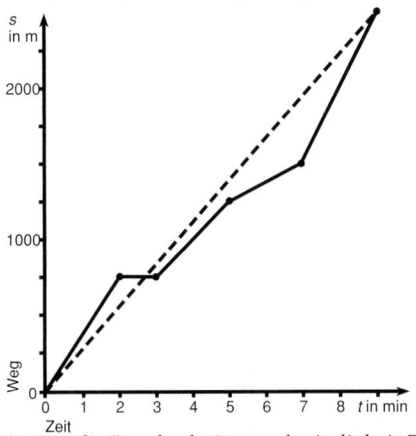

3. Für die Durchschnittsgeschwindigkeit $\bar{v}$ = 2500 m/9 min = 16,7 km/h ergibt sich die eingezeichnete Gerade. Zwischen t = 4 min und t = 6 min beträgt die Durchschnittsgeschwindigkeit 11,25 km/h.

4. Die Durchschnittsgeschwindigkeit beträgt $\bar{v}$ = 12,7 km/h = 3,5 m/s.

5. Gleichförmige Bewegungen: Minutenzeiger einer Uhr, Blech auf dem Fließband, Öltanker in ruhiger See; ungleichförmige Bewegungen: Auto im Straßenverkehr, Radfahrer auf dem Schulweg, fallender Blumentopf, Sportlerin beim 100-m-Lauf.

Zu Seite 83:
1. Beim Reiben gehen Elektronen von einem Körper auf den anderen über. Der eine Körper hat anschließend zu wenig Elektronen – er ist positiv geladen. Der andere Körper hat zu viele Elektronen – er ist negativ geladen.

2. Ein ungeladener Körper besteht aus gleich vielen positiv geladenen Teilchen (im Atomkern fest sitzend) und negativ geladenen Teilchen (bei Metallen bewegliche Elektronen). Deren Wirkungen heben sich gegenseitig auf.

3. Unsere Kleidung enthält Kunststofffasern, die sich durch Reibung aufladen. Das ist vor allem dann der Fall, wenn die Überschussladung z. B. durch einen isolierenden Teppichboden nicht abfließen kann. Nähern wir die aufgeladene Hand einer metallenen Türklinke, so sammelt sich auf der Klinke eine Gegenladung an, da die Leitungselektronen beweglich sind. Bei Annäherung auf weniger als 1 cm schlägt ein kleiner Funke über, den wir als feinen Nadelstich fühlen. Dabei ist evtl. ein knisterndes Geräusch zu hören. (Bei einer Funkenlänge von 1 cm beträgt die Spannung ungefähr 30 000 V.)

4. Bei hoher Luftfeuchtigkeit kommt es zu Isolationsproblemen. Auf der Oberfläche von Isolatoren setzt sich Wasser ab und bildet einen leitenden Belag. (Auch die Wasserteilchen in der Luft machen Probleme: Im Wasserteilchen ist die Ladung nicht ganz gleichmäßig verteilt, es gibt einen positiven und einen negativen Bereich. Daher werden Wasserteilchen von geladenen Körpern angezogen, nehmen Ladung auf und entladen so den Körper.)

5. Vermeide es, die höchste Erhebung im Gelände zu sein. Hocke dich hin! Nicht bei Gewitter in freiem Gelände Rad fahren! Meide einzeln stehende Bäume! Hocke dich im Wald unter einen Baum, aber nicht zu nahe am Stamm. Bade oder schwimme niemals bei Gewitter! Hocke dich in Holz- oder Steinhütten etwa in die Raummitte. Sicheren Schutz von Blitzen bieten Räume, die ganz von Metall umschlossen sind, z. B. Autos.

6. a) Der Blitz verläuft über die Metallkarosserie und springt über die Reifen und Felgen zur Erde. Auch über Metallgewebe im Reifen kann der Blitz seinen Weg nehmen. Durch den Blitz kann es zu Reifenschäden kommen.
b) In einem Cabriolet ist man nicht vor Blitzschlag sicher, da das Cabriolet keinen faradayschen Käfig darstellt.

Zu Seite 93:
1. Geschirrspülmaschine: Reinigen von Geschirr; abgegeben werden mechanische und thermische Energie. – Waschmaschine: Waschen von Kleidung; abgegeben werden mechanische und thermische Energie. – Handrührgerät: Rühren und Kneten von Teig, Mixen von Getränken; abgegeben wird mechanische Energie. – Fernseher: Übertragung von Informationen und Unterhaltung; abgegeben werden Strahlungsenergie und mechanische Energie (Schallenergie) …

2. a) Die elektrische Energiequelle entspricht Heizkessel und Pumpe, die elektrischen Leiter entsprechen den Rohrleitungen, die elektrischen Geräte (Verbraucher) entsprechen den Heizkörpern, die Elektronen entsprechen dem Wasser (den Wassertröpfchen).
b) Auch bei der Kettensäge wird Energie durch einen Kreislauf übertragen. Die Energiequelle ist der elektrische Motor der Säge (1). Die Energie wird zum Holzbalken oder Baumstamm übertragen (2). Energie wird transportiert, wenn die Kette der Säge im Kreis läuft (3).

3. Die Energiequelle wandelt nicht elektrische Energie in elektrische um. Diese wird im Übertragungsteil transportiert und im Verbraucher in die gewünschte Energieform umgewandelt.

4. Die elektrische Energie „aus der Steckdose" stammt von Generatoren in Kraftwerken.

5. Die Elektronen in einem zur Spule aufgewickelten Draht werden dadurch angetrieben, dass ein Magnet in der Spule bewegt wird. Dabei wird mechanische in elektrische Energie umgewandelt.

6. Ein aufgeladener Akku kann die Elektronen in einem Stromkreis antreiben und z. B. eine Lampe zum Leuchten bringen (Energiequelle). – Beim Aufladen eines „leeren" Akkus wird die zugeführte elektrische Energie im Akku in chemische Energie umgewandelt (Verbraucher).

Zu Seite 101:
1. Man müsste für jede Fahrtrichtung messen, wie viele Autos im gleichen Zeitraum eine vorgegebene Markierung passieren. Je größer die Anzahl ist, desto größer ist der Strom.
Ströme errechnet man, indem man die Anzahl der Teilchen oder Körper, die während der Messdauer an einer Markierung vorbeiströmen, durch die Messdauer teilt.

2. Die Stromstärke beträgt 1,5 mA.

3. Der Stromkreis muss zunächst unterbrochen werden; das Messgerät muss nämlich so in den Stromkreis eingebaut werden, dass es in Reihe zur Glühlampe geschaltet ist (und nicht wie in der Schaltskizze von Bild 11 dargestellt – parallel).

Zu Seite 107:
1. a) und b)

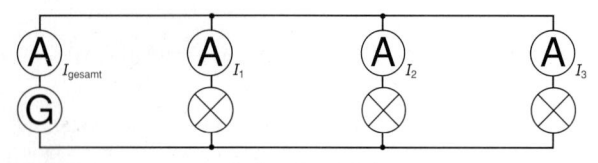

c) Die Gesamtstromstärke beträgt 1,3 A.
2. Kühlwasserpumpe und Lichtmaschine sind an ein und dieselbe Energiequelle (die Kurbelwelle) angeschlossen. Beide Geräte funktionieren unabhängig voneinander.
Den Elektronenströmen in einer elektrischen Parallelschaltung entsprechen hier die Riemen, die sich im Kreis bewegen.
3. Beim Rücklicht sollte die Sicherung den Stromkreis unterbrechen, wenn der Elektronenstrom den Wert 1 A übersteigt.
4. Die Steckdosen für Spülmaschine und Herd sind parallel geschaltet. Wahrscheinlich stand der Schalter der Spülmaschine auf „Ein". Als die Spülmaschine eingeschaltet wurde, floss der Ladungsstrom für beide Geräte durch die Sicherung. Der Gesamtstromstärke wurde so hoch, dass die Sicherung den Stromkreis unterbrach.

Zu Seite 117:
1. Man muss die Spannung verdoppeln (z. B. durch schnelleres Kurbeln am Generator).
2. Die elektrische Spannung ist ein Maß dafür, wie stark die Elektronen angetrieben werden. Die Einheit der elektrischen Spannung ist 1 Volt (1 V).
3. Keiner von beiden hat Recht: Die Größe der elektrischen Spannung hängt in der Regel davon ab, zwischen welchen Punkten eines Stromkreises sie gemessen wird; der Elektronenstrom ist nur bei einer Reihenschaltung überall im Stromkreis gleich groß, nicht aber bei einer Parallelschaltung.
4. Bei Spannungen unter 25 V bleibt die Stromstärke im Körper unter der Gefährdungsgrenze. Die Spannung im Stromnetz für den Haushalt beträgt 230 V. Sie kann Ströme weit oberhalb der Gefährdungsgrenze hervorrufen.
5. a) Die Heizdrähte im Haartrockner werden nicht heiß genug, der Motor dreht den Ventilator zu langsam.

b) Wenn das Gerät über keine Gerätesicherung verfügt, wird es durch zu große Ströme zerstört.
6. Das Lämpchen leuchtet nur schwach (oder gar nicht). Die Spannung an seinen Anschlusskontakten beträgt nur 1,5 V (statt der benötigten 3 V).
7. Für die Lampen für die 100er-Kette ergibt sich eine Betriebsspannung von 2,3 V, für die 35er-Kette 6,6 V. (Im Handel werden für die 100er-Ketten 2,5-V-Lämpchen und für die 35er-Ketten 7-V-Lämpchen angeboten.)

Zu Seite 127:
1. Spule und Eisenkern.
2. Wichtige Teile eines Elektromotors: Stator, Rotor und Stromwender. Der Stator erzeugt ein Magnetfeld. Der Rotor ist ein drehbar gelagerter Elektromagnet. Der Stromwender bewirkt die funktionsgerechte Änderung der Stromrichtung im Rotor.
3. Es fehlt ein Stromwender oder Schalter für den Strom durch die Magnetspule.
4. a) Die Schleifkontakte des Stromwenders standen auf dem „toten Punkt", sodass kein elektrischer Strom fließen konnte.
b) Bei dem Dreifach-T-Anker in Bild 10 werden der Südpol des Rotors (oben rechts) vom Südpol des Stators abgestoßen und der Nordpol des Rotors (unten rechts) vom Südpol des Stators angezogen: Der Rotor dreht sich linksherum.

Zu Seite 133:
1. Der elektrische Widerstand eines Drahtes hängt von der Länge, vom Querschnitt und vom Material des Drahtes ab. Auch die Temperatur des Drahtes kann dessen Widerstand beeinflussen.
2. Das ist prinzipiell möglich. Das dicke Kabel müsste dann entsprechend länger als das dünne sein. Außerdem ist ja das Material maßgebend, aus dem das Kabel besteht.
3. a) Der Leiter erwärmt sich. b) Wenn sie immer langsamer würden, würden an bestimmten Stellen Elektronen angehäuft werden. Das ist auf Dauer nicht möglich.
4. Wenn bei dem Aufbau von Bild 6 der Schieber des veränderbaren Widerstands bewegt wird, bleibt die Helligkeit von Lampe 1 gleich. Die Lampe 2 wird heller oder dunkler.
5. Der abgebildete Festwiderstand hat einen Wert von 27 kΩ.